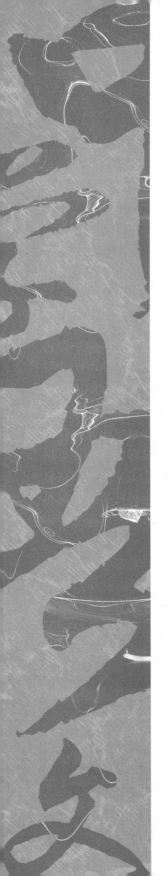

2017 年宁夏师范学院"西部一流"
重点课题：中学语文名师课堂教学艺
项目编号：YLXKZD1718

中学语文名师课堂教学艺术

褚治明 著

九州出版社
JIUZHOUPRESS

图书在版编目（CIP）数据

中学语文名师课堂教学艺术 / 褚治明著 . -- 北京：
九州出版社，2019.7

ISBN 978-7-5108-8174-9

Ⅰ．①中… Ⅱ．①褚… Ⅲ．①中学语文课－课堂教学
－教学研究 Ⅳ．① G633.302

中国版本图书馆 CIP 数据核字（2019）第 128529 号

中学语文名师课堂教学艺术

作　　者　褚治明　著
出版发行　九州出版社
地　　址　北京市西城区阜外大街甲 35 号（100037）
发行电话　（010）68992190/3/5/6
网　　址　www.jiuzhoupress.com
电子信箱　jiuzhou@jiuzhoupress.com
印　　刷　定州启航印刷有限公司
开　　本　710 毫米 ×1000 毫米　　16 开
印　　张　18.25
字　　数　335 千字
版　　次　2019 年 7 月第 1 版
印　　次　2019 年 7 月第 1 次印刷
书　　号　ISBN 978-7-5108-8174-9
定　　价　79.00 元

自 序

教学既是科学，又是艺术，可以说，课堂教学是人类永远无法穷尽的科学与艺术的领域。当代语文课堂教育从中华优秀文化中孕育而来，并从现代教育科学汲取营养，坚持与社会主义核心价值观高度契合。语文新课改要求语文教师要有新的教学理念、新的教学设计能力、新的教学实施能力等，对语文教师的课堂教学艺术水平提出了更高的要求。

当今世界的综合国力竞争，说到底是民族素质的竞争。而教育对提高人的思想道德素质和科学文化素质具有基础性作用，中学语文教育则更是基础之基础。《中学语文名师课堂教学艺术研究》植根于当前语文新课改的教学实践，以学生为本，以"学"为切入点，研究如何"教"，把"教"服务于"学"，围绕学生的"学"研究教师如何"教"。目的在于指导在职语文教师系统地进行教学实践，用操作的艺术，实现最有效的课堂教学，提高中学语文的教学质量。

本书从教学艺术的视角审视研究语文课堂教学活动的全过程。内容全面，教例丰富，具有系统性、实用性与可操作性。第一章以课堂教学艺术理论阐述为主，概述了语文课堂教学艺术及语文名师教学艺术，后面的章节详细阐述了几位中学语文名师课堂教学艺术的典型范例，在对名师教学理念、教学艺术进行分析的基础上，对其经典课堂进行了赏析。章节之间紧密相连，环环相扣，以构成系统性与严密的逻辑性。本书做到理论与实践相结合，每部分都先阐述原则原理，再讲述方式方法。围绕课堂教学的目的任务、中心、重点，针对学生的实际，形式新颖多样。

本书力求做到具体实在，切实有用。在编写的过程中，吸收了当今新的研究成果，引用了一些先进教例，如黄厚江、董一菲、王君、程少堂等老师的教学案例，以强化本书的理论深度，拓展新知识的广度，增强阐释论述的信度，减少操作使用的难度。

书稿经过数次增删，反复修改才成其书。写作本书是著者多年的心愿，成书和出版也倾注了本人许多心血，但书中存在不当之处，敬请读者批评指正。

目　录

第一章　语文课堂教学艺术概论

　　语文课堂教学艺术，是一个语文教师在长期课堂教学实践中积累起来的教学经验、技能的结晶。语文教师在课堂教学实践中，紧紧围绕《语文课程标准》，根据学生的心理特点和教材特点，富于创造性地选择恰当的教学模式、安排精巧的教学过程、运用新颖的教学手段，都属于教学艺术应用的范畴。这些语文教师或是教育理论的创立者和实践者，或是独特教育理念的追求者和探索者，具有高水平的职业素质和专业素养。

　　在这里，我们研究当今语文教学领域中知名教师课堂教学探索的经验，这些经验让他们在语文教学领域中纵横驰骋，在语文园地树起一面面鲜艳的旗帜。盘点他们的教学艺术，我们可以从中获得宝贵的教学启示。

第一节　课堂教学艺术理论

　　语文学科是一门极其重要的学科，是人类文化的重要组成部分，是一门工具性与人文性统一的基础学科。学生掌握了这门基础工具，不仅为学习其他科学文化知识提供了必要的工具，而且为培养和提高人的素质发挥着不可估量的作用。因而，我们必须认真研究和探讨语文课堂教学，学习和掌握语文课堂教学的技能，培养语文课堂教学艺术的意识，以不断提高语文教学的质量。

一、课堂教学的二重性

　　众所周知，教学既是一门科学，又是一门艺术。教学的科学性与艺术性构成了课堂教学的二重性，这二重性概括了课堂教学的本质特征。语文课堂教学艺术，就是辩证而系统地研究语文教学过程中的"科学"和"艺术"的完美统一，使师生在语文教学过程中得到"教"和"学"的优化发展。当代教育学者徐勋曾说："教学既是一门科学，也是一门艺术……首先应该肯定教学是一门科学，因为教学是有客观规律可循的，教学必须以科学的理论为指导。同时，教学是一种创造性的劳动，教学理论运用于实际，必须因人、因地、因时制宜，不囿于一个程式。教学效果的好坏，还与教师的语言、机智、热情等素质有关，要做到'无意于法则，而合于法''从心所欲不逾矩'，这的确也是一种艺术。"① 这高度概括地阐述了教学的二重性。

教学的科学性，即教学的客观规律性。它要求教学要科学地再现教学内容，而教学科学性的基础是教学论。教学论提供了一般的教学规律，确定了一般的教学原则和教学方法，构成了教学的理论基础，这些原则和方法是有客观规律可循的。语文教学是遵循语文教学的原则与客观规律进行运作的，因此必须以科学的理论为指导从事语文教学，这就是常说的"教学有法"的缘由。总之，教学是准确客观地、以语言表达为主地再现教学内容的一门技术基础科学。

教学的艺术性，即教学的形象创造性。"教学艺术是优化教学的一整套娴熟的教学技能技巧，是教师运用语言、直观形象和教材，创设教学情境，遵循教学规律，灵活运用教法，实现教学任务的各种素养的总和。"② 教学艺术要求表现教学内容思想情意的灵活性和创造性，以求师生对待特定教学内容的心灵活化，达到客观形象的再现。它以师生优化发展的综合艺术创造为目的，以求达到客观表现与艺术展现的完美统一，这就是"无意于法则，而合于法""从心所欲不逾矩"的教学艺术境界。因此，教学艺术蕴含着高度创造性的劳动，也就是人们所说的"教无定法"。

教学既是一门科学，又是一门艺术，这表明教学二重性是密不可分的，是相互依存的。任何教学都是二重性不同形式、不同程度的结合。教学艺术性必须以教学的科学性为前提。离开了科学性，离开了教学所必须遵循的教学客观规律与原则方法，也就不可能产生真正的教学艺术。教学论要研究和解决的是教师怎样"教"、学生如何"学"两个方面的问题，这就为教师如何创造性组织和改进教学，运用哪些技巧和方法使教学充满艺术魅力提供了依据。任何艺术必须借助一定的艺术手段才能达到艺术效果，实现其目的。教学是一个多样性兼综合性的艺术活动，包含着多种教学手段和方法，涵盖了众多内容。比如，教材钻研，教学过程的导入、过渡、收束，教学板书，教学提问，教学答问释疑，教学辅导，教学方

① 熊华生. 论教学是一门艺术 [J]. 教育研究与实践，1991（02）：29.

② 杨成章. 语文创造教育学 [M]. 重庆：重庆出版社，1999：357.

法的选择，教学作业练习等。同时，教学研究如何实现上述内容的最佳组合，以达到科学再现与艺术表现的完美统一。

我国古代对教学二重性有过不少探讨与研究，并用于教学实践。伟大的教育家孔子早在春秋时期就实践了启发式教学，"不愤不启，不悱不发，举一隅不以三隅反，则不复也"①。充分利用启发式教学，把握好教学的最佳火候进行施教，收到最佳的教学效果，体现了孔子高超的教学艺术。孟子也提出"教亦多术矣"②。这里的"术"指的是方法；"多"则指这种方法是多种多样的，是因人因时而变化的，这包含了执教者的灵活性、创造性。这种讲求多种多样而灵活变化的教学方法，就是今天所讲的教学艺术。

《学记》记载："善歌者使人继其声，善教者使人继其志。""君子之教，喻也……道而弗牵则和，强而弗抑则易，开而弗达则思。和易以思，可谓善喻也。"③ 这里的"善教""善喻"就是采取最佳的"教""喻"方法，以达到最好的效果，即今天所说的教学艺术。

国外教育家们也多有论述。卢梭在《爱弥儿》中提出"教育的艺术是使学生喜欢你教的东西"④。第斯多惠认为："教学的艺术不在于传授的本身，而在于关于激励、唤醒、鼓舞。"⑤ 科学家爱因斯坦谈到教师修养的三条要求：一是"德"，即崇高的思想品德；二是"才"，即知识渊博；三是"术"，即高超的教学艺术。他主张教师的创造性活动同尊重学生的独立性结合起来，才可能掌握其真正的教学艺术。苏霍姆林斯基认为，"教学和教育过程有三个源泉：科学、技巧和艺术"⑥。他们都从不同的角度阐述了教学的二重性和二者的密切关系。

我国近代学者俞子夷，在《教学法的科学观和艺术观》中明确指出："我们教学生，如果没有科学的根据，好比盲人骑瞎马，实在危险。但只知道科学的根据而没有艺术的手腕处理一切，却又不能对付千态万状、千变万化的学生。所以，教学法一方面要把科学做基础，一方面又不能不用艺术做方法。"⑦

由此可见，教学的科学性与艺术性是密不可分、相辅相成的。我们所说的教

① （清）阮元.十三经注疏[M].北京：中华书局，1980：2482.

② （清）阮元.十三经注疏[M].北京：中华书局，1980：2762.

③ （清）阮元.十三经注疏[M].北京：中华书局，1980：1523.

④ 卢梭.爱弥儿[M].北京：商务书馆，1978：349.

⑤ 第斯多惠.法国教师教育指南[M].北京：人民教育出版社，1964：317.

⑥ 苏霍姆林斯基.和青年校长的谈话[M].上海：上海教育出版社，1983：4.

⑦ 罗明基.教学论教程[M].哈尔滨：黑龙江人民出版社，1987：306.

学艺术是与技术有区别的。技术是对物，而艺术是对人；对物可无情，对人必须有情。教学面对的是活泼可爱的学生，因此必须深入到学生的心灵，就必须讲究教学"艺术"。总之，教学既是一门科学，又是一门艺术；教学有法，但无定法，贵在得法。我们应在掌握教学科学的基础上，系统地研究探讨课堂教学的艺术。

二、教学艺术的本质特征

艺术，《现代汉语词典》里有三种含义：一是指用形象来反映现实，但比现实有典型性的社会意识形态，包括文学、绘画、音乐等；二是指富有创造性的方式、方法；三是形状独特而美观的。教学艺术，即一种艺术化的教学，也就是在一定教育理论指导下的科学再现与艺术表现而完美统一的优化教学。

陈德雄把教学艺术本质概括为四种：一是把教学的审美性看作教学艺术的本质。有人认为："所谓现代教学艺术，是指遵循美的规律，贯彻美的原则而进行的创造性教学"；二是把教学的表演性看作教学艺术的本质。美国的罗伯特·特拉费斯认为"教学是一种独具特色的表演艺术，区别于其他任何表演艺术，这是由教师与那些观看表演的人的关系所决定的"；三是将教学的创造性看作教学艺术的本质。有人认为"教师之所以称为艺术家，是因为教师的劳动本身就是创作，而且比艺术家的创作更富有创造性"；四是将教学的技巧性看作教学艺术的本质。有人将教学艺术定义为培养人才的、能取得最佳效果的、一套娴熟的教学技能技巧。而陈德雄则认为教学艺术"比一般艺术更复杂和高超，既包括依据教学规律并结合自己的教学实践灵活加以运用而进行的艺术创造活动，又包括综合运用各种教学方法、手段而形成的技能、技巧，还包括体现教师个性而独具特色的教学风格的一种高度综合的艺术"。

王北生指出："教学艺术，就是教师（在课堂上）遵照教学法则和美学尺度的要求，灵活运用语言、表情、动作、图像组织、调控等手段，充分发挥教学情感的功能，为取得最佳效果而施行的一套独具风格的创造性教学。"[①]

由此可见，教学艺术本质可从三个方面理解：一是科学性与艺术性，即教学艺术必须遵照教学的规律和艺术审美原则。教学艺术既要遵循教学规律，又要符合美学规律，并使两者有机地结合才能真正产生教学艺术。科学性是教学艺术的前提，离开了科学性，就无从谈论教学的艺术性；教学艺术又必须遵循美学原则，离开了美学，就不会有教学艺术。二是师生优化发展，教师通过灵活娴熟的教学手段、方法和技巧，取得最佳效果，在科学再现与艺术表现交融进程中得以优化

---

① 王北生.教学艺术论[M].郑州：河南大学出版社，1989：30.

发展。其中，教的优化发展是学生优化发展的前提条件。也就是说，教师教的才能优化发展，才能说得上学生学的优化发展。三是独具风格的创造性教学。创造是一切艺术的特性，没有教学的创造性，也就谈不上教学艺术。

教学的个性是教学艺术的灵魂，没有独特风格的教学，也就谈不上教学艺术。教学的个性与创造性有机结合，才能构成教学艺术的特性。

课堂教学艺术的本质特征主要从如下四个方面去认识。

（一）形象性

形象性是艺术的一个基本特征，语文学科尤为如此。教学的科学性要求教师遵循科学程序再现教学内容，而艺术性要求将审美表现与科学再现交融，完美地传达教学内容信息，产生形象化的艺术表达效果。教师借助语言、表情、体态、技巧、图像、音响等方式表现和传播教学内容的思想感情，使其不再是单一抽象枯燥的符号信息，而是一种形声义情的艺术形象，刺激、震撼、滋润、陶冶学习主体的心灵，将抽象的概念形象化、枯燥的内容趣味化，以形感人，生动直观，这就构成了教学艺术的形象性。这种教学艺术的形象性，不仅使学生更好地认识掌握知识、培养能力，而且更能开拓学生思维领域，启迪学生的智慧，丰富学生的想象力，发展学生的创造思维能力。

（二）情理性

教学艺术要求科学再现与艺术表现完美统一的优化发展，没有情与理交融是不可能的。这就决定了师生情感交流、教师的思想情意必然与科学再现教学内容之理水乳交融，师生共同创造审美教学情景，获取优化效果。这种情理性是教学艺术的显著特征。教师的教与学生的学都具有强烈的感情色彩，主要反映在对待客观事物、教学内容态度和师生相互交流上。这种情感是理智的，是建立在科学再现特定教学内容的基础之上的，是建立在师生和谐融洽的关系基础之上的，具有情理结合、寓理于情、情理交融、以情理感人的特征。

（三）审美性

审美性是指形象本身即审美对象具有一定的审美价值，可以给人以美感，使人得到美的愉悦的享受。王北生指出："教师的审美价值或教学的美，同时体现在外在美和内在美两个方面。教师外在的美，主要表现在仪表的美、教态的美、语言的美、节奏的美、板书的美等方面。内在的美，主要表现在理性的美、意境的美、机智的美、风格的美和人格的美等方面。当然，外在美和内在美是互相联系、密不可分的。教学艺术的美就是这种内在美和外在美的有机结合。"① 教学艺术的审美性特征指教师全身心进入角色，成为学习主体特定的审美对象显示出来的教学魅力或审美价值。它以美育人，增强美感，使人得到美的享受。

（四）创造性

创造性是一切艺术共同的特征，也是教学艺术的最本质的特征。教学艺术的创造性是教师在教学中显示出来的独特个性，富有灵活新颖的教学风格或特色。它是一个教师政治思想、文化教养、业务能力、审美情趣、性格气质的综合体现。由于教师这种综合素质的差异，形成了各自鲜明独创而又稳定成熟的风格特征。教学创造性贯穿于教学的全过程，教学中没有创造性，就谈不上教学的艺术性，也谈不上创新能力和创造人才的培养。

第二节　语文课堂教学艺术

语文教学被称为一门艺术，是因为教学内容、教学风格和受教育者三方面构成了一个巨大的美育工程。新中国以后，尤其是改革开放以后，语文教学领域出现了各种流派，介绍和学习这些教学艺术流派，对改进语文课堂教学，大幅提高语文教学质量，是非常有借鉴意义的。

一、语文教学艺术的基本特点

如果把语文教学比喻为一场音乐会，那些优美的旋律就是语文学习的内容，台上的指挥就是语文老师，而那些上场表演的艺术家和场上的观众就是学语文的学生。音乐会给予人视觉和听觉的愉悦，优秀的语文学习也会带给学生美的享受。从这一点上说，把语文教学看作一门艺术，一点也不为过。

（一）语文学习的内容带有极强的艺术特质

语文学习的外延与生活的外延相等。生活中一切美的东西，都可以进入语文学习。仅以课堂语文教学为例，用来学语文的课本，变得越来越精美。从鲁迅的《故乡》到《地下森林断想》，从《大自然的语言》到《香菱学诗》，从诸葛亮的《出师表》到马丁·路德·金的《我有一个梦想》，语文教材可以跨越时间、跨越

---

① 王北生.教学艺术论[M].郑州：河南大学出版社，1989：39.

空间、跨越学科的限制，最大限度地向学生展示人类社会中极具艺术特质的美的东西。那些精美的古代诗文，那些带有强烈异域色彩的外国文学作品，那些记录了作家独特内心感受的中国文学作品，那些妙趣横生的童话、寓言故事，那些逻辑推理严密的议论文章，无不向学生展示着人类对美的发现，对艺术的追求。

（二）语文课堂教学可以充分展示教师的个人风格

语文教学艺术风格，是指语文教师在从事语文教学活动时表现出来的全部特色和个性的总和。语文课堂给教师以充分展示个人风格的机会。一篇课文可以有不同的处理方法。有人偏重于对学生的朗读训练，通过朗读，培养学生的语感；有人偏重于对文章脉络的分析和把握，培养学生理解文章结构的能力；有人偏重于对语言的分析，让学生扎实地掌握现代汉语或古代汉语的知识；有人偏重于思想教育，培养学生高尚的审美情趣和健全的人格；有人偏重于让学生独立阅读，培养他们的研究能力。当然，语文的教法远不止这些。语文课堂教学允许教师像艺术家那样自由创作，展示不同的个人教学风格。

（三）语文教学是塑造学生灵魂的巨大美育工程

语文是最重要的交际工具，也是人类文化的重要组成部分。语文的工具性和人文性特点，决定了语文教学不仅要致力于学生语文素养的形成与发展，而且必须关注学生精神领域的发展。通过语文教学塑造学生的灵魂，使学生在中学阶段逐步形成积极的人生观和价值观。

当然，中学阶段的其他学科也担负着塑造学生灵魂的任务，但语文教学在这方面比其他学科更具有得天独厚的条件。语言是思想的直接体现，学生一接触到语文，就必然会接触到各种各样的思想。如果语文教师只注意到语言学习的层面，而忽视了对学生的思想教育，那么，这样的语文教学显然是不符合新课程标准要求的。

语文教学从内容到形式、从目的到方法、从教育对象到教学目标，都具有美的特征，因此可以认为语文教学是一门艺术。

二、中学语文教学艺术流派

语文教学艺术流派是指在语文教学思想和主张方面形成一定的认识体系，并具有一定影响的派别。语文教学艺术流派的形成源于大量成功的语文课堂教学实践，同时在教学理论上要有所创新，基本形成了具有个性特点的教学理论体系，在某一地域或全国有相当的影响和知名度，其理论和实践已经得到同行和专家的认可。目前在我国有较大影响的中学语文教学艺术流派大约有以下几种。

（一）情感教育派

情感教育派注重在语文教学中通过教师生动的课堂语言，使学生得到美的熏陶，用作品中蕴涵的情感打动学生的心灵，激发他们积极向上的情感，使学生的人格得到健康和谐的发展。

情感教育派的共同特点是把语文教育当作爱的教育，使学生在学语文的过程中受到强烈的情感熏陶，把学知识与学做人统一起来，对学生世界观的形成有春风化雨的作用。

（二）导读派

导读派，又称训练派、点拨派。导读派主张在课堂上教师是主导，学生是主体，训练是主线。教师的作用只是点拨，学生才是学习语文的真正主人。

导读派的共同特点是教师在课堂上只起点拨、引导的作用，真正的学习者是学生本人。通过点拨，引发学生的求知动机，激发他们的求知欲望，帮助学生探求疑难问题的答案，使学生在自主学习时真正体会到成功的乐趣。

（三）思维训练派

思维训练派提出，在培养跨世纪人才中，要"减轻学生负担，提高教学质量，使学生变苦学为乐学，发展学生的创造性思维"。

思维训练派的教学艺术强调通过语文教学提高课堂教学的效率，同时提高学生的思维品质，使语文课达到最优化的教学效果。

（四）自学辅导派

自学辅导派主张语文教学应该培养学生学语文的本领，因此教会学生学习的方法，培养学生良好的阅读习惯是语文教学的重要任务。

自学辅导派的教学宗旨是教会学生自己读书，从这个目的出发，无论是六步课堂自学模式，还是语文自学辅导教材，都十分重视学生自学能力的培养。这些想法和做法，都给语文新课程改革提供了可资借鉴的经验。

（五）语感派

语感指人们对语言文字的敏锐感知，强调对语言的直接领悟，是一种直觉思维的能力。语感派认为，语文教学应该以语言学习为主，语言学习又应该以培养学生的语感为主，即培养语感是语文教学的首要任务。

已故语文教育专家冯一把洪镇涛的语感训练概况为"拈、讲、点、拨、逗、引、合、读"八个字。"拈"就是对教学内容"拈精"，拈出文章的精华部分，指导学生学习。"讲"就是教师的导学。"点"是在教学过程中，针对学生心理做画龙点睛的点染。"逗"就是于无疑处激疑。"引"就是引导学生的思维向深处延伸。"合"就是综合进行语文训练，使听、说、读、写有机结合。"读"就是重视阅读和朗读训练，一定要读出语言的韵味来。

（六）大语文教育派

大语文教育派认为，语文学习不能只局限在课堂上，社会和家庭都是学习语文的重要领域，学校、社会、家庭语文教育共同完成对学生语文素养的培养。

大语文教育的宗旨是把语文教育从课堂解放出来，在语文学习中开拓更广阔的视野，使学生从读死书转为读懂社会生活这本活的语文书。

（七）反刍派

反刍式单元教学法全称为"五步三课型反刍式单元教学法"。此教学流派以叶圣陶语文教育思想为指导，采用单元教学形式进行课堂教学。每个单元分为总览、阅读（导读、仿读、自读）、写说、评价、补漏五个步骤，每个步骤再分为自练、自改、自结三个课型。五步三课型反刍式单元教学法是为了培养学生"自能读书，不待老师讲；自能作文，不待老师改"，成为适应未来社会建设需要的合格人才。

所谓反刍，是指反刍类动物吃食物的方法。以牛为例，匆匆吃下草料，然后靠反刍将草料细咀慢嚼，充分消化。钟德赣把反刍的道理借用到语文教学中，通过反刍式的教与学，让学生充分吸收和消化知识营养，有效地提高学生的语文能力。

反刍式教学的基本程序为：

第一步：总览。总览是对全单元课文的整体感知。它要求学生在学习时先对此单元的全部课文观其大略，把握要旨。这一步又分为自练课、自改课和自结课。每一种课型都有相应的具体要求。

第二步：阅读。这一步是为了养成学生良好的读书习惯。其中，设计了导读—仿读—自读三个层次。每一个层次也是分为自练课、自改课和自结课。下面各步均设计这三个课型，不再一一赘述。

第三步：写说。写和说都是输出，一个是书面语言的输出，一个是口头语言的输出。写说步骤是由读到写的纵向迁移，是在实践中进一步将知识转化为能力。

这一步分为课内写说和课外写说两个层次。强调学生的练口、练笔。

第四步：评价。这是对前面几个步骤中听读说写效果的检查。通过评价，可以及时反馈学生学习的效果，增加学生的学习兴趣。评价分两个层次：第一个层次是单课检测，第二个层次是单元检测。

第五步：补漏。通过评价反馈学生的学习情况，对于遗漏之处，立刻补漏，使学生的知识和能力在单元学习中及时过关。

由于反刍式教学法有不断反刍和及时反刍的特点，所以能保证学生大幅提高学习质量。在反刍的过程中，设计者还注意知识的迁移，从教读到自读、从已知到未知、从课内到课外，使学生对学到的知识和技能重新组合和扩大，培养了学生分析、判断、类推的能力。

（八）语文教育民族化派

吉林省有一批语文教育理论研究者和实践者提出，中国的古代语文教育中，有一些优良的传统是应该继承下来的，这就是语文教育民族化派。

（九）快速阅读派

据联合国教科文组织统计，全世界的图书近 200 年来增加了 800 倍。从 1950 年到 1970 年，图书给人们提供的信息相当于过去 3 000 年各类读物所提供的信息的总和。即使一个科学家夜以继日地工作，也只能阅读本专业全部出版物的 5%。因此，提高阅读速度就显得非常必要。快速阅读派就是在这样的大背景下产生的。

快速阅读派通过对左右脑的开发，实行全脑速读。通过对眼睛扫视功能的训练，扩大读书时的有效视野，达到提高阅读速度的目的。

三、常见的语文课堂教学艺术形式

让语文课堂充满勃勃生机，寓教于乐，最大限度地突出学生的主体地位，力求课堂教学艺术化。通过大量的教学实践让学生喜欢语文课，丰富学生的情感体验，放飞学生的想象力；同时让教师认识到精心设计教学流程、锤炼教学语言的重要性，更新教学观念，把语文课堂营造为艺术的舞台。

（一）课堂导入的艺术

课堂教学的导入要恰到好处，要根据课程情况，不能千篇一律。好的开始，是成功的一半。课堂教学的导入是否精彩，直接影响着这节课的成败。因此，教师要根据课文特点和学生的特点，采用灵活多样的方法导入，以激发学生的求知欲望，使学生迅速进入角色。一节成功的课的开场道白，犹如乐器定调。奥地利乐团指挥韦勒说，这个调定得如何，将决定全部演奏的成败。语文课上摄人心魄、富于魅力的导语，就是一首交响乐中美妙绝伦的序曲。一堂成功的语文课，是离不开引人入胜的导语的。

（二）课堂与学生交流的艺术

课堂艺术其实就是与学生进行心理沟通的艺术。在师道尊严的影响下，学生往往是仰视教师、敬畏老师，无形之中师生之间就产生了一道隔膜。学会和学生沟通，让学生把老师当作朋友，"亲其师而信其道"，也就是创设和谐课堂，与学生进行心理的沟通便显得尤为重要。消除学生的紧张情绪，让学生感受到自己是班级中平等民主参与的一员，放松地去感受语文课堂的魅力。

（三）课堂提问的艺术

课堂上提问方式的巧妙与笨拙，直接关系着课堂的教学成败。唤醒学生读书、思考的欲望，许多时候必须借助课堂上的巧妙提问。教育家陶行知说："发明千千万，起点是一问。禽兽不如人，过在不会问。智者问得巧，愚者问得笨。"这番话不仅道出了提问的重要意义，而且强调了"巧问"。"巧问"的"巧"，主要表现在提问的时机恰到好处，难易把握准确，有较强的启发性。当然，提问不能满堂问，不能用提问牵着学生的鼻子走。要适时提问，提出符合中学发展水平的问题，我们提倡"深题浅问"。

（四）课堂教学语言的艺术

语文教师就是要用语言来感染学生。语文课堂上语言应该充满激情，能走进文本，走近作者，和学生在语文世界里同乐同悲。语言要么高昂，要么激愤，要么低沉，要么沮丧。课堂语言还应该是丰富的、富有文采的，让学生感受到语言的魅力。同时，课堂语言应该是简练的，不能啰唆，开宗明义、一针见血、恰到好处。

（五）处理课堂突发问题的艺术

很多时候，课堂上会出现一些教师备课所不能预见的问题。怎样恰当面对并解决，值得深究。处理不当，可能导致一节课失败。

（六）恰当使用先进教学资源的艺术

多媒体教学具有形象性、多样性、新颖性、趣味性、直观性、丰富性等特点，当多媒体教学技术和影视艺术教育很好地结合在一起时，就能激发学生的学习兴趣，使他们真正成为学习的主体，变被动学习为主动学习。因此，我们积极倡导教师以现代教育技术手段为载体，展示教学内容，提高学生的学习兴趣，追求最大教学效率。这对深化课堂教学改革，大幅提高教学质量，全面提高学生素质具有相当重要的作用。针对教师偏重课文，学生视野狭窄的现象，我们还应联系学生生活、学习和教材内容的实际，充分运用生活素材，大力开发教学资源，使生活中的教学资源不断输入课堂，从而达到将语文教学延伸到生活实际的目标。

第三节　语文名师教学艺术

"名师"，特指教育界有较大影响力和较高知名度的智慧型教师，他们或是某种教育理论的创立者和实践者，或为某种独特的教育理念的追求者和探索者。他们具有高水平的职业素质和专业素养，提出或创立了特色语文，自成理论体系，具有鲜明的个性化语文教学艺术风格和特点。

一、导入与结课的艺术

对于课堂教学活动来说，拥有一个好的开头，往往能够带活一整堂课，有利于整体课堂教学质量的提升。然而，如果课堂教学活动是虎头蛇尾，那么前面的诸多努力可能就会大打折扣。因此，与导入环节一样，结尾环节也非常重要。作为一名中学语文教师，在开展语文课堂教学的过程中，一定会重视导入和结课艺术的运用，要让语文课堂能够拥有虎头豹尾，实现课堂教学活动的有效性。

（一）导入的艺术

导语是教师讲课的"开场白"，导语设计得成功与否，直接影响整堂课的教学效果。成功的导语能够迅速调动和激发学生的学习兴趣和求知欲望，为学习新知识做好精神准备。导语只是一个开头，占用时间不能过长，以3分钟左右为宜。下面分别介绍几种常见的导语设计模式。

1. 悬念式导语

悬念式导语是指教师根据教学内容的需要，有意识地设置悬念，制造矛盾，使学生产生种种疑团，激发他们追根溯源的愿望。悬念式导语的作用有两个：一是激发兴趣，二是启迪思维。

魏书生在讲《论语六则》时，设计了下面的导语：

火之光、电之光能照亮世间的道路，思想之光能照亮人们的思想。谁是世界上最伟大的思想家呢？联合国教科文组织确定了全世界最伟大的十位思想家，如牛顿、哥白尼……谁知道这十位思想家中谁排在第一位？（可让学生们稍议论一会儿）他就是我们中国的孔夫子。

2. 趣味式导语

趣味式导语是根据青少年好奇心强的特点设计的导语。如果导语能引起学生的学习兴趣，那么就能在上课伊始，紧紧抓住学生的注意力，使后面的内容顺利地进行下去。趣味式导语可以是一段有趣的故事，也可以是谜语、诗歌，或者引人注意的消息等。

例如，一位教师针对学生不愿意学习文言文的情况，一走进教室，就煞有介事地向全班同学宣布："'天外来客'大约在900多年前曾经莅临我国！"同学都被这个消息惊呆了，目光刷地一下子集中到老师的脸上。这时，教师不紧不慢地拿出一块抄着一段文言文的小黑板，指着上面的文字说："这就是证据。"小黑板上抄录了《梦溪笔谈》第369条。学生们争相研究小黑板上的文言文，读得懂的兴致勃勃地分析，半懂不懂的急得抓耳挠腮。教师趁机转入到课文的学习。

3. 开门见山式导语

开门见山式导语是指教师用最直截了当的语言点明主题，介绍本节课的教学目的、教学要求或教学内容。例如，山东省胜利油田二中赵雷在《灯》这一课设计了下面的导语：

同学们，这节课我们学习巴金的散文《灯》。

巴金已经88岁高龄了，重病在身，仍执着地握着他那探求真理的笔。从20世纪三四十年代蜚声文坛的《家》《春》《秋》，到80年代颇有争议的《随想录》，作家走过了一条艰难曲折的文学之路，献出了一颗赤诚的爱国之心，留下了一笔丰厚的精神财富。

50年前的巴金是个什么样子呢？通过这篇散文，我们将了解中年时期的巴金在民族危亡时刻心灵的呼声，感受他那载着历史重负的脉搏的跳动。

4. 直转式导语

教师运用直截了当的语言，从旧课的内容直接转入新课，从已知转入未知，从一种文体转入另一种文体，从一位作家的作品转入另一位作家的作品，这种导语叫直转式导语。直转式导语把新旧知识自然衔接，便于学生温故而知新，顺利实现知识的迁移。于漪关于《风景谈》一课的导语是这样设计的：

说也奇怪，文艺作品就是有难以磨灭的魅力。一旦某个动人的形象进入脑海，往往会常忆常新，经久不忘。不信，请同学们试试看。初中时候，我们学过一篇《白杨礼赞》，请同学们或用文中语句，或用自己的语言描述一下白杨树的形象（请3～5同学描述）。

大家说得很好。白杨树是力争上游的树，笔直的干、笔直的枝、枝枝叶叶团结向上。白杨树伟岸、正直、质朴、严肃，也不缺乏温和，挺拔而坚强不屈，是树中的伟丈夫。作者塑造这样的形象寓意何在呢？你们谁知道？（学生回答。）以白杨树象征敌后根据地共产党领导下的抗日军民，讴歌他们倔强挺立、不屈不挠的精神。

今天，我们学习茅盾的另一篇著名散文——《风景谈》。这篇文章写于1940年12月，在《白杨礼赞》前。文中主要描写了延安扑面的风光，勾画了好些令人深思的形象。让我们细读深思，作者在文中描绘了哪些"风景"？表达了怎样的写作意图？

5. 情境式导语

情境式导语指教师用生动的语言直接描绘，或者借助其他手段，创设一种情境，使学生在思想上产生共鸣。例如《祝福》的导语：

大雪漫天，狂风怒吼，爆竹声声。在现代文学人物画廊里，艰难地走出一位衣衫褴褛、面容憔悴、神色悲哀、白发蓬松、目光呆滞的四十上下的女人。那又瘦又长的左手提着一个装着只破碗的竹篮，干枯的右手拄着一支下端开裂的长竹竿。她，就是祥林嫂——鲁迅著名小说《祝福》中的主人公，一个惨遭封建宗法思想和封建礼教迫害的旧中国农村劳动妇女的典型形象。今天我们就来学习鲁迅于1924年3月25日发表在《东方杂志》上的小说——《祝福》。

6. 抒情式导语

抒情式导语指教师用抒情的语言感动学生，使学生产生阅读原文的愿望。东北师大附中陈凌云设计的《济南的冬天》的导语：

一个热爱生活的人，珍惜着生命的分分秒秒；一个热爱祖国的人，赞美着祖国的草草木木、山山水水。他们爱万物萌动的春天，爱娇美炽热的夏天，爱硕硕金果的秋天，也爱深沉含蓄的冬天。祖国幅员广大，美景万千，即使是同一个季节，各地的景色也迥然有别。怎样才能描绘出某个地方、某一时令的景色特征呢？老舍的《济南的冬天》为我们提供了一个范本。

7. 背景介绍式导语

从介绍课文背景入手设计导语，可以使学生了解一些背景材料，加深学习印象。东北师大附中教师刘士俊讲授《记一辆纺车》时，设计了如下导语：

《记一辆纺车》选自1961年4月《人民文学》。它从一个侧面反映了延安军民大生产的伟大运动。这篇文章发表于1961年，当时我国正遭受三年严重的自然灾害，赫鲁晓夫集团撤走了帮助我国进行经济建设的苏联专家，撕毁了签订的合同，再加上我们指导工作上的缺点错误，所以造成了国民经济暂时困难的局面。在困难面前应该抱什么态度？《记一辆纺车》的写作目的是要回答这一问题。

8. 审题式导语

从研究课文标题入手设计导语，因为好的标题可以直接揭示文章的内容或者作品的主题。

9. 实验式导语

实验是理科常用的教学手段，在语文课上，也可以借助实验导入课文的学习。因为实验具有直观性，非常形象，容易在学生头脑中留下深刻印象。例如，《死海不死》的导语设计：

同学们，我手里有一只鸡蛋，讲台上放着一杯清水，如果我把鸡蛋放进水中，它会怎么样？（动手操作，鸡蛋沉入水底）谁能让鸡蛋不沉入水底？（经过讨论，有人提出往水中加盐的办法）好，我们现在试一试同学提出的方法。（徐徐往水中加盐，并不停地搅拌，直至鸡蛋浮到水面为止）大家想一想，为什么水中加了一定数量的盐，鸡蛋就浮起来了？（同学们讨论原因）大家再想一想，人能不能也像这只鸡蛋一样，一动不动地漂在水面上呢？世界上还真有那么一处湖水，人可以躺在水面看书，一点儿也不用担心沉下去，这个地方就是"死海"，今天我们来学习《死海不死》。

（二）结课的艺术

结课是课堂教学的最后一个环节。结课与导语互相呼应，使课堂结构相对完整，优秀的结课应该对课堂教学起到画龙点睛的作用。教师还可以利用结课衔接新旧知识，使结课成为课内语文学习与课外语文学习的纽带。结课的方式很多，下面略举几例。

1.利用复习结课

根据德国著名心理学家艾宾浩斯的"遗忘曲线"，遗忘的速度有先快后慢的特点。学生在课堂上学习的内容，当堂就会遗忘很多，为了防止遗忘，及时复习就显得非常必要了。结课的时候，把当堂课讲的内容再归拢、复习一下，这是教师经常采用的结课方法。广西南宁市二中教师田济川对《在马克思墓前的讲话》一文的结课如下：

文章通过对马克思一生的评述，热情赞颂了马克思对无产阶级革命事业所做出的伟大贡献，表达了对马克思的崇高敬意和深沉的悼念之情。

文章结构严谨，逻辑严密。第一部分通过两个"对于"提出本文议论中心；第二部分则从科学理论和革命实践的贡献进行正面论证，进而从敌我对马克思的不同态度进行侧面论证；第三部分得出论点。结构前后连贯，步步深入，层次分明而又浑然一体。这严密的结构是建立在严密的逻辑基础上的。作为无产阶级的领袖，他的科学思想和革命实践是统一的，他的科学理论和革命科学观是统一的，他的爱和恨是统一的。作者在构思文章时，正是根据这些事物的内在逻辑联系来组织和安排材料的。

田济川设计的这个结尾回顾了全文的内容和结构，使同学们在头脑中再一次复习了全文。

2.利用悬念结课

中学生好奇心比较强，设置一定的悬念可以引起他们的好奇。教师利用悬念结课，正像叶圣陶所说："结尾是文章完了的地方，但结尾最忌的却是真个完了。"① 教师设置的悬念，就是让一节课的教学虽然结束了，但是它并没有"完了"，就像说书人的"欲知后事如何，且听下回分解"一样，激起学生学习下一节课的兴趣。例如讲《祝福》，讲到祥林嫂嫁给贺老六后，生了一个男孩儿，母亲也胖，儿子也胖，"她真是交了好运了"。此时正是第一节课该结课的地方。教师可以用一句话结课："祥林嫂真的从此就交了好运了吗？命运之神最终跟祥林嫂

---

① 叶圣陶.叶圣陶论创作 [M].上海：上海文艺出版社，1982：109.

开了一个大玩笑，让她拥有的暂时幸福全部化为乌有。祥林嫂最终的结局怎样？请同学们明天一起学习本课的第二节。"

3. 利用布置作业结课

语文学习一定要配合一定的练习，使语文知识变成学生的语文能力。在课程结束前布置家庭作业，也是结课的一种方式。家庭作业可以是课后的练习题，也可以是教师布置的听说读写练习，还可以是预习下一课，形式不拘一格。

4. 评述式结课

在结语部分对课文中的人物或事件进行评论，引起学生的共鸣，也是加深对课文印象的好办法。例如《孔乙己》的结语：

孔乙己在人们的笑声中，静悄悄地死去了，他死于什么时间、什么地点，临死前什么人在场，什么人为他办的丧事，都无从知晓，人们只能从他很长时间不来赊酒推断"大约孔乙己的确死了"。孔乙己的死，就像树上落下了一片叶子，荒野中死去了一棵小草，无声无息。孔乙己在笑声中出场，在笑声中度日，在笑声中死去。实际上，他是中国现代文学长廊中最让人笑不起来的角色。封建社会有多少落榜的知识分子的命运跟孔乙己一样！这个可悲的下层知识分子，最终被封建科举制度吃得干干净净，没有人格、没有尊严、没有人生价值，直至成为封建教育制度的牺牲品。

5. 讨论式结课

一节课上到最后时，学生都比较疲劳了，教师可以利用讨论做结课，唤起大家的注意。例如《故乡》的结课：

成年闰土与"我"的隔膜已经很难消除了，但水生和宏儿还保持着童贞。他们的将来会怎样呢？还会走上一辈人的老路吗？请同学们根据自己的想象，为20年后水生和宏儿的重逢设计一个结局。

结课的方式还有很多种，上面所举仅为其中的一小部分。比如，对一些适宜朗读的课文，可以安排全班同学在集体朗读中结束课文的学习。如果时间安排得正好，课讲完了，下课的铃声也响了，就可以自然而然地结束课程。具体用哪种结课的方法，在写教案时应该事先考虑好，在课堂上根据时间和具体情况，允许改变事先设计好的结语，随机应变地结束课程。

二、过渡与照应的艺术

教学同写文章一样，都讲究承上启下，照应过渡。其中，教学过渡是两个教学环节之间的衔接，是由一个教学环节转到另一个教学环节的桥梁。它承上启下，自然过渡，使教学过程的结构清晰，联系紧密，环环相扣，提高和发挥课堂教学的整体效应。教学照应类似于写作中的写作技巧，即在文章前后相应位置上的关照、呼应。良好的照应能使文章中心突出，文气贯通，构成浑然一体。在语文教学中同样需要这种照应艺术。

（一）过渡的艺术

好的教学过渡，在较短的时间内就能做好承上启下，自然过渡；使教学过程节奏清晰，环环紧扣；使教学结构严密紧凑，浑然一体；能较好地发挥教学的整体效应；能处理好环节之间学生注意力的转移，加强师生间的情感交流。因此，我们不能忽视教学过渡的作用。下面介绍一些常用教学过渡方式。

1. 导向过渡

导向过渡就是把学生的思维方向引向正确的需要的方向。在较大教学环节的转合之间，常用此法过渡。比如，由初读全文、了解文意到给课文划分段落、指出分段根据，这两个较大环节对学生来讲无疑是较大的跳跃，这就增加了教学难度。只要我们设计好教学过渡，学生就会由感知内容这一环节顺利过渡到理顺结构这一环节，缩小两个教学环节之间的跳跃。例如，《东郭先生和狼》在初读课文、初知文意后，教师导向说："刚才同学们又一次读了课文，读得很认真，现在请谁说说东郭先生救了狼，狼怎样？后来又怎样？"当学生按着教师的导向快读课文，回答老师的问题后，层次结构也就自然理清了。这两个教学环节之间的过渡也就非常自然而不露痕迹地完成了。

又如，《祝福》在初读课文、初知文意后，教师导向说："刚才同学们又一次浏览了课文，读得很快很认真．现在四人为一小组研究祥林嫂的年谱。"教师出示 26 岁以前及 38 岁年段，由学生填写祥林嫂的事情变化，然后让学生找出序幕（1~2 段）、结局（3~33 段）、开端（34~35 段）、发展（54~65 段）、高潮（66~110段）、尾声（111 段）起止。当学生按着教师的导向快读课文，回答老师的问题后，层次结构也就自然理清了。这两个教学环节之间的过渡也就非常自然地完成了。又如初中五册《防治近视常识问答》，当学生快速阅读课文后，教师提问："课文四问四答，分别讲述了哪些防治近视的常识？四个问题的顺序排列能否调换？为什么？"这样由初读、了解大意的环节自然过渡到细读、弄清层次结构这一教学环节上来，使教学结构严密紧凑，环环紧扣。

2. 联系过渡

联系过渡就是从旧知识过渡到新知识的学习。主要用于内容相近、相似的新旧知识之间的学习过渡。常用于组与组之间、课与课之间、段与段之间、阅读与试作教学环节之间的过渡。例如《再别康桥》一课，第一、七诗节，第二、三、四、五、六诗节的结构写法基本相同，在教完第二自然段后，就可以让学生回忆总结第二段的写法，用学到的知识规律去指导学习其余各段。在讲最后诗节是呼应第一诗节时，只要提示即可。这样就由第二诗节的学习过渡到三、四、五、六诗节的学习，由旧知识的学习过渡到新知识的学习。这样过渡能调动学生积极性，培养学生的自学能力，也使教学结构更加严密完整。

3. 逻辑过渡

逻辑过渡就是利用课文内容本身的逻辑关系过渡。中小学语文的文章都是脉络清晰的，段与段、段与篇之间都有内在联系，或总分、或分总、或转折、或承接，显示出较强的逻辑性。我们进行段与篇、段与段之间的教学，可以利用本身内在逻辑关系过渡。例如初一的《春》一课，当分析完第一段后，老师说："从文章的结构上来看，有总领全篇、开启下文的作用，课文后面五幅春景图描绘是这句话的具体表现。下面我们就看看怎样描写的？"这样顺着文章的逻辑关系，由第一自然段过渡到第二段的学习。又如，《饲养员赵大叔》一课中第一句写："赵大叔喂牲口真有意思。"它总概了本文要讲的主要内容，当学生齐读完第一段后，老师说："为什么赵大叔喂牲口真有意思？下面我们就具体看看是怎样有意思法？"顺着课文的逻辑关系由总写到分写过渡。

又如，《美丽的小兴安岭》一课结尾写："小兴安岭是一座巨大的宝库，也是一座美丽的大花园。"这既点了中心，又暗示了行文的条理。课文分析到此，教师问："同学们想一想，小兴安岭究竟是一个什么样的地方，你能不能用书中一句话来概括？"这样顺着文章总结性结尾的逻辑关系自然地实现由局部到整体，由具体分析阅读到整体归纳总结阶段的教学过渡。这样的教学过渡既揭示了教学内容的逻辑关系，又反映出执教者对教学环节安排的严密性。

4. 问题过渡

问题过渡就是教师设计提问，在问的过程中由此环节过渡到彼环节。这是常用的一种过渡方法。比如："朱自清的《背影》和莫怀戚的《散步》，都表现了家庭成员之间的真挚感情，但时代不同，感情的基调也不同。请回味一下《背影》的感情基调，再体会《散步》的感情基调？"这样由问题自然过渡到新课学习。

又如《狐假虎威》，引导学生理解题意，知道"假""威"的意思。之后，教师问："狐狸怎么能借到老虎的威风呢？狐狸借老虎的威风又干吗呢？同学们想知道吗？咱们就来看看课文是怎么说的。"这样过渡就会引起学生对课文的兴趣，促使学生产生强烈的求知欲，十分自然地由破题过渡到对课文的阅读理解上来。

5. 具象过渡

具象过渡就是通过具体的形象进行环节之间的过渡，如以图画、图片、板示、幻灯、实物、影视等作为过渡的桥梁。比如，在读了《孔乙己》第一段文字后，让学生理解方位，这就由阅读过渡到课文分析上来。又如《荷花淀》，教师分析道："小说以冀中抗日根据地人民群众生活为背景，塑造了以水生嫂为代表的一群勤劳朴实、通情达理而又勇敢机智、开朗向上的农村劳动妇女形象。同学们，下面请跟读或细听全文录音，看小说是怎样塑造这群劳动妇女形象的。"这就通过录音由题解教学环节过渡到整体感知课文的教学环节来。

6. 引用过渡

引用过渡是引用名言、警句或与课文内容有关的文章进行过渡，把两个教学环节连接起来。例如，初中五册《白雪歌送武判官归京》一课分析到最后句"山回路转不见君，雪上空留马行处"时，老师讲道：诗人伫立在雪地上，望着归客远去，归客越行越远，越远越小，慢慢变得模糊了，时隐时现，最后被山隔断了。诗人久久不忍离去，一个"空"字表达了诗人的强烈感情。这使我们想起李白送友人"孤帆远影碧空尽，唯见长江天际流"的诗句，真是"此时无声胜有声"。一个"空"字究竟表达了诗人的什么感情？它与同写雪景的《沁园春·雪》思想感情上有什么不同？

如此，就由引背诗句进行课文分析过渡到课文中心思想的归纳总结上来。

7. 故事过渡

在教学过程中穿插故事，有利于教学环节间的过渡。例如《太阳》一课，学生明确太阳有多远多大多热，及与人类的关系时，就可用《两小儿辩日》的故事来过渡。

春秋时，孔子东游，碰到两个小孩，一男孩说"早上太阳大，是因为离我们近；中午看太阳小，是因为离我们远"。另一男孩不服气连忙说："我看法相反，离火炉越近越感到热，越远越不热，所以早上离我们远，而中午感到很热，说明离我们近。"两人争得面红耳赤，问孔子，孔子也答不上来。同学们刚才学了《太阳》这篇课文，你们现在能回答太阳究竟有多大多远，有多热吗？能不能回答两个小儿提出的问题呢？

这样既把两个教学环节巧妙地联系起来，又增加了知识，留给学生进一步探索的思考。

8. 迁移过渡

迁移过渡是引导学生运用自己已有的知识去探索新知识、解决新问题而进行的环节之间的过渡。这样过渡前后连贯，知识环环紧扣，能激发求知欲。习作例文《第一次跳伞》按照到机场、飞机起飞、跳伞和着陆的顺序写了第一次跳伞的经过，着重写了准备跳伞到着陆的过程。学完课文后可以这样过渡："现在学完了第一次跳伞的有关知识，要求大家写一篇《第一次 ×××》，如第一次洗衣、做饭、洗碗都可以。仿照例文，共分几步，怎样一步一步做，并请列出提纲，写好作文。"这就较好地实现了由学课文到仿写、由学知识到运用知识的教学环节之间的过渡。

总之，教学过渡是存在于教学过程中的客观而不容忽视的教学现象，是必不可少的中间环节。我们要正确认识其地位和作用，掌握好常用的过渡方法，以利于对课堂教学的组织和调控，充分发挥教学中整体效应的作用。

（二）教学的艺术

教学照应是教学内容的整体与局部、前与后、因与果的连贯衔接，讲前面的内容不忘与后面内容的对接，讲后面的内容又注意与前面的内容呼应，将教学内容融合成一个有机整体。在这里，浅谈几种照应的艺术方法。

1. 前后照应

前后照应是指将以前所学的旧知与后面将学的新知巧妙联系起来，如讲授鲁迅的散文诗《雪》之前，让学生回顾所学写雪的诗词，学生的回答有"忽如一夜春风来，千树万树梨花开""欲将轻骑逐，大雪满弓刀""北国风光，千里冰封，万里雪飘""窗含西岭千秋雪，门泊东吴万里船"……这样，既巩固了旧知，又使学生很快进入到新课学习的情境中。

2. 伏笔照应

伏笔照应是在教学过程中将后面要讨论分析的重要内容作为一个悬而未决的问题先行提出或预做暗示的一种照应技巧。例如，一位教师执教《错过》，教学开始这样导入："2004年度感动中国十大人物之一的徐本禹毅然离开繁华的都市，放弃保送读研的机会，只身来到贫困山区做义教，为此他错过了深造的机会，错过了舒适的环境。我们的人生路上也充满许多错过，该如何正确对待呢？"此后介绍文体特点，理清文章思路，品析语言，并让学生回顾自己或者亲朋好友的错过经历，并用文中或自己的一句话评价这段经历。最后，让学生讨论如何看待徐本禹的错过。显然，运用此法能激起学生的学习兴趣，加强了课堂内容前后之间的联系，使后面设置的重要问题的讨论不致突兀，以取得教学步骤安排合理严谨的艺术效果。

3. 反复照应

反复照应是根据文章内容或技巧的关联性而采取的反复点醒、强调的教学方法，这是一种较有实用价值的教学方法。所学知识经过多次反复才能在头脑中留下痕迹，形成有效记忆，符合认知心理的原理。苏教版七上的第四单元中《春》《济南的冬天》《夏》均为写景抒情的散文，因此在教学时教师应通过反复诵读品析，提醒学生学习细致观察，抓住特征写景并掌握写景的方法（如修辞手法、表达方式的运用）。

4. 内外照应

语文新课标要求语文教师教学时应该由课内向课外适当延伸，扩充语文课堂教学的容量。其实，课外拓展延伸应该与课文主题、教学目标、教学重点和难点相衔接照应。例如，《爱莲说》教学的目标和重点是学习托物言志的手法，有教师在分析课文后让学生赏析《石灰吟》这首古诗，使他们对托物言志的手法有了更清晰深入的了解。

5. 总结照应

总结即总括归结，是系统有序的教学回顾，是前瞻后顾、回应全篇的教学技法。成功的总结照应都是以简洁的语言形式准确地概括出知识的核心内容，梳理出明晰的内在条理，促成学生知识的内化吸收和提取应用。例如，著者教《天上的街市》，先具体讲析诗人由地上的街灯联想到天上的街市，再由天上的街灯想到天上的街市，继而由天上的街市想到街市上陈列的物品和街市的繁华，以及牛郎织女的幸福生活。最后，做出照应式总结：这首诗借助联想和想象的手法描绘天街美好的生活图景，表现了对黑暗现实的憎恶和对理想生活的向往。用准确精练的语言概括教学内容，突出重点，使学生对课程知识点有了一个明确清晰的认识。

6. 首尾照应

在课堂教学中，首尾照应是指导入语与结束语的对照呼应。它能使学生在乐于学习的同时，保持知识学习的完整性，也保持了课堂艺术的完整性。特级教师王君教《狼》这篇课文，她以《农夫与蛇》的童话导入："这位农夫好心没有好报，真可怜。人们常把'毒蛇猛兽'并称。今天，我们就要走进《聊斋志异》这部名著，去认识一位屠户，他遇到了两条穷凶极恶的狼，他的命运会怎样？"在结尾处，她设计了巧妙的回应："让我们用正气、用勇敢、用智慧去涤荡世界上的一切邪恶。让我们的世界没有豺狼虎豹，没有毒蛇猛兽，真正变成幸福美好的人间。"如此首尾照应，既使课堂结构完整紧密，又突出了文章主题，加深了学生印象。

总体来说，课堂教学中照应艺术的灵活运用是以新课程理念为出发点，建立在了解学生、立足文本、遵循整体性原则的前提基础之上。只有这样才能使课堂内容充实，富有意义，切实提高语文课堂效率。

三、提问与理答的艺术

提问是指课堂教学中，教师有目的地设疑，从而激发兴趣，引导学生积极定向思维，促进师生信息交流的一种重要的教学方法。有提问自然就有回答，一问一答构成了理答的教学艺术。什么是理答呢？理答就是教师对学生的回答进行反馈与评价，对学生的理解进行必要的指导、点拨与引导。提问与理答是教师的常规武器，是课堂教学的重要组成部分，是决定教学成败的一个重要因素。

（一）提问的艺术

课堂提问应从不同角度、不同侧面和重点去设计，因此会有不同的提问形式。下面就介绍课堂提问的基本形式。

1. 理解式提问

理解式的课堂提问在阅读教学中使用最为广泛，是根据课文特点的一般顺序设计一连串的提问，以帮助学生理解课文。比如，初中《春》一课哪几段写迎春？哪几段写绘春？哪几段写颂春？春花写得很细，那么先写什么？后写什么？再写什么？

理解式提问，一般从课题到词、句、句群、段、篇，由简到繁，由感知课文到明确中心来设计课堂提问。从认识过程来说，是从整体到部分再到整体的顺序；从思维角度讲，是从综合到分析再到综合的基本思维方式。例如，高中一册《我的空中楼阁》一课的一套课堂提问：①看到这个题目，你想知道什么？②带着这个问题读课文，说说这课主要讲什么？③"我"是谁？"空中楼阁"是什么意思？④如此描写想要表达"我"的什么思想感情（托物言志）？

这一组课堂提问的设计是根据认识事物的过程及思维的基本方式进行的，从课题入手到猜想思路，从初读课文到感知整体，从阅读到理解课文、明确中心，从感性认识到理性认识，环环紧扣、步步深入，较好地帮助学生阅读理解课文。

2. 记忆式提问

记忆式提问是帮助学生加强记忆而设计的课堂提问。这种提问是把问话组织成试题中的填空那样，然后依次发问。记忆提问一般有两个特点：一是答案具体，二是答案只有一个。例如，杜甫的绝句是怎样描绘春天的？

记忆式提问多是根据课文中需要记忆的地方提出来的，包括作者、朝代、选自何处、引文内容等。例如，《呐喊》共收集鲁迅在 _____ 年间的 14 篇小说。《一件小事》《_____》《_____》是同学们在初中阶段学过的。序言，简称 _____，是写在 _____ 的文章。序言有 _____ 两种，一般说明自己写书的宗旨和经过的称为 _____，介绍作者或评论书的内容为 _____。（答案：1918 年至 1922 年；故乡；社戏；序；著作正文前；自序；他序；自序；他序）。记忆式提问促使学生阅读时注意力集中，迅速找出重点，加以记忆，训练边看边记边概括的能力。

3. 选择式提问

选择式提问指用选择词句来提问的方式，藏答于问。提问的答案以多项选择的形式隐藏于问话之中，以调动学生对学过的知识进行筛选，展开争论，最后统一。这种提问针对某些易混淆或易错、或矛盾、或不易引起学生注意的内容而设计。运用选择式提问缩小了问的范围，使答话不致偏离中心，使要辨析的难点更加明显集中。针对《祝福》一课，教师说："本小说线索，有的讲是以"我"的见闻为线索；有的讲以'祝福'为线索；有的讲以祥林嫂的悲惨遭遇为线索。你认为哪一种最恰当？"（教师认为悲惨遭遇为线索恰当。如果意见不统一，也可以保留学生意见。）

又如，《月光曲》一课第三节中的一句话："姑娘说：'哥哥，你别难过，我不过随便说说罢了'。"这从另一角度展示了盲姑娘是怎样的一个人，这对人物理解是很有价值的。这句话容易被学生漏掉而未引起重视。老师可提问：①"随便说说"，从前文来看究竟是出自内心，还是非内心而真正地"随便说说"？②既然是盲姑娘的内心话，那为什么又是"随便说说"？①问要求学生二者选其一，学生从前文和问话中很快选出答案；②问进一步追加思考，使学生体会盲姑娘的高尚，更加显现句子的含义。

4. 比较式提问

比较式提问是运用比较的方法提问，帮助学生在比较中得出好和坏的结论，或在比较中联系课文，达到复习巩固的效果，培养举一反三的能力。例如，《呐喊》自序一课中的"我才知道世上还有所谓格致"，理解这句话对于中学生是困难的，而又应弄懂，可这样设计提问：①这是什么句式？"格致"是什么意思？在句中充当什么句子成分？②"格物致知"是什么意思？清末对物理、化学等学科统称为"格致"，对吗？请对照注释理解回答。通过比较对照回答了老师的提问，理解了词义，懂得了当时鲁迅的心情，领悟了鲁迅这句话的弦外之音。

又如，《我的伯父鲁迅先生》一课中的"我想，四周黑洞洞的，还不容易碰壁吗！"，理解这句话对于小学生是困难的，而又应弄懂，可这样设计提问：①这是什么句式？你能改成陈述句吗？②请比较哪一种句式更强烈？③请同学们把当时的社会环境对照起来说，"碰壁"的含义是什么？通过对比，懂得了各种句式的表现作用，领会了当时鲁迅的心情。

比较方法很多，以课文教学而言，有不同的词语、不同的句式、不同段落、不同篇章的比较等。就比较目的而言，既有不同点的比较又有相同点的比较，因而提问的方式多种多样。比如，《林海》与《美丽的小兴安岭》所写内容、写景状物的写作特点有何异同的提问。

5. 迁移式提问

迁移式提问是使学生产生学习迁移的提问，用已知推未知，把现在所学内容和以前与此有关的内容连在一起提问，帮助学生培养逻辑思维能力。例如，《初冬》第二、三自然段写了下雾时的景象：塔、小山"望不见"；山野、树林"看不清"；太阳放出"淡淡的光"。后面就要写雾散的景象，可以这样设计提问：下雾是这样的景象，那么雾散后又是怎样的景象呢？学生掌握了前者，用已知、用第一个问题的思维方法推出新知，解出第二个问题。此法可起到由新温故、由此及彼、融会贯通的作用，能把各方面的知识连贯起来，建立起多元化多层次联系，培养学生立体思考问题的能力。

6. 扩散式提问

扩散式提问是从课文引发开来，从课内向课外扩展延伸式的提问，以培养学生想象、创造思维的能力。例如，《会摇尾巴的狼》分析完课文后，提问："老山羊走后，狼可能会怎样？"这样由课内向课外延伸，以激发学生探讨兴趣，调动学生积累的生活知识，较好地培养学生的想象能力。

又如，针对白居易的《卖炭翁》，教师提问："卖炭翁的身上衣正单，为何愿天寒？他当时的处境心情怎样？"这是课文里找不到现成答案的，包含在字里行间而又在课文以外的提问。又如，《项链》分析课文后，教师提问："有学者认为项链毁了一个家，毁了一个人的青春和美丽；有学者认为项链是一曲诚挚相爱、美丽动人的爱的颂歌，你怎样理解？说出理由。"这种提问不拘于课文，能较好地培养学生的想象能力和创造能力。

7. 升华式提问

升华式提问是点燃探究激情，使学生理解达到升华的课堂提问。《鸿门宴》一课中教师提问："假如你是项羽，你准备怎样对待刘邦？"学生有多种回答：听范曾言，刺死刘邦；把刘邦当人质，要挟以消灭刘邦军队；好好款待，麻痹刘邦。教师接着问："可项羽为什么不这样想，不这样做？"这就加深了学生对项羽典型性格特征的理解，使学生对课文理解得到了升华。

又如，《马背上的小红军》倒数第二节中有一句话"陈赓全明白了"，这句话包含丰富的内容，需要对前文的回忆总结才能理解。为使学生深化理解，可设计提问："陈赓明白了什么？"学生能从阅读中回答："小红军确实没有干粮，没有气力。"再设计问题追问："陈赓全明白了。究竟指的是什么？"要让学生进一步理解小红军具有宁愿自己饿死，也不拖累别人的品质。这样提问就突出了文章中心，升华了主题。

8. 变易式提问

变易式提问是变难为易的过渡性提问。因问题太难，学生难以回答，可变换角度，或化整为零，设计铺垫过渡一类问题，以帮助解决难题。这类提问，只要解决了过渡性的问题，难题也就迎刃而解。针对《祥林嫂》一课，教师首先提问："鲁迅先生是怎样描写祥林嫂的？"这是一个复杂难答的问题，学生难以回答清楚，可分解为几个小问题提问："鲁迅先生怎样写祥林嫂的衣着，怎样描写她的眼睛？祥林嫂的脸色表情如何？"这样设计提问就能变难为易，分散难点各个击破，学生清楚回答上述问题之后，再回答这一难题也就容易了。

又如，《琥珀》一课的文后问："形成这块琥珀需要哪几个条件？"一般学生很难一下完整地回答清楚。为帮助学生清楚有条理地回答这一难题，可以设计几个过渡铺垫性的提问：①故事发生在什么时候？②苍蝇和蜘蛛是怎样联系在一起的？③松脂是怎样裹住两只虫的？④松脂怎样变成了化石？这样设计提问可以变难为易，分散难点各个击破，学生在清楚回答上述问题之后再回答文后题也就容易了。

变易式的提问能较好地培养学生有条理有顺序分析综合的思维能力。

9. 矛盾式提问

矛盾式提问是教师有意制造矛盾或谬论一类问题向学生发问，以引导激发学生对这种矛盾和分歧的问题去探究思考，从而得出新的结论的提问。《草船借箭》一课，有老师设计了这样一个问题："这篇课文是写诸葛亮借箭的故事，但依我看，诸葛亮不是借箭而是骗箭。因为借要得到别人的同意且要归还，而这两个条件都不成立，故诸葛亮用计策从曹操那里骗来了箭。大家同意我的看法吗？"这犹如投石激水，在学生脑子里激起思维的波澜，在矛盾、分歧、阅读、争论中统一正确的看法。矛盾式提问也可利用课文本身出现的"矛盾"提问。如《孔乙己》最后句"我到现在终于没有看见——大约孔乙己的确死了"，"的确"是肯定的，"大约"是不肯定的，孔乙己究竟死没死，这一结尾我们发现了什么？（"大约"表或然判断，"的确"表实然判断。一般说来，在一个句子里不能同用的，但在这里，别有一种味道，言尽而意未止。全句核心是确实死了，但来个"大约"表揣测：多可悲的孔乙己，死也无人关心。）这就激发学生的思维波澜，较好地帮助学生正确理解课文，正确地把握人物特征，更能深刻地掌握教学内容。

10. 逆反式提问

逆反式提问是让学生向老师发问，由老师解答问题的一种提问方式。逆反式提问能较好地突出以学生为主体的地位，发挥学生的主动性和积极性，以培养学生学会存疑问难，提出问题、分析问题、解决问题的能力。

使用逆反式提问时，老师要对学生提问做出充分估计，尽量设计出处理和解答的措施与方案。在课堂上更要集中精力，对学生提出的问题迅速及时地分析归类整理，根据问题的难易做出处理和解答。老师要注意引导全体学生展开讨论，使全体同学参与解答，否则难以收到较理想的效果。

11. 评价式提问

评价式提问是根据标准进行评价的提问。这种提问引导学生评价欣赏，有利于培养学生的鉴赏评判能力，更能加深对所学内容的理解和掌握。或谈自己感想体会；或发现自己对历史事件、行为、主人公的观点和看法；或评价其他同学课堂回答中的正误并分析其原因。评价式提问运用广泛，如"学了××后你有什么感想？""有什么体会？""受到什么启发？""你最喜欢文章的哪一段？""课文中的人物你最喜欢的是谁？"等。评价式提问也可以引导学生对同学的发言、阅读、写作等进行评价，如"他读得怎么样？请具体说说他哪些地方读得好，哪些地方还需改进，为什么？"等。这类提问既能培养学生欣赏评价能力，也能加深理解，进一步复习巩固，掌握所学内容。

以上对常用的 11 种提问的基本形式做以简介，还有众多的提问形式靠同学们去创造。教师可根据年级分段、课文特点、思维角度的不同，灵活使用各种提问形式。

（二）理答的艺术

语文课堂教学离不开教师提问和学生质疑，而教师怎样处理学生的答问，如何解释学生的质疑，则影响着课堂教学的质量和效果，它是课堂教学不容忽视的一个有机组成部分。

对学生答问后怎样处理，我们主要从对答问的分析和处理答问的方法两个方面去研究。

1. 答问的分析

怎样处理好学生的答问？首先要应对学生答问进行分析，有一个清楚的认识之后，才可能谈得上对答问的处理。那么，教师在瞬间怎样对学生的答问做出正确的分析、判断，从而选择恰当的方法，以引导学生正确的回答呢？一般可从以下方面进行分析判断。

（1）分析答问与问题间的关系

学生答问与教师所提出的问题之间的关系，大致有五种基本情况：

第一种，答非所问。

学生回答的问题文不对题，答非所问，是完全错误的一类。要么问题不明确，要么学生没听准，应分析二者，从中找出原因，采取相应措施。

第二种，完全错误。

学生回答的问题完全错误，应立即予以纠正。要么引导答问学生自己纠正，要么让其他学生或老师纠正。

第三种，基本正确。

学生回答的问题基本正确，一般情况可指出欠缺的地方，基本照原样接受。

第四种，完全正确。

学生回答的问题完全正确，可以照原样接受。

第五种，超前或有距离。

学生回答的问题要么超前，要么有距离，属于正确的一类。虽没有错，但与完整的回答有一定的距离，还需进一步补充完善；或是答问"超前"，需要两三步走的却一步到位，大大超过了老师的预定计划，这也应采取相应措施加以处理。

（2）分析学生答问的思路

无论对或错，都应分析学生的思路。如错，要弄清在什么地方错，思维在那里走了岔道，是忽视某些内容，还是理解不当或推理不合逻辑；假如对，思维是否符合逻辑，思维过程是否清晰正确。

（3）分析答问的人数关系

教学面向全体，假如好，是否多数一致，是否是多数都对。是对是错，它们各占比例大致是多少。这样就能对学生理解或掌握情况有一个清楚的认识，也就能较好地采取相应措施了。

通过以上分析，我们对答问有了较为清楚的认识，为处理好学生答问打下了基础。这样，教师的"应变"变为可以认识、学习和掌握的技能，从而提高教学能力。

2. 答问的处理方法

（1）读书解疑法

有的提问通过阅读原文就可解决，如学生不能答好提问，就可指导学生读书，自己去寻找答案。例如，老师问"掩耳盗铃"是什么意思？学生不能答，教师不是直接告诉答案，而是说"请将课文最后三行话仔细读读就会懂得的"。当读到"他掩着自己的耳朵，伸手去偷那个铃铛"时，学生就悟出掩着耳朵去偷铃的本意，再引导学生知道自欺欺人的引申意思。这样，老师提出的问题也就解决了。

（2）追问探究法

有的答问正确无误，但未必理解，需进一步追问而达到真正理解，如《詹天佑》一课。

师："要挟"是什么意思？

生：利用对方的弱点，强迫对方答应自己的要求。（答案来自词语手册，虽解释无误，但未必理解。）

师：联系课文内容说说"对方"指的是谁？

生：清政府。

师：帝国主义者抓住清朝政府的什么弱点？

生：没有自己的工程师，又缺乏技术力量。

师：帝国主义者强迫清政府答应什么要求？

生：用他们的工程师，否则就不再过问。

师：他们为什么要对清政府进行要挟？

生：阻挠清政府修筑铁路，争夺铁路修筑权。

这样通过词语去理解课文内容，又通过内容来帮助领会词语的意思，较好地理解了整篇课文。

（3）思维导向法

中小学生易受以往或他人思维定式影响，答问常常思维偏向而失误。这就需引导思维方向，指明思维目标，如《我要的是葫芦》一课。

师：邻居要那个人治虫，那个人说："叶上的虫还用治？我要的是葫芦"。同学们，你们是怎样想的？

生："他不听邻居的话，他不谦虚，他真傻。（后面同学受前面同学思维定式影响而不能准确回答。）

师（引导思维方向）：你们讲的有一定道理，但你们能不能从叶子与葫芦的关系去想想呢？

经过几个学生相互补充，最后明确把叶子和葫芦分开来，一心只想要葫芦，但不懂得没有叶子就不会有葫芦的道理。

（4）类比诱答法

学生对于有些问题绕来绕去，总是答不准。为了调动学生思维积极性，老师可以举出类似的例子诱发学生回答。比如，《海上日出》中描写"这深红的圆东西……"，这里为什么不写太阳而称为圆东西？有的学生说为了避免重复，有的学生说太阳是圆的，但不能答准。老师顺势问："我叫某同学，不叫名字，而叫'小家伙'怎样？"学生触类旁通，豁然开朗，大叫："喜欢，是对太阳的喜爱。"

（5）回应释疑法

有些课在开始时老师故意让学生被问住，这是用来激发学生求答的欲望，以引起阅读兴趣，形成强烈的探究心理。这类提问往往不需要学生准确回答，常常在读课文后才能作答。比如《金色的鱼钩》，板书课题后，老师问："这小小的鱼钩，明明长满红锈，怎么又是金色的鱼钩呢？"学生连忙翻书以求答案，老师趁势说："好，就从书上找答案，咱们学完本课再来回答这一问题。"学生读完课文就知道这金色的鱼钩的特殊含意，也就掌握了本文的中心内容。

（6）迁移答疑法

迁移答疑法是运用已学过的知识，来解答回答不理想不完整的问题。例如《踢"鬼"的故事》一文，学习中老师问："鬼字上面为什么加引号？"学生回答："是引用。"老师又问："引号除了引用外，还有其他的用法吗？请你回忆六个'墨水瓶'里'墨水瓶'为什么加引号？"学生经过回忆回答："那不是真的墨水瓶，而是盛着牛奶的面包。"学生一下子推想到："鬼不是鬼，那又是什么呢？"学生带着浓厚的兴趣阅读课文，明白"原来是个盗墓的人"。这样由此及彼，从知识迁移中掌握了引号的用法。不仅学会了"温故而知新"的学习方法，而且由于自己获得成功，产生了浓厚的学习兴趣。

（7）追源溯流法

有时答问说得很流畅，语言组织也很严密，特别是中心思想、写作特点等。为了了解学生是否来自读写例话或参考资料，了解学生是否真正完全理解，老师常问"你是怎样体会出来的？""怎样知道的？""用自己的话再说说"，进一步要求回答。追源溯流的方法能增强思维的力度，展示学生思维的过程。

（8）比较求异法

比较求异法是对学生的答案进行比较，引导启发学生求异比较。例如，几个学生对问题做出不同的回答，老师可追问："哪个答案最正确？为什么？除了这几种外，还有别的回答吗？"目的在于让学生对几种不同的答案进行比较鉴别，从中找出最理想的答案，以帮助学生进一步理解和掌握，发展学生的求异思维，使学生能更深层次地理解。

（9）归谬矫正法

归谬矫正法是抓住学生答问错误推演开去，促使学生自省自悟，从而改变错误的思维方向，发现答案的荒谬，走出原思维的轨道，寻求正确答案。例如，关于"呻吟"的教例。

师：什么叫"呻吟"？

生：就是声音很微弱的说话。

师：你上课回答老师问题时声音很小，我说你呻吟行不？

生：在痛苦的情况下，小声地自己哼。

师：对，生病或者哪儿痛，哼哼叫"呻吟"。

总之，提问与理答是教师不可缺少的一项课堂教学基本功。在教学中，教师要善于运用提问与理答来提高课堂教学的效率。

四、课堂评价的艺术

评价是课堂教学的一个重要组成部分，贯穿于教学活动的每一个环节。科学的评价对学生具有激励表扬、解惑释疑、点拨导向等功能，使课堂更具有生命的活力，因而为广大教师所运用。由于种种因素，目前有相当数量的教师在教学实践的过程中陷入了课堂评价的误区，主要体现在表扬太多、忽视学生的情感体验、评价主体单一、评价语言过于华美等。

那么，如何走出课堂评价的误区，并使它发挥应有的作用呢？本书就平时的教学实践给出几点建议。

（一）激励性的评价方法

在课堂上，学生有了兴趣，才会有学习的动机，因而教师要把学生当作平等的朋友对待。对于学生的回答进行评价时，要多表扬少批评、多鼓励少指责，尽量不用指令性、批评性的语言，最大限度地挖掘学生的优点，进行激励性评价。

（二）期待的评价方法

一个班的学生，性格特征各不相同，因而在课堂评价时要关注学生的个体差异和不同的学习需求，从实际出发，区别对待，做到因人而异。"一把钥匙开一把锁"，注重评价的层次性，实现发展学生个性的良好愿望。尤其对学习有困难、基本知识及技能掌握得一般、学习缺乏主动性的学生来说，教师更应该根据情况作出期待性评价。比如，在指导朗读时，可以让一些平时不爱说话的学生起来读，但是他会怕，老师一次一次地鼓励："你肯定行，老师跟你一起读好吗？""你先试试，轻轻地读给老师听。""真不错，声音稍微响亮一点同学们就都听见了。""老师就知道你一定行，这不，读得多流利，多响亮啊！"他终于战胜了害怕心理，流利地朗读了课文。在同学们热烈的掌声中，这位同学喜滋滋地坐下了。在以后的课堂中，这位同学经常积极发言，这不就是老师的期待性评价给了他勇气吗？在老师真诚的期待中，学生往往能产生积极向上的情感体验，在反复的尝试中获得成功，从而自主学习、主动发展。

（三）接纳性的评价方法

在课堂上老师要尊重学生的理智与情感，以防学生产生自卑、自负和自私等错误的自我观念。学生的情感表现往往是不同的，教师应接纳学生的想法，然后帮助学生对具体问题进行分析，使学生扬长避短，最大限度地提高学习评价的积极效果。在教学《北风和小鱼》时，老师提问："你们喜欢北风吗，为什么？"然后分组讨论交流结果，大多数同学不喜欢北风，因为北风觉得自己的本领很大，不把小鱼放在眼里。但是，有些同学喜欢北风，因为"北风一吹就会下雪，就可以堆雪人打雪仗""如果天连续下雨，北风一吹，天气就晴了。""北风一吹下雪了，麦苗上盖了厚厚的雪，下一年就会丰收。"学生联系自己的生活实际，说出了他们的理由。教师没有否定学生的回答，而是夸奖他们爱动脑，爱思考，知识面广。教师再次引导学生讨论："如果你像北风一样，经常欺负别的小朋友，他们还会和你一起玩吗？北风这样做好不好？"通过又一次讨论，学生领会了课文的含意。

总之，老师赞许的眼神、会心的微笑，都能点燃学生学习的火花，使学生尝到学习的喜悦。

五、点拨与引导的艺术

在语文课堂中运用好"点拨""引导"的教学艺术，不仅能够使学生充分感受到语文的魅力，而且能够有效地提高课堂质量和效率。结合自身的教学经验，对如何在中学语文课堂中运用"点拨""引导"教学提出以下建议。

（一）点拨的艺术

一位著名的老师说得好：什么是点拨？为学生提供一点线索，鼓励学生发现问题，找准原因，那么，怎样才能使学生产生顿悟呢？这就要看教师怎样根据实际情况选择恰当的形式给学生提供线索了。点拨的方法很多，大家用得最多的就是追加提问法，下面介绍三种比较巧妙的点拨方法。

1. 无声的点拨

当学生思维阻塞时，不一定非要用语言点拨。我们还可以用手势、目光、表情等身体语言，或简笔画、图片、动画演示等做无声的点拨。这些形式都是学生看得到、摸得着的，注重直观形象具体，特别适用于较为抽象的或对学生来说较为生僻的内容。下面以简笔画在低年级课堂教学中的点拨为例来说一下。低年级学生识字、学词学句更要与认识事物结合起来，而借助图画理解词句是最基本、最简便的方法。它可以帮助学生形象直观地理解词句。例如《院子里的悄悄话》这一课中关于年轮的知识很抽象，一会儿是怎样辨别方向，一会儿是辨别树的年龄，一会儿又要识别气候。它既是本文的难点又是重点，必须要解决。这时候，如果我们在黑板上画一个树桩的简笔画，引导学生结合图画理解，就一目了然了。

既突出了重点、难点，又让学生建立了形象，清楚明了地突破了难题。

2. 以读代问

目前的教学研究中常听到一个术语"以读代讲"，提倡书读百遍、其义自现的道理，强调的是让学生多读，在读中体会、理解。"以读代问"实际也是借用这样一个原理。由于这里的读是带有点拨性和诱导性的，所以根据具体情况，应该分为学生读和教师读。

教师讲课时声音的高低、强弱、长短直接影响着学生的理解，所以语调常根据内容的变化而变化。讲到重要内容时，用强而重的语调，进行强刺激；有时用轻声细语，吸引学生倾听。情感激动的地方，声音强些、高些；讲到悲伤处则低些、弱些。正因为教师的语调具有这些功能，所以在某些情况下，可以用来点拨、启发学生的思维。

3. 示范点拨

"举隅"是孔子提出的启发式教学的一个重要方法，一个典型而生动的示范不仅能给学生提供榜样，而且能激起学生思维的火花。但是，教师的"举隅"必须使学生能够"反三"，点拨的目的才算达到了。

（二）引导的艺术

何为"导"？叶圣陶解释说："导者，多方设法，使学生自求得之，卒底于不待教师教授之谓也。"[①]"导"的课堂运作在于"引"，它不是单一地由教师提供信息传授知识，而是启发学生去主动探求，从学会到会学。"引导"要因文、因人、因时、因地进行相机诱导，具有很强的随机性，没有一成不变的模式，但并不等于无规律可循。以下从大量的课堂实践中归纳提炼出一些有普遍意义的运作策略，谨供参考。

1. 直述式指导

所谓直述式指导，就是教师以直接讲述的形式，给学生以指导。这大多用在介绍与课文有关的背景知识，信息量很大，给学生的自读活动做直接的铺垫。这种直叙不等于"灌输"，关键在于直述的效果能否引导和激起学生的兴趣和思考。例如，教学《草船借箭》一课时，临近结束，教师问学生："周瑜与诸葛亮谁的年龄大？"大家一致认为诸葛亮年龄大，有的说"我在电视上看到诸葛亮胡子特别长"，有的认为"诸葛亮足智多谋，如果年龄不大哪来那么多经验"。这时教师可

---

① 叶圣陶.叶圣陶语文教育论集[M].北京：教育科学出版社，1980：719.

直述史实:"周瑜生于公元 175 年,死于 210 年;诸葛亮生于 181 年,死于 234 年。赤壁之战发生在公元 208 年,当时周瑜 34 岁,诸葛亮 28 岁,比周瑜小 6 岁。这么说吧,当周瑜在孙权帐下威风凛凛当都督的时候,诸葛亮还只是个农村'待业青年'呢,他可是自学成才的。"教师亦庄亦谐的一席话,是直述其事,但有很重要的引导作用。"原来诸葛亮比周瑜还小 6 岁"这一史实,不仅扩大了学生的知识视野,激发了读书兴趣,更重要的是引起了学生的思索,对诸葛亮的"神机妙算"和周瑜的"妒忌"有了更深的理解。

2. 借用式开导

为了引导学生自己读懂课文,教师要充分借用即时即境的各种条件,为"读"所用,使儿童化难为易,化深为浅。这种借用某些条件为读懂课文做必要铺垫,往往可以收到很好的引导作用。教学《给颜黎民的信》这篇课文时,因时代背景的阻隔,以及信中很多内容是针对来信作答的,给学生读懂课文带来一定困难。教师在安排读课文略知大意的基础上,先设想一下颜黎民给鲁迅的来信提了一些什么问题?经过热烈的讨论之后,要求学生把来信要点一一记下:①报告鲁迅先生带去的书已收到;②表示颜黎民专爱看鲁迅先生的书;③报告春天到来,桃花开放;④请示鲁迅先生写给颜黎民的信可不可以发表;⑤信的最后署的"颜黎民"是假名。这样再读课文进行对照,就把来龙去脉梳理清楚了,从而帮助学生正确理解课文。

3. 启迪式暗导

所谓暗导是指教师用含蓄的间接的语言、行动、情景显示等手段,对学生自读课文产生积极的心理影响,从而推进自读的进程。教学《朱德的扁担》一课时,文中讲述朱德在扁担上写了"朱德记"字样后,战士们看到字就不好意思再去夺他的扁担了。一位学生说:"那时战士都是穷人家出身,不识字,怎么会认得'朱德记'三个字呢?"老师机智地反问:"是啊,他们都是穷苦人家出身,但是他们不可以想办法识字吗?"于是有的学生说:"朱总司令带领红军战士一边打仗,一边学文化,并不是每个红军战士都一个字不识。"有的说:"即使一个字也不识的极少数战士,也会认得这是朱德的扁担的,因为上面有记号了。"因此,在课文教学中采用启迪式的"暗导",更有它的特殊意义和价值。

4. 震慑式反导

震慑是一种威力性引导方法,它与正确鼓励相反,是通过阻断学生某种不正确的认识和态度，展示这种认识和态度的不可取，并予以警戒，或通过"归谬"法强化它的不合理，以达到正确引导的目的。可以认为，这是一种从反面加以引导的方法。教学《罗盛教》这篇课文时，有学生质疑：罗盛教救了朝鲜儿童，朝鲜人民为什么不去救罗盛教？老师便采用"反导"法给学生以强刺激："你的意思是朝鲜人民对罗盛教会见死不救吗？"这一反问，把问题推到了极端，引导学生再度深思。"一石激起千层浪"，大家议论纷纷，最后一致认为中朝人民的友谊是鲜血凝成的，如果有朝鲜老乡在旁边，绝对不会不去救罗盛教的。根据课文中的叙述，可以知道事情发生的时间是冬天的清晨，天气很凉；地点是石田里的山野，除滑冰的几个孩子外，没有一个大人。这里从反面切入的引导取得了很好的效果。

在课堂教学中变"讲"为"导"的设计，是新课改精神的要求，我们应当在教学实践中深入研究和探讨。其实，"引导"在人际沟通中具有普遍性的重要价值，是今天国内外心理学家正在研究的一个热门课题，而且正在形成"引导心理学"这一分支学科。在课堂教学中，以"引导"为介体，实现"教"与"学"互为转化的前景同样也是广阔而美好的。

六、课堂讲授的艺术

讲授是传统的课堂教学方法，由教师讲解知识，并以教师的叙述和说明来达到教学目的。讲授法是使用最普遍、最久远的教学方法，在提倡课程改革的今天，讲授法虽不如以前那样重要和普遍了，但仍不失为一种比较好的教学方法。

讲授的基本形式有讲述、讲解、讲读和讲演四种基本类型，不仅包含了教师的讲，也包括了学生的学。在新课程改革后，特别强调学生的主体作用，强调学生主动学习。因此，下面所列讲授的基本形式中，也不时穿插了学生的学习活动。

（一）讲述

讲述是教师对教学内容进行生动的叙述或形象的描绘，分为叙述式和描述式两种。叙述式常用于叙述时代背景、人物关系、故事梗概、写作方法、重要史实等。叙述式要求交代清楚、明白、要点分明，忌旁逸斜出，使学生不得要领。东北师范大学附属中学教师孙立权在讲《孩童之道》时，是这样向学生叙述这首诗的作者的：

公元 1913 年一个晴朗的日子，印度有位诗人领着一群孩子刚从森林里玩耍归来，邮递员送给他一份电报，这是瑞典文学院的一个通知，告诉他获得了本年度，即 1915 年世界文学最高奖——诺贝尔文学奖。他是获得此项殊荣的第一个东方人。这位诗人并没有去瑞典参加盛大的授奖庆典，并且把他获得的诺贝尔奖奖金全部捐给了一所学校。这位诗人就是印度最伟大的诗人、印度"诗圣"——罗宾德拉纳特·泰戈尔。作为一个世界级的大作家,泰戈尔的作品是可以车载斗量的。他一生留下诗集 53 部、长篇中篇小说 12 部、短篇小说 100 多篇、戏剧 38 部。他是一个著名的音乐家,创作了 2 000 多首歌曲,其中一首被定为印度的国歌。他还是一个造诣很高的画家,七十岁高龄才开始挥笔作画,有 2 700 多幅作品,大都具有独特的风格。在泰戈尔众多的作品中,有一本诗集被称为"世界最优秀的儿童诗集",这就是《新月集》。今天我们就学习《新月集》中的一首诗——《孩童之道》。

这段叙述,既是孙立权设计的导语,也是作者介绍。它交代了泰戈尔获得诺贝尔奖的事实,说明他是一个世界级的伟大作家;还交代了泰戈尔把诺贝尔奖奖金捐给了一所学校,说明泰戈尔是一个很有爱心的伟人;还交代了泰戈尔在文学艺术方面的成就,说明泰戈尔是一个有很高造诣的人。

描述式常用于刻画人物、描绘环境、介绍细节、渲染气氛、表达感情等。它要求形象生动,能使学生通过教师的语言描述,在头脑中构建具体形象。陕西西安中学教师强育林在讲授《沁园春·长沙》时,是这样描述的:

师:同学们,深秋时节你们有谁到过湘江的橘子洲吗?

生(齐):没有。

师:好,教师给你们当一次导游,带领大家神游深秋的湘江。(挂出《橘子洲岳麓山秋色图》,教师指图概述)你看——

那秋山的红叶,红到了天边;那秋水的绿波,清澈见底。鱼儿快活地翔游,雄鹰展翅奋飞。湘江清流,不舍昼夜;江上的行船,分秒必争。霜天万类竞自由,一切都在奋进不已。这美好壮丽的景象,这生机盎然的秋色,谁能不心驰神往呢?

强育林的这段描述,通过生动形象的语言把学生带到深秋的湘江畔,火红的岳麓山下,使同学们在头脑中构建了一幅万类霜天竞自由的美丽图画。语文课中经常可以用到这种带有诗意的描述性讲授。

(二)讲解

讲解是指教师的讲授主要采用对教材内容进行解释、说明、阐发、论证的方式,说明事理、阐述知识的本质,论证课文中的逻辑关系,达到传授知识的目的。讲解和讲述的不同点在于:讲述偏重于讲事,侧重对学生形象思维能力的训练;讲解偏重于说理,侧重发展学生的逻辑思维能力。讲解的常用方式有三种:

第一种是解说式。它是运用学生熟悉的事例,引导学生从情境中了解概念。通过教师的解说,使学生把已知与未知联系起来,从而了解事物的特征。江西景德镇市第七中学教师韩振铁讲授《大堰河——我的保姆》时，设置了这样的情境：

教师有意将课题写成《大叶荷——我的保姆》。学生提出："老师，写错了！"教师佯问："没有吧？"学生说："课文的注释讲明了：作者在本篇诗中根据浙江一带方言的谐音把大叶荷改为'大堰河'了。"教师于是进行订正。随即问：作者为什么要利用谐音把诗题写成"大堰河"？学生被问住了。过了一会儿，才有一位学生恍然大悟："人们常把养育自己的河流比作母亲，我认为作者用谐音就暗含了这一层意思。"

教师首肯"答得对"，接着讲了一个故事：20世纪30年代末在上海，有一位诗人见到艾青时，激动地说："德国有莱茵河，法国有塞纳河，埃及有尼罗河……我们可以骄傲地说'中国有大堰河'！"尔后许多年，真的有些人把"大堰河"误解为一条河流。这样看来，为防止误解，是否要将题目改为"献给大堰河的诗"或"大堰河赞"？

顿时，议论纷纷。有的说改好，因为这是一首诗，用"献"或"赞"具有浓厚的抒情意味，不会引起误解。多数人说不能改，因为原诗题指明了"我"和大堰河之间的关系，这是贯穿全诗的一条主线，是作者产生激情的现实基础。

教师肯定了多数人的意见，并补充两点：①标题的含义，表现的已不是一般的保姆与乳儿的关系，而具有特定环境中的典型性。②如果我们把拥有半个多世纪创作历程并在国内外获得崇高声誉的艾青的诗歌，比喻为一条巨大的河流，那么，它的永不枯竭的源头就是"大堰河"！它的情愫、它的主题、它的美，都可以从这个源头找到答案。

以上是韩振铁对诗题和诗眼的挖掘，他是用故意写错诗歌标题的方法创造一种问题情境，进而引发学生对诗题含义的深入理解。教师最后的总结解说使全班同学加深了对诗人命题的体会。

第二种是解析式。它是利用归纳推理或者演绎推理的办法，让学生了解和分析事物的规律、原理和法则。偏重于对学生逻辑推理能力的培养。山东师大附中老师章宏澧讲授《中国人失掉自信力了吗》第一部分时，引导学生先找出论敌的三个事实论据：一是"两年以前，我们总自夸着'地大物博'"；二是唯洋是从，依赖国联；三是"现在一味求神拜佛"。最后师生共同归纳：从时间看，"两年前""不久""现在"是一天天地发展着；从对象看，"地、物""国联""神佛"是一个个越来越空越玄；从程度看，"总""只""一味"是一步步越陷越深；从性质看，"是事实""也是事实""却也是事实"是实实在在存在的一些人的言论、愿望、做法。据上面"三个事实"，师生得出结论：中国人失掉自信力了。这里就是用归纳推理的方法做解析式讲授。

第三种是解答式。它以解答问题为中心，带领学生探索思考题、智力测验题、自然现象、社会生活中的实际问题，着重培养学生分析问题和解决问题的能力。贵州都匀一中老师的罗福应讲授《拿来主义》时，对课文有这样一段精彩的分析：

师：请大家看这句："还有几位'大师'们捧着几张古画和新画，在欧洲各国一路地挂过去，叫作'发扬国光'。"这里有两个很传神的字，我们要仔细体会和理解。首先是"捧"字。大家想想，某人捧着东西给人，这捧的动作表达了他什么样的心态呢？

生：恭敬。敬重对方。

师：还有不同理解吗？这位同学的理解是对的。现在请大家再想一想，对那些用枪炮打破了我们的大门，又让我们碰了一串钉子的外国人做这样的动作，这人的心态该叫什么呢？

生：讨好外国人。

师：对。这就叫媚外。一个"捧"字画出他们媚外的丑相。再看那个"挂"字。大家想想，画只有几张，却要在欧洲各国一路地挂过去，这里挂一张，那里挂一张。同学们想一想，这挂的人的心态如何呢？

生：有些得意。

师：是有些得意。大家再想一想，只有几张画而要挂在那万里路上，那万里路上的画的形象给你什么样的感觉呢？

生：可怜。

生：寒酸。

师：对。这又给"送去主义"画出寒碜的可怜相。

在这段讲授中，罗福应把鲁迅先生用词的准确、辛辣分析得十分到位。

（三）讲读

讲读是把讲解和阅读材料有机结合起来的一种教学方法。讲读是以讲导读，以读助讲，讲与读二者相辅相成。它是语文教学的重要方法之一，包括范读评点式、词句串讲式、讨论归纳式、比较对照式和辐射聚合式五种方式。

范读评点式，指教师和优秀学生分段范读课文，范读一段，点评一段。这种方法多用于古文教学。在典范的现代文章中，也可以一段一段地范读加点评。使用范读点评可以更精确地使学生理解文中的精彩词句，并随时对精彩的地方发表自己的见解，有利于培养学生的语感和分析能力。在使用中应该注意，先通读全文，在了解全文脉络的基础上，再一段段点评，否则就会使学生只见树木，不见森林。

词句串讲式，这是文言文教学的传统方法。"串"是串通句意，强调通文意；"讲"是解释学生不理解的字、词、句，强调字字落实。串讲法的第一步，先划分串讲单位，可以是一句话或者一个句群；第二步，由教师范读或学生试读一个串讲单位，使全体学生对将要串讲的内容有一个整体了解；第三步，引导学生自学，通过看注释或查阅工具书，试着自己解决疑难问题，自己不能解决的，可以作为疑问提出来；第四步，由教师或学生讲解，弄清字、词、句的意思及有关典故；第五步，串讲，把原文翻译成现代汉语，贯通文意，对一个串讲单元获得整体印象；第六步，朗读全文并从整体上理解全文。串讲法一般采用"读—讲—串"的方法，应该先讲实词，再讲虚词和句式。在比较简单的地方，可以让学生试串，尽量避免发生教师一串到底、满堂灌的现象。

讨论归纳式是在容易引起学生思考，学生有探究愿望的地方提出讨论题，让学生充分发言后，教师进行归纳总结。使用这种教学方法应该注意选准讨论主旨，与主旨有密切联系或者学生疑惑不解的地方都可以讨论，但不要离题太远。在讨论时，教师要把握课堂节奏，不能无休止地讨论下去；在学生争论不休的地方，教师应该适当点拨；当学生的讨论已经离题时，教师要及时把学生引入讨论的正题中；讨论还应该有一定的时间限制。在教师设计讨论时，这些都应该事先考虑好。

比较对照式，有些课文学习之后，可以将文中的人与人、事与事、物与物进行比较，在同中求异或异中求同的过程中讲授知识，进行思想教育。例如讲《故乡》，可以将少年闰土与中年闰土的外貌、语言、行动、性格进行比较，让学生理解在生活的重压下，闰土由一个少年小英雄变为一个木偶人的社会原因，帮助他们认识那个万恶的旧社会。

辐射聚合式，是把讲读过的课文与文体相近、主题相近、写法相似、题材相同的课文进行比较研究，然后聚合成知识体系。比如钱梦龙讲《变色龙》时，就选用了在写法上与《变色龙》十分相近，以苏联教育为背景的《考试》，让学生反复比较两篇作品的异同，体会运用尖锐的讽刺表现社会生活的艺术手法。

（四）讲演

讲演是讲授的最高形式。它可以由教师讲演，也可以让学生讲演。讲演者要系统全面地描述事实、阐述理论，通过分析、比较、概括、推理等方法做出科学的结论。它能培养学生正确的世界观和方法论。讲演比一般课堂发言难度要高，所以适于在高年级开展。

七、情境创设的艺术

新课程理念认为，优质的知识呈现情境既可以促使学生产生认知冲突，启发学生发现问题，调动思维的积极性，又可以促进师生之间及学生之间多方互动，使课堂教学变得有生气。因此，教师在教学过程中提供符合学生生活和学生文化的教学情境就显得极为重要。在教学过程中，教师应该根据教学需要，创设多样的教学情境，激发学生情意，使学生在各方面都有所发展。

（一）通过对作者的介绍巧设情境，激发学生情意

选入语文课本中的文章，大都是文质兼美、情感真挚的美文，也是作者本人具有代表性的作品。文章作者的思想感情、人格魅力及其独有的人生感悟都会灌注到他的作品里面。因此，学习一篇课文，就是和一位思想丰富的伟大人物对话。这种对话就贯穿着对学生的思想情感教育。尤其是课文作者的奋斗精神、人格魅力对学生的品德培养起着很大的作用。同时，还可以找一些和课文作者有关的名人来对学生进行思想教育，培养学生良好的品德。用课文作者和与作者有关的一些名人来设计情景，激发学生的情意，不仅能对学生进行情感教育，而且可以高质量地完成课堂教学。一般的教学过程是在讲课文之前对课文作者进行一些介绍，然后进行课文学习。但是，如果把作者的一些情况融入课文讲解的整个过程，教学效果会更好。比如，学习《为了忘却的记念》这篇课文时，对作者鲁迅的基本情况学生都比较熟悉，不用过多介绍，重点介绍课文写作背景。在课文学习过程中，根据教学的需要和学生的理解程度，可以设计一些与鲁迅有关的教学情景，介绍鲁迅对进步青年的关心、帮助的事迹。这样既高质量地完成了教学任务，又对学生进行了良好的品德教育。

（二）根据对课文内容的理解，随机设置情境

在教学过程中，有时会出现一些课前难以预料的情况。通常是学生对学习内容无法理解，或个别同学突然发问，这些都会影响课堂教学效果。在这种情况下，教师应根据教学内容及时地创设一些教学情境来激发学生的情意，使教学任务顺利地完成。

著者在讲解范仲淹的《渔家傲》时，自认为学生对范仲淹应该很了解，就直接让学生说说对这首词的理解，可是发现学生对"将军白发征夫泪"这一句理解得不是很深。猜想可能是学生对范仲淹任陕西经略副使兼知延州（今陕西延安）的事不了解。因此，马上说："同学们听说过'军中有一范，西人闻之惊破胆'

吗？"接着就给学生讲了范仲淹带兵打仗的一些事，学生们马上就理解了这句话。这样，课堂教学得以顺利进行。

当然，在语文教学过程中也会出现其他问题，要及时创设情境，激发课堂教学的活力。在讲《祖国啊，我亲爱的祖国》这一课时，著者让学生找一找课文中有关意象。同学们基本上都找对了，可是一个同学站起来问："老师，什么是意象？"著者只好笑着说："好，我给大家讲讲'花'的意象。花是客观之物，但是当诗人或词人的主观情感不同时，他们笔下的花的意象就不同。比如，'落花人独立，微雨燕双飞'和'落花无声，人淡如菊'，花中的情感就很淡；'泪眼问花花不语，乱红飞过秋千去'和'花谢花飞花满天，红消香断有谁怜'，花中的情感就很浓。为什么同是花，而情感会不同呢？是因为花中所蕴含的作者的情感不同。这就是说，意象可以理解为客观之物与主观情感的结合体。"及时创设"花"的教学情境，不仅让同学们理解了意象的概念，而且激发了课堂教学活力。

（三）结合文本环境，创设生活情境，引起学生兴趣

由于时间和地域的变化，文本环境与学生的生活环境有着较大的差别。教学点与兴趣点往往不一致，文本与学生脱节，这时就需要教师创设优质的生活情境，让学生有真切的感受，引起学生的探究兴趣，激发求知的欲望。学生进入文本，真切感受字里行间所蕴涵的意义，这样的学习才会主动，这样的课堂才会生动。鲁迅的小说《社戏》是一篇充满江南水乡生活气息的文章。它描绘了江南水乡令人神往的月夜美景：起伏的连山，朦胧的月色，含香的水气，令人自失的笛声，还有一大帮顽皮无私友好的农村儿童一起煮豆的经历，读来令人回味无穷。然而，时代的变迁和生活经历的不同，学生对小说中的生活环境和人物的感知认同程度也各不相同。有农村水乡生活经验的学生，觉得课文描述的就是自己的童年；而没有这种生活体验的学生，乌篷船和豆子就没有那么大的吸引力了。为了让学生体味那豆香般的童年，在课堂上，著者让同学们打开记忆的闸门，由自己的童年的趣事说起。接着，跟学生说起江浙一带的风土人情和鲁迅童年生活的逸闻趣事。学生说得有劲，听得有味，阅读的兴趣油然而生，自觉把思维的触角伸向那迷人的水乡和亦真亦幻的月夜，和那些孩子一道去品味豆子的清香。

（四）运用现代媒体，创设情感情境，使学生有情感的涌动

在阅读教学中成功激发学生的情感，可以让学生处于非常亢奋的学习状态，自觉与作者进行心灵的交流，从中受到熏陶和启发。现代媒体广泛运用于教学，为情感情境的创设提供了一个便利的平台。在情绪高涨的时候引导学生进入课文，

自然是水到渠成。《安塞腰鼓》是一篇颂扬生命力的美文。在学生阅读之前，著者布置学生收集有关陕北生活环境民风民俗以及腰鼓文化的资料，课堂上运用现代教育媒体为学生展现陕北腰鼓舞动的雄壮场面：空旷的黄色的背景，雄健的后生，激越的鼓声。引导学生由视觉到听觉，由鼓到人再到生命，产生积极的思维，让学生真切地感受课文，感悟生命。

（五）结合文章旨意，创设冲突情境，让学生有感而发

认知冲突的产生，能够迅速激活学生思维，进行积极思考。在教学中把对立的观点意见提出来争论，让学生在冲突中产生积极的思维，并提供表达感受的机会，进而受到人格的熏陶。在《最后一课》的教学结尾时，著者对学生们说道："有人认为小弗郎士的可贵在于命运大转折的时刻，终于明白了学习是与侵略者做斗争的武器。而有的人认为早知如此，何必当初呢？等到做了亡国奴这一天，才明白这些道理有什么用啊！"学生听了都深有感触，纷纷发表自己的见解。通过这样的讨论，学生对"爱国"这一概念有了新的认识。

总之，在课堂教学中，教师通过创设良好情境，使学生产生进一步探究的愿望，让学生在情境中去探求真知，去解决问题，从而达到教学目标要求，提高语文教学实效。

八、生成与应变的艺术

根据新课标的改革要求，课程是生成的。在教学时，教师应当改变传统的教学模式和结构。课程既然是生成的，相应的课堂也是生成的。所谓课堂生成，就是以学生为主体进行因势利导，突破教师教学的"预设"部分，课堂上获得更为意外的收获。在课堂教学中，教师对课堂上出乎意料的偶发事件迅速做出反应，并巧妙地予以解决，使听课者和讲课者在思路和感情上始终保持一致。机智地处理这些问题就需要教师具有较强的教学应变能力。

（一）生成的艺术

课堂上教师应该注重利用对学生的要求，释放他们的潜能，从而推动师生之间的交流。

1.构建和谐平等的师生关系，在平等的对话中生成课堂

新课标中明确指出，应当充分地发挥师生的主动性和创造性。要想进行双方的创造，教师首先需要在教学过程中构建出和谐的师生关系，在平等的对话中生成课堂。

比如，在学习《山行》这首诗时，教师首先可以通过课文标题引入本诗的标题，再让学生对诗人以及题目背景进行大致了解，接着便让学生自己去学习这首诗，并让他们思考：诗人是在哪个季节去游览山林的？诗中描写了怎样的景象？整首诗表达了诗人怎样的情感？在学生进行交流的同时，教师也需要与学生进行及时的沟通。有学生会问："老师，为什么是'白云生处有人家'，而不是'白云深处有人家'呢？"，有同学回答："两个都是可以的。"此时，教师就要借助学生的问题加强与学生的沟通，继续提问："其他同学的意见是什么呢？"在讨论中，同学们各抒己见，和教师积极地进行讨论。

师生之间相互沟通，共同解决问题的课堂虽然会略显混乱，或者经过激烈的讨论也没有正确的答案，但是这让学生更愿意融入课堂，更有利于师生之间和谐关系的构建。

2. 明确课堂目标，赋予课堂生成艺术

如果一堂语文课缺乏明确的目标，就难以保证课堂艺术性的生成。比如，在学习《斑羚飞渡》的时候，教学目标定为以下三个：字词的掌握；能够大体概述斑羚成功飞渡而其他略写的写法；斑羚在自救中所呈现的悲壮行为给我们哪些启迪。教师根据课文内容定位三个目标，课堂就会显得更为紧凑。能否让学生们顺利地达到第三个目标，关键在于教师在课堂上的生成效果如何。

围绕目标，教师可以设置一些话题让学生表演课文中的情境。例如，教师可以问学生们："假如你是老斑羚，你率领的斑羚群正在面临紧急的情况，你会怎么办？""假如你是一只小斑羚，在重新获得生命之后有怎样的想法？""镰刀头羊带给我们一种怎样的感受，它在我们心中又是怎样的角色？""我们的民族在极其危难的时刻，英雄先烈们又是怎样实现他们的人生价值的？"在教师提出了一系列延伸性的问题之后，给学生一定的时间去发表自己的想法，可以进一步深化主题，让学生完成升华文章中心的目标。

3. 在培养学生自主、合作、探究的能力中生成课堂

新课标中明确指出，学生是课堂的主人，要发挥学生的个性，让每一个学生实现个性化的发展，让每一个学生都主动参与到课堂中去。比如，《童趣》是初中学习的第一篇文言文，虽然学生对文言文不是太熟悉，但是也不要手把手地教，而要让他们自己去自主学习和探究。教师先不讲课文的内容，首先问同学们："在你们的记忆中，你们是怎么度过童年的，有什么有趣的事情给大家分享一下？"在学生们一阵激烈的讨论和分享之后，教师接着问学生："在我们即将要学习的这

篇文言文中，作者沈复的'童年'是怎么样的？"在学生不断的讨论中，他们自己去探析这篇文言文，带着兴趣去理解文章，就能够在自己的讨论中逐渐培养自主、合作和探究的能力。

4.借助课堂语言技巧，增强课堂灵活性

语文属于语言性的教学，语言性的教学在语文课堂生成的艺术中起着重要的作用。但是，课堂上的语言并不意味着要喋喋不休地讲一节课，而是应当注重语言的变化和节奏。把握课堂的艺术性的重点在于教师的取舍，在教学的过程中，适当的停顿能给学生一个消化知识的时间，回味之前教师所讲的内容，能够进一步协调"教"和"学"。虽然很多时候，学生回答问题会找不到重点，很多词语句子用法不当，但是教师不要急于回答，也不要急于去批评或者表扬学生。教师只需要给一些提示，让学生自己揣摩句意或者找到问题的核心，在这个过程中，教师最应该做的就是注意语言的技巧，让课堂逐渐灵活起来。

总而言之，在教学中，教师需要积极地挖掘教学中的生成资源，引导学生突破其中的难点和重点，进而激发学生学习语文的兴趣。

（二）应变的艺术

在课堂教学中，教师对课堂上的偶发事件，迅速做出反应，并巧妙地予以解决，使听课者和讲课者在思路和感情上始终保持一致。机智地处理这些问题就需要教师具有较强的教学应变能力。

苏联著名教育家马卡连柯曾指出，教育技巧的重要特征之一就是要有随机应变的能力。有了这种能力，教师才能避免刻板的公式，准确判断课堂教学中出现的意外事故，从而找到有效的方法并且加以正确运用。

1.随机调整法

由于各种原因，有时上课打乱了原计划的教学结构，教师可以灵活机动地调整教学内容，以变应变。例如，有一次在思想品德课教学中，突然窗外飞进一只巨大的蝴蝶在教室里飞旋，一会儿飞到女同学的头上，一会儿飞到桌椅间地面上，一时间教室里尖叫声、扑打声、起哄声不绝于耳。安静的课堂顿时像开了锅的沸水，持续了几分钟后终于恢复平静。此时，同学们怔怔地看着著者，等着训斥。著者把踩死的蝴蝶扫进簸箕缓缓地说道："有谁知道生命包括哪几类？"有同学说"植物""动物"。著者点点头："保护人类的家园，地球人应该怎么做？"同学们纷纷表示："尊重自然规律，爱护动物植物。""说得很好，刚才一个小生命被断送了，你们有何感想？"顿时，教室里沉寂了，刚才还兴奋地扑打蝴蝶的几个同学不好意思地低下了头。教室恢复了秩序，著者随即把后面的内容提上来开始讲授"敬畏生命"这一课。

2. 借题发挥法

教师把课堂教学中的偶发事件巧妙地融进教学中，借题发挥做"文章"。例如，在教学"情绪"一课时，突然一位女生转过身去大叫一声，所有的同学都朝那里望去，只见后桌的男生微微脸红低下了头。正常的课堂秩序被打乱了。著者随即问女同学："怎么了？"她答："他扯我的头发！"著者顺势问道："当时你什么感受？""我很生气！"女生愤愤地说。著者又问男生："你现在怎么想的？""不好意思哦。"男生面带歉意非常轻地嘟哝着。著者随即提问："有谁知道他们两个此时的情绪属于哪一种？"由于刚刚讲过情绪的概念，同学们的注意力被吸引过来，纷纷发言："女生由于生气反映出的是愤怒。""男生由于做错了事而反映出的是歉意。"著者微笑着说："看来同学们已掌握了情绪的含义了。"如此这般，教师在短时间内果断地采取适当的应变措施，借题发挥，使突发事件得到有效解决，是教学应变艺术之应变性的真实体现。

3. 解围鼓励法

课堂教学中，有时可能会出现"冷场"的现象，不可避免地形成尴尬气氛。特别是遇到不能完成课堂学习任务时，学生就会处于众目聚焦的中心，不知所措，更加重了心理负担。这就需要老师及时给予鼓励和支持，而不是嘲讽和讥笑。在一次代课教学中，著者让一个高大的男生朗读课本上的案例，由于该同学"口吃"，所有同学都转过身去讥笑他，课堂上出现了尴尬的局面。那个学生不再朗读。按照常理会换个同学再读，著者却别出心裁地说道："既然他不习惯在众目睽睽之下朗读，那同学们就回过头来用手轻轻蒙住眼睛，只用耳朵听吧。"著者也转过身面对黑板站着。这时朗读声又响起来，越读越流畅了，读完后，课堂上响起了一阵热烈的掌声。老师机智地应变解围，不仅取得了良好的教学效果，还培养了学生的自信心。

4. 幽默调侃法

课堂上有些偶发事件会使教师处于窘境，倘若不予理睬可能有损教师威信，而过激的态度又往往会激化师生矛盾，破坏师生关系，影响教学活动的正常进行。教师不妨运用幽默调侃策略，以宽容的气度拿自己幽默一下。这不仅让教师摆脱尴尬，而且有利于活跃课堂气氛。一个新班级的第一堂课上，著者自信地走进教室先做自我介绍："同学们，我姓……""油老师"几个男同学指着黑板角落里淡淡的字迹不怀好意地喊着。一阵哄堂大笑之后，学生们鸦雀无声地等待老师雷霆般的训斥，几十双眼睛紧张地注视着著者。我朝黑板角落里扫了一眼，随即拱手作揖笑着说："谢谢你们还挺客气的哦！我还以为你们会叫我'油菜花'呢！"真诚幽默的话语逗得学生们又大笑起来，教室里的气氛顿时活跃了。学生们从老师和蔼的笑容里，感受到朋友般的坦率和真诚。这样的第一印象是令学生们难以忘怀的。教师轻松地自我解嘲，实际上也是把一个宽容大度、幽默风趣的教师形象展现在学生面前。自我调侃策略的运用不仅无损于教师自身形象，相反还树立了教师威信，融洽了师生关系。

总之，随机应变能力是教师一项重要的基本素质，是教师思维的灵活性、创造性、观察的敏锐性和意志的决定性的有机结合和综合呈现，是教师在教学中不断充实自我、深入钻研、积累经验、勇于创新而形成的教学艺术的展现。在具体的应变中，任何一种策略都不可能是绝对单一和万能的，只适用于不同对象、不同情境、不同层次、不同角度，因而都具有其内在的逻辑关系。运用时要求教师必须针对课堂具体问题情境，准确把握有关对策，绝不能将其孤立化、公式化和模式化。唯有把握全局，在符合课堂教学活动具体要求、符合教学基本原则下灵活运用，才能取得应变的最佳效果。

九、组织与调控的艺术

语文课堂教学过程中同时存在两种活动：一是教学活动，一是组织管理活动。组织管理活动是开展教学活动的保证，教师要对课堂教学活动加以组织与调控。建立良好的纪律，集中学生的注意，激励学生努力学习，保证教学活动的顺利进行，以实现本节课的教学目标。课堂教学不仅是知识传授，也是师生感情交融思想共鸣的过程。在教学内容、教学方法基本相同的情况下，课堂气氛愉快和谐的班级成绩显著高于课堂气氛不和谐的班级。心境差的学生学习效率低已被国内外多项研究所证明。在教学过程中教师要吸引学生的注意力，激励学生专心学习。因此，我们认为搞好课堂教学中的组织与调控是一项重要的组织教学艺术。

（一）组织的艺术

教学语言组织的艺术，是指教师在课堂教学中，采用一系列创造性的、充满美感的协调、控制的办法，保证教学顺利进行。

1. 组织课的开端艺术

（1）组织课堂秩序，集中学生的注意力

上好一节课，就要有个良好的开端。有经验的教师总是精心琢磨自己的语言，在教学过程中，使学生能洗耳恭听。轻松快乐的氛围，学生才会乐于接受，对教师产生热爱之情。教师在教学中要调动学生的有意注意，把无意注意转变为有意注意。集中学生的注意力可以从以下方面入手。

情绪激昂，精力充沛。教师上课的时候要像演员一样进入角色，即使有不开心的事情也要忘记，要精神抖擞地站在讲台上，不能满脸愁容，神情疲惫。教师要永远给学生充满激情的语言，奋发向上的热情，给学生以激励，充分调动学生的学习"激情"，使学生处于精神饱满的状态下进行学习。教师在积极的心态下进行传授知识，发挥学生学习的主体作用，就能使学生注意力集中，把学习看成是一种乐趣。

了解学生心理，快速转变学生的注意力。有经验的教师能及时转移学生的注意力，快速把学生的注意力集中起来，把学生学习兴奋点快速地转移到本节课上来。转变注意力的方法很多，可以提问的方式让学生回忆课上讲述的内容，也可通过多媒体让学生了解要学习的新内容，这样可以快速把学生的注意力和兴奋点转移到本节课中。

（2）组织课的开端，导入新课

良好的开端是成功的先导。有经验的教师都非常重视导入新课的艺术，课有多种开头，或以情入，或以理入。不论用哪种开头，都要融科学性、艺术性、教育性于一炉。导入新课的方式主要有以下三种。

第一，设疑提问，导入新课。讲课开始，教师要善于创设情境，引导学生积极思维，为学生主动、积极地学习创设条件。

第二，借助知识，导入新课。分为以旧知和以新知导入两种。在上课开始，教师巧妙地联系旧知识，做到温故知新，这是教师常用的一种导入新课的教学艺术手法。

第三，直观演示，导入新课。直接知识是间接知识的起点，直观表象是通过抽象思维的通道。通过挂图、标本、模型、实物、多媒体等使学生充分激起兴趣，加深理解增强记忆，也是导入新课的重要手段。

2. 组织教学进程的艺术

（1）利用教学反馈，组织教学进程

课堂信息反馈是指学生对教师的某种反应。教师要判断学生心理状态，上课前要用目光对每个学生扫视一遍，通过观察学生听课时的面部表情，了解每个学生的心态和情绪状态，对教学内容和方法及时加以调整。

（2）恰当处理偶发事件，巧妙运用教育机智

上课时面对突如其来的事情，教师应沉着冷静，巧妙运用教育机智。所谓教育机智是突发事情发生的时候，教师能够随机应变，不慌不乱，稳定住自己的情绪和学生的心态，把握住和控制住学生的心态，调整好课堂氛围，使教学能顺利进行。

3. 教学语言艺术

课堂教学的口头语言简称教学语言，是教学的主要工具。教学语言既不同于生活语言，也不同于表演艺术的道白，是演讲体和对话体相结合的产物。

（1）精炼、准确，有启发性和科学性

准确性要求确切地使用观念、科学地进行判别、合乎逻辑地进行推理。精练性要求教师讲课言简意赅、重点突出、结构严谨、层次分明、环环相扣、恰当有度。教师讲课还要求具有启发性，要留有空白，做到弦外有音、有思考的余地，能使学生积极思考，诱导学生质疑问难。

（2）真挚感人情真词切，富有情感性

教师上课的语言应该扣人心弦，以情动人。充满感情色彩的教学语言，不仅使学生从形式和内容上感受知识，而且会感化学生的心灵。教学语言的情感性要和教学内容紧密相连，教师要感染学生，自己首先要进入角色。

（3）形象、具体、生动、直观，富有趣味性

学生思维具有形象性、具体性、直观性的特点，教师教学语言要现象化、生动化。所谓形象性就是教师讲课时语言要具体形象，让学生有身临其境的感觉。教学语言通俗易懂，绘声绘色，把抽象的知识具体化，把深奥的道理浅显化，从而激发学生的学习兴趣，使学生对所学的知识加深理解和巩固。教师的语言要幽默、诙谐、有趣，恰当地运用比喻、夸张，借用寓言、讲故事、说笑话等，可以调动学生的学习积极性，使学生在轻松愉悦的环境中学习。

（4）顿挫有致，刚柔相济，富有节奏性

教学语言的节奏性是指教师的教学语言要快慢、强弱、持续有致的变化，语调的抑扬、刚柔要有机结合。

教师的讲课内容要根据知识内容轻重，确定语音的节奏。对于概念和重点知识讲授，声音要有力，速度要缓慢，给学生留下深刻印象；对次要问题，速度可稍快，声调可稍低。教师讲课的语音，切记太快、太慢、太高和太低。语句要持续有致，该续则续，该断则断，产生"言有尽而意无穷"的效果。

（二）调控的艺术

目前中学课堂每节课的上课时间是 40 ～ 45 分钟，期间课堂的节奏不可能是一成不变的。它有时慢，有时快，有时是高潮，有时是低谷。影响课堂节奏的原因很多，如教师的教法、情绪，学生的注意力、兴趣，讲授内容的深与浅，甚至天气的好坏都可能影响节奏。为了达到教学最优化的目的，调控课堂节奏是一个不容忽视的问题。

1. 中学生的学习心理影响课堂节奏

学生在课堂上学习知识必须有明确的学习目的，同时要保持注意力高度集中，这样才能把教师所讲的知识真正学进去，学懂、学好。很难设想一个上课漫不经心、注意力涣散的学生能够保证高质量的学习。也就是说，学生在学习成绩方面所表现出来的显著的个别差异，并不完全因为先天的禀赋不同，更重要的原因是学习时的注意力不同。学习成绩的优劣，不单纯地取决于学习的次数和时间。提高学习效率的重要原因在于是否能专心致志的学习。

人在感知某种事物时，注意力很难保持长时间固定不变。观察表明，经过15 ～ 20 分钟的注意后，注意力就会发生起伏。据调查，一名中学生上课之初的15 分钟内，可以保持注意力集中；接着就因生理疲劳导致注意力涣散，大约 5 分钟之后，又可以保持 10 分钟左右的注意力高度集中；最后，在下课前的几分钟内，还可以有第三次注意力高度集中。了解了中学生的心理特点之后，教师就要事先计划好，每隔 10 ～ 15 分钟就在课堂上变换学习活动的方式，因为新奇的刺激能够再次唤起学生的注意。

2. 教师的教学艺术影响课堂节奏

语文教师在课堂上应该像工程师盖房子一样，胸中有一套图纸：这节课需要讲什么内容，需要练什么内容，需要复习什么内容，新旧知识之间怎样互相连接，怎样对学生进行德育教育，这些都要有一个通盘的考虑。同时，还要根据学生的心理和生理特点，在某一时间、用某种方式掀起课堂教学的小高潮，把握一节课的节奏。

根据中学生注意力的保持只有 10 ～ 20 分钟的特点，课堂上可以出现三次小高潮。第一次小高潮应该在上课之初 15 分钟内。首先导语部分就要一下子抓住学生的心。广东湛江一中教师杨耀明教《雨中登泰山》时，用一个神话导入课文的学习：

同学们，天下名山无数，历代帝王和芸芸众生何以独尊东岳泰山呢？话还要从开天辟地的盘古说起。传说，在很早以前，世界初成，天地刚分，有一个叫盘古的人生长在天地之间，天空每日升高一丈，大地每日加厚一丈，盘古也每日长高一丈。如此日复一日，年复一年，他就这样顶天立地生活着。经过了漫长的18 000年，天极高，地极厚，盘古也长得极高，他呼吸的气化作了风，他说话的声音化作了雷鸣，他的眼睛一眨一眨地闪出道道蓝光，这就是闪电。他高兴时天空就变得艳阳晴和，他生气时天空就变得阴雨连绵。后来，盘古慢慢地衰老了，最终溘然长逝。刹那间巨人倒地，他的头变成了东岳，腹变成了中岳，左臂变成了南岳，右臂变成了北岳，两脚变成了西岳，眼睛变成了日月，毛发变成了草木，血液变成了江河。因为盘古开天辟地，造就了世界，后人尊其为人类的祖先，而他的头部变成了泰山，所以泰山就被称为至高无上的"天下第一山"，成了五岳之首。今天我们一起来"雨中登泰山"，看看盘古留下什么文化遗迹。

有了这样引人入胜的导语，学生一定急于知道泰山的奇妙之处在哪里，趁机导入正文的学习，能掀起课堂教学的第一个高潮。在第一个高潮中，教师应该抓紧时间让学生学习新知识，如对新课文的整体把握，对课文背景知识和作者情况的了解等。然后，学生的注意力就可能发生转移，需要大脑换一种方式工作，或者休息一下。这其间可以安排学生做一些诸如朗读练习之类的活动，也可以给学生讲点与课文相关的逸闻趣事。生动形象的故事常常可以引起学生的无意注意，使大脑皮层得到放松和休息。

课堂教学的第二个小高潮应该在上课后20～30分钟之间。经过第一个小高潮后的暂时调整，学生又可以精力集中地进入学习状态。此时可以安排学生讨论，就课文的要点发表自己的看法和意见。在讨论中，有时会发现学生求异思维的火花，教师可以利用学生表现出来的思维积极活跃的特点，高效率地深入理解课文。然后，对学生的思路进行归纳总结。学生的注意力渐趋平静，进入课堂节奏的第二个低谷。

课堂教学的第三个小高潮是在下课前5分钟左右，此时宜于通过练习加强新旧知识之间的联系，使所学知识变为学生的语文能力。在下课前的1分钟，应该把本节课所学知识进行归纳总结，给学生一个完整的印象。

所有的学科都教无定法，语文学习也不例外。不可能有一种固定的模式能够涵盖所有语文课的教学，因为课文之间有很大差异，教师的教学风格有很大差异，学生也有很大差异，每节课的教法自然也有很大差异。也就是说，教学有一定的理，但没有一定的法。关于如何调控课堂的节奏，我们只谈一般的原理。在同样45分钟时间内，有些教师的课讲得精妙绝伦，让学生听得如醉如痴；有些教师的课上得索然无味，让学生如坐针毡。《周易·系辞》记载："神而明之，存乎其人。"懂得了基本原理之后，能否上好语文课，全靠教师心灵的妙运。语文教师必须不断加强自己的学习和修养，才能逐渐达到自如调控课堂教学节奏的程度，使自己的课越讲越好。

3. 利用辅助教学手段调控课堂节奏

除教科书之外，教学挂图、工具书、其他图书、报刊、电影、电视、广播、网络、教具等辅助教学手段也可以帮助教师调控课堂节奏。语文教师可以利用这些课程资源，创造性地在课堂上开展一些活动，增强学生学习语文的兴趣，不断在课堂上掀起教学小高潮。上述课程资源，大多是比较形象的东西，形象的事物容易吸引学生的注意力。比如，在学生略感疲惫时，展示一幅教学挂图，或者让学生看一段与教学有关的录像，或者引用报刊上的一段文章都可以让学生精神为之振奋。

使用这些课程资源时要注意，不能把它们当作教学的主要内容，而抛弃了对课文的学习。例如，学习《林黛玉进贾府》一课时，不能用电视连续剧《红楼梦》中的相关录像代替对课文的学习。如果经常用生动形象的图像资料代替对文字的学习，就会使学生患上"文字恐惧症"，失去对文字的兴趣。语文学习的最终目的是培养学生对文字的兴趣，而不是对电视的兴趣。

使用教具进行课堂教学，是教师常用的方法之一。使用教具也有一个技巧问题。如果刚一上课，就把比较新奇的教具摆在讲台上，学生会将注意力始终放在教具上，影响对主要学习内容的理解和注意。因此，教具尽可能在不引起学生特别注意的时候拿进教室，先放在讲桌下面，需要时再拿出来，能一下子吸引学生的注意。比如讲冰心的《小桔灯》，教师如果想当堂做一盏小桔灯，橘子不应该一上课就摆在讲台上，应该讲到小姑娘为"我"做了一盏小桔灯时，再从讲桌下拿出橘子，当场制作。另外，如果一节课有两个以上教具，不要一下子都拿出来，应该在使用的时候，一件一件地拿出来。因为每拿出一件新教具，都会使学生的注意力集中一次。如果一下子都拿出来，学生注视一会儿之后，就对教具失去了新鲜感，使用它们时，很难再引起学生的注意了。

4. 怎样处理教学中的偶发事件

偶发事件虽然不经常发生，但有时也会影响课堂节奏。面对偶发事件，教师应该有一定的应变能力，使其成为掀起课堂教学小高潮的契机。

课堂中偶发事件的产生大致有以下几种情况：一是受外界的干扰，如非常安静的课堂上，忽然飞进来一只麻雀，学生的注意力一下子被麻雀吸引去了；二是受课堂内部的干扰，如夏天上课，突然有学生晕倒；三是受教师本人的干扰，如有的教师备课不认真，课堂上说了错话，会使学生产生疑惑，个别大胆的同学会直接指出教师的错误。曾经有一位教师在课堂上说："是谁勾引了安娜·卡列尼娜？是贵族地主聂赫留朵夫！"此言一出，凡是看过《安娜·卡列尼娜》和《复活》的同学一片哗然，纷纷指出教师的错误，教师不但拒不承认自己说错了，反而指责学生扰乱了课堂秩序，结果课堂更乱了。四是受学生的干扰，如有的同学对课文中的某些内容产生了好奇，会打断教师的正常讲授，要求对他感兴趣的问题进行解释。钱梦龙讲《故乡》时，一位同学对"跳鱼有青蛙似的两只脚"产生了好奇，问题一出，全班同学也都急于知道答案。钱梦龙停下了正常的讲授，反问学生："什么鱼会有脚？"学生答："娃娃鱼。"钱老师非常机敏地接着说："啊，见多识广！我想跳鱼也有两只脚，你们看到过没有？"学生齐答没有见过。教师接着引导："这说明什么问题？书上怎么说？"学生终于恍然大悟："这说明闰土见识广。"教师趁机转移话题："我们以后可以到闰土的家乡去看看，大概总会看到这种跳鱼的吧。还有什么问题？"大家的注意力顺利地转入对课文主体内容的学习。来自学生的干扰还包括有些学生故意在课堂上搞恶作剧，如把一条虫子放在女同学的文具盒里，女生拿文具时，被虫子吓了一跳，不由自主地大叫一声。还有的学生上课睡觉，一旦发出鼾声，会引起全班同学哄堂大笑，对教学产生干扰。

面对偶发事件产生的干扰，教师要及时进行调控，顺利化解干扰，保证课堂教学的正常进行。比如麻雀飞进了课堂，不如顺势说："我们的课上得太精彩了，连麻雀都飞进来跟大家一起听课了，现在给同学们五分钟的时间，精心观察这只好学的麻雀，然后请大家在作文本上把刚才观察到的麻雀描写出来，看谁写得生动。"很显然，当麻雀在教室里飞着、撞着的时候，教师阻止学生分心是不可能的，那就顺其自然，让学生看个够，然后做写作练习，从另一个角度完成语文教学的内容。如果是有人在课堂上晕倒，应该及时予以救助，请几名班干部把晕倒的同学背到医务室去，允许同学议论一小会儿后，正常上课。如果教师自己说了错话，干扰了课堂教学，一是要勇于承认自己的话说错了，马上纠正，不要用发脾气掩饰自己的错误；二是在可能的情况下，巧妙地把错误变成引起学生思考或注意的问题。比如，有位教师在黑板上把《故宫博物院》的"博"字误写成了"搏"，板书后马上意识到了这个错误，于是将错就错问了一个问题："同学们，谁发现这个题目中有错字？是哪个字错了？"在纠错中顺便将"博""搏"二字进行了辨析，使下面的内容得以顺利进行。对来自学生的干扰，首先是不要发脾气，和蔼可亲的态度常常可以化解课堂上的矛盾。如果学生对课文的某些内容感到好奇，提出了教师备课时没有想到的问题，可以用讨论的方法，让学生自己得出问题的答案，也可以跟学生说："你的这个问题我们下课再讨论行吗？"上课先学习正常的教学内容。一般说来，学生不一定非缠着教师讲清所提的问题不可。对于搞恶作剧的同学，教师首先不要发火，如果发了火，对搞恶作剧的学生来说，正中下怀。在初中阶段，尤其是初中低年级学生中，有些比较调皮的学生，不愿意循规蹈矩地听老师讲课。当他听得不耐烦时，会搞点恶作剧，逗大家一笑，自己出个小风头。教师此时"王顾左右而言他"，会使搞恶作剧的同学感到没趣，教师也可以褒代贬，用表扬的办法对搞恶作剧的同学进行批评。例如，一位同学上课时叠了一架纸飞机，"嗖"的一声把飞机"发射"到讲台上。教师见状面带笑容地说："宇宙飞船上天，是人类为征服太空所驱；这只'火箭'，在上课时射向讲台，它的发射者一定为渴求知识而来。"那位平时因为搞恶作剧经常挨批评的同学听到老师这番话，惭愧地低下了头，后半节课，他一直听得非常认真。

十、学法指导的艺术

学法指导是依据新兴的学习科学，针对学生的特点，为使学生爱学、会学、好学而进行的指导。这里主要介绍预习、听课、作业和复习的指导方法。

（一）预习的指导

1.预习的意义

预习可以提高学生的自学能力，经过预习，学生能有针对性地听教师讲课，听课的效率也有所提高。对于语文课是否要提前预习，有两种不同的意见。一种意见认为，语文课不需要提前预习。语文与理科课程不同，语文课预习之后，学生对课文没有了陌生感，上课再去讲课文，有点"煮夹生饭"的感觉，对学生没有了吸引力，课堂教学效果反而不好。另一种意见认为，语文课应该有预习，在学生初步感知课文的基础上进行深入学习，能取得更好的学习效果。其实，预习与否应该根据具体课文来定。有些课文很长，却要在一课时内讲完，如果不预习课文，上课时初步感知课文内容就需要半节课的时间，剩下的时间再讲课，进行讨论，显然来不及。有些课文内容比较浅显，篇幅又不长，课时比较充裕，可以不预习，这样可以减轻学生的课下负担。预习与否，不必一概而论。但是，相比之下，经过认真预习之后，上课进行讨论或者搞研究性学习，效果比较好。

2.预习的任务

预习一般指课前预习，当然也有在学期之初预习了整本书和在单元学习之前预习了整个单元的学生，但这毕竟是少数。因此，下面所讲的预习任务，是指一篇课文的预习任务。

预习的具体任务是：

①初步感知课文，了解课文的大致脉络，并试着分析课文的层次。

②理解课文标题的含义。一般来说，标题是一篇文章的眼目，读懂了标题的含义，也就理解了文章的主题。

③通过查阅工具书，扫清字词障碍。

④看课后练习题，试着回答课后练习题，有不明白的地方，标记下来，并把它作为听课时需要解决的问题。尝试自己设计预习的问题，培养学生独立思维的能力。

⑤做好预习笔记。

3. 预习的方法

指导预习的方法有很多，下面简要介绍几种。

（1）阅读课文

阅读是最基本的预习方法，通过对课文的阅读，了解全文大意，理清文章的脉络和作者的思路，抓住全文的重点和难点，听课时就能掌握主动。学生做阅读课文的预习时，教师最好能提出一些具体要求，根据教师提出的问题进行预习，能节省时间，提高效率。

（2）查阅工具书

一定要养成学生查阅工具书的习惯，经过有计划的训练后，教师应该把解释生字、生词的工作放在预习中，让学生通过查阅工具书独立完成，而不是每节课都由教师找出生字、生词在课堂上讲解。

（3）做预习笔记

预习笔记包括生字、生词的注音、解释，摘抄精妙的词句，进行简单的层次分析，遇到的难点问题，感到疑惑不解的问题，准备课堂讨论或者研究性学习时的资料。教师可以定期在班级展览做得比较好的预习笔记，也可以在课上交流预习笔记中的内容，这些做法对全班同学都有借鉴作用。教师可以利用上课前一两分钟在班级巡视的机会抽查几名学生的预习笔记，了解学生预习的大致情况，做到心中有数。

（二）听课方法的指导

听课是语文学习的重要环节，能否在这个环节保持高效率的学习状态，是提高教学质量的关键。听课时应注意以下问题。

1. 做好课前准备

课前准备除了预习准备之外，还要做好听课的物质准备和精神准备。上课之前两分钟，应该及时回到教室，把本节课需要的教科书、工具书、笔记本、作业本、文具等准备好，放在桌子上，一旦上课需要，立刻能拿出来用。然后，静思上节课教师讲的内容，再回想预习的内容，在精神上做好上节课与本节课的连接工作。有了这些物质准备和精神准备，就能在上课伊始全神贯注地进入学习状态。上课前一两分钟，教师应该提前进入课堂，在班级巡视学生课前准备的情况，使班级静下来，做好组织教学的准备工作，上课铃一响，开始讲课。

2. 保持注意力高度集中

听课时保持注意力高度集中，是提高听课质量的关键。保持注意力集中，就要积极思维，主动学习。比如，上课要认真听教师讲课，尤其是预习中感到疑惑不解的地方，更要认真仔细地听。对教师或同学讨论时涉及的问题，要及时在心中加以评价，多问几个为什么，因为积极的思维是保持注意力的好办法。听课时对不懂的地方要敢于大胆发问，陶行知曾说过："发明千千万，起点是一问。禽兽不如人，过在不会问。智者问得巧，愚者问得笨。人力胜天工，只在每事问。"课堂上教师提问时，要积极思考问题的答案，并争取发言。即使没有被老师点名发言，也要在别人发言时认真听，与自己的答案进行比较，取长补短。

教师讲课时，要同时观察学生是否在注意听讲，发觉学生精神溜号，要采取措施集中他们的注意力。比如，增加一些无意记忆的内容，采用提问、讨论、动手操作、集体朗读课文等手段，使学生在课堂上最大限度地保持注意力集中。

3. 做好听课笔记

心理学研究发现，多种感觉器官参与学习活动，会提高学习的效率。因此，上课时不仅要用耳朵专注地听课、用嘴巴提问，还要用眼睛看着老师、看着板书、看着课本，同时要动手记笔记，使口、耳、眼、手、脑并用。

记听课笔记有两种办法。第一种是把教师在黑板上所写内容记下来，在中学低年级，教师一般会给大家记笔记的时间。要注意写字的速度，写得太慢，往往觉得老师给的时间不够。如果没有记完，下课可以与同学核对一下，把笔记补全。第二种是把教师讲课的要点随手记在书上或者笔记本上。这种笔记，教师一般不会给专门的时间，需要学生记下要点，或者用简单的符号做一下标记，课后及时加以整理。

教师要求学生记笔记时，要有明确的提示语："请同学们把这些内容记在笔记本上。"同时，要以写字中等速度的学生为标准，留够记笔记的时间，对个别没有记完的学生，可以要求他们下课再接着把笔记补全。如果是要求学生把板书的内容抄在笔记本上，那么教师不能挡住黑板上的字，要把身子侧开。学生记笔记时，教师可以巡视课堂。

（三）作业方法的指导

1. 写作业的步骤

写作业的步骤直接关系到作业的质量和所耗费的时间。正确的写作业步骤应该是：

第一步，确定写作业的顺序。中学阶段，由于所学科目的增加，学生的作业量也增加了，常常是几位老师同时留有作业。在写作业之前，先大致安排一下写作业的顺序，最好是文理科作业穿插着写，这样可以让大脑轮流得到休息。

第二步，对每一门作业，都应该是先复习当天所讲的内容，然后再动笔写作业。一般说来，教师留的作业都与当前所讲的内容有关系，先复习再写作业，可以减少写作业时的障碍，能用较短的时间顺利完成家庭作业。

第三步，认真审好作业题。写作业与考试在道理上有相通之处，看清考试题，这是答题的最基本要求。写作业必须看清所问的问题，了解解题要求，然后再开始写作业。

第四步，检查作业正确与否。确定无误后，再按照这四步，做下一科的作业。

2. 写作业的要求

（1）按时完成作业

作业要当天完成，因为作业是复习，是巩固当天所学的知识，及时完成作业，对第二天的学习是一个过渡和衔接。即使是比较大型的作业，需要几天以后才交的，也不要非拖到交作业的前一天急急忙忙地赶写，而应该计划好，早点动手，多查阅一些资料，把作业做得充实一些。

（2）独立完成作业

作业是对自己当天学习效果的检验，只有独立完成作业，才能发现自己有哪些问题没有学懂。作业忌抄袭，抄袭作业是不诚实的行为，而且也达不到通过作业查漏补缺的目的。

（3）认真查看批改后的作业

教师批改后返还的作业，不能只看一下分数就搁置一边。好好研究老师批改过的地方，把错误的地方纠正过来，这也是一次很好的复习机会。

（4）保存作业

保存好作业本，期末复习时，作业可以成为复习时的提纲和复习的重点。有些忘掉的东西，查看作业，还可以帮助恢复记忆。

（四）复习方法的指导

复习分为平时复习和为了准备考试而进行的考前复习。下面讲的是怎样进行平时复习，考前复习放在"应考方法的指导"部分去讲。

1.复习的时间安排

复习是减少遗忘的最有效办法。根据心理学家艾宾浩斯的研究，遗忘的规律是先快后慢，当天学习的内容，到了晚上就会忘掉一半左右。如果能当天复习，则会巩固记忆。所以，晚上做作业时，应先复习当天学习的内容，巩固记忆，然后再写作业，能节省很多时间。如果直接写作业，发现不会的问题，想了很长时间也找不出答案，此时再掉过头去复习所学的内容，就会多花时间。

复习的时间安排应该是前短后长。所谓"前短"，就是刚学完的内容应该在最短的时间内复习一遍，即上面所说的当天复习。有了第一次复习后，可以逐渐延长复习间隔的时间，如一周后复习第二遍，一个月后复习第三遍，三个月后复习第四遍，半年后复习第五遍，这就是所谓的"后长"。如果能复习到第五遍，一般说来，知识就会在记忆仓库中变成长期记忆，再相隔一年、三年、五年各复习一次，几乎就可以变成永久记忆。

教师不仅要让学生了解记忆的原理，还要督促学生按照这个记忆规律进行复习。不要等考试前再复习，那样既费时间，效果又不好。

2.复习的步骤和方法

复习时，第一步是回忆教师讲课的内容。在头脑中把上课所讲的知识"过一遍电影"，检查一下自己记住了哪些内容。那些忘记的内容，就是复习时需要重点记住的东西。

第二步是看书，把自己遗忘的内容补上。对当堂课理解得不是很清楚的问题，通过看书把它弄清楚，尽量不留下很多"尾巴"。通过复习还没有搞清楚的问题，第二天要及时请教老师或同学。如果上课没有听懂，复习时又没有搞清楚，欠账太多，会失去继续学习的兴趣，就很难赶上其他同学的进度了。

第三步是整理课堂笔记。在课堂上，由于要听课，所以笔记有时记得不完整，有的地方是用符号标记的。课后复习时，一定把课堂笔记重新整理一遍，这不仅方便以后复习，而且是很好的复习机会。

第四步是利用课外参考书，加深对所学内容的理解。语文学习如果只学习教科书的内容，是远远不够的。新课程标准提出了初、高中学生课外阅读的总量都在几百万字以上。只有大量读课外书，才能有丰富的语文底蕴。根据课内学习的需要，在课外复习时加大阅读的广度和深度，这才是最理想的复习。

艺术以情感和想象为特性，是人的知识、情感、理想、意念综合心理活动的有机产物，是人们现实生活和精神世界的形象表现。课堂教学是素质教育的主阵地，有效性是课堂的生命。学生学到什么，得到什么，这是任何教学改革都必须首先追问和考虑的问题。而课堂教学艺术则把二者完美糅合为一体，让教师运用语言、动作、表情、色彩、音响、图像（包括文字、符号、图表、模型、实物、标本）等手段，遵循教学规律、运用教学原则、创设教学情境，为取得最佳教学效果而组合运用的一整套娴熟的教学方法、技能和技巧。运用好课堂教学艺术，能充分激发学生的学习兴趣，产生教有所受、点有所通、启有所发、道有所悟的最佳教学效果。所以，课堂教学是一门艺术，更是一门创造性的劳动。每位教师都要重视课堂教学艺术，尤其应引起语文老师的高度重视。

第二章　黄厚江语文课堂教学艺术

黄厚江是江苏语文特级教师，倡导"本色语文"。黄厚江长期从事中学语文教学和研究工作，对中学语文教学有系统深入的研究，形成了系统的语文教学理论和鲜明的教学风格。他倡导的"本色语文"和"语文共生教学"在全国具有广泛的影响，他提出了优化语文课堂教学的和谐原则、适度原则、节奏原则和整体原则，语文课程的教材观、过程观、知识观和训练等许多系统的语文课程理论，所提出的"语文不仅是学习和交际的工具，更重要的是人的精神生活的工具""把语文课上成语文课，用语文的方法教语文"等观点以及阅读教学和写作教学的基本定位和基本策略，都具有非常广泛的影响。出版了《语文的原点——本色语文的主张和实践》《享受语文课堂》《还课堂语文本色》《语文课堂教学诊断》《黄厚江讲语文》等多部专著。

第一节　黄厚江语文教育理念

一、"本色语文"提出背景

提出"本色语文"，这是因为语文失去了本真。语文被严重异化了，被扭曲了。语文越来越不像语文了。[①]

（一）语文在被拔高

所谓"拔高"就是放弃了语文学科的基本责任，而去追求那些高位的目标。

[①]　黄厚江.守望在语文的原点——我的本色语文观.[J]. 教育研究与评论（中学教育教学），2010（11）：13-15.

基础知识、基本能力、积累不重要，动辄对话，动辄多元，动辄审美，动辄探究，动辄质疑，甚至把文化和所谓人文作为主要内容和主要目标。在有些课堂里，课文还没读懂，就和文本对话；文本章还没有理解，就对作者质疑；基本内容还没有掌握，就开始探究。例如《我有一个梦想》，教学的重点不是学习这篇经典演讲词的艺术手法和语言艺术，而是了解美国黑人的不幸命运以及为争取平等、自由所作的斗争，理解马丁·路德·金为黑人的自由平等所作的贡献；学习《愚公移山》，语言上几乎不花功夫，寓言的特点也不了解，主要是用现代主义的批评方法解析文本。从某种意义上说，这些课堂所追求的都没有错，但应该在体现语文课程基本价值、完成语文教学基本任务的基础上再进行这样高位的追求。

（二）语文在被夸大

一个极端的做法是，几乎把所有相关甚至关系不大的东西都当作语文必需的内涵和责任，于是什么都是语文，语文也成了什么都不是。语文具有人文性，于是语文就成了人文；语文是文化的一部分，于是文化就成了语文；语文不能不关注生命，于是语文就成了生命教育；语文和生活紧密联系，于是生活就成了语文。一切都在语文，语文就是一切。

（三）语文在被虚化

现在的语文课，越来越好看、越来越热闹，新理念越来越多，新形式越来越丰富。可是语文课越来越不像语文课：体验多，积累少；看影视多，读课本少；听录音多，教师朗读少；其他活动多，语言活动少。到底什么是语文？到底该怎么教语文呢？这样一些原点的问题，似乎很少有人能说清楚，甚至很少有人愿意认真想一想。至于什么是阅读教学的基本任务，什么是写作教学的基本任务，如何才能提高阅读能力、写作能力等最基本的问题，愿意思考、能够回答的人实在不多。大家热衷的是炫目的形式，追捧的是时尚的理念。课上得越来越好看，学生的收获却越来越少。

（四）语文在被萎缩

语文有听、说、读、写四个领域，但是现在"听"和"说"几乎都不搞，甚至没有作文教学，就剩下阅读。更可怕的是，很多语文课堂、很多语文老师的教学，很多学生的语文学习，只剩下一个目的——考试。教什么，学什么，都紧紧盯着考试；考什么就教什么，考什么就学什么。语文，本来应该是最有情趣的学科，现在却变得索然无味；语文，本来是最应该让人陶醉的学科，现在变得让人讨厌；语文，本来是有着丰富价值的学科，也只剩下应试。有人公然说：理科教学要习题化，语文教学要理科化。于是，语文教学也就成了做题目。可是只为考试的教学，只为考试的学习，只做题目的语文教学，能考好吗？答案是肯定不能。

（五）语文在被转移

有很多语文课，看上去是教语文，实际上不是在教语文，而是在教相关的东西。《活版》在教学如何掌握活版技术，《六国论》在教历史，《兰亭集序》在教书法欣赏，《胡同文化》不是在教"胡同"就是在教"文化"，《核舟记》在教古代劳动人民的智慧，欣赏王叔远的雕刻技巧。有篇课文叫《送你一束转基因花》，老师干脆叫"转基因"。

在这样的背景下，我们迫切地感到应该理性地想一想：语文到底是什么？我们到底该怎样教语文？学生到底该怎样学语文？即便是应对考试，到底应该怎样教和学？这些就是本色语文思考的基本问题。

二、"本色语文"内涵解读

"本色语文"的内涵主要有三层。

（一）"语文本原"：立足母语教育的基本任务，明确语文课程的基本定位

教语文，首先要弄清楚，什么是语文课？为什么要开设语文课？思考这些问题，必须立足母语教育的基本任务。母语教育的任务很多，最基本的任务是培养孩子热爱母语的感情，激发孩子学习母语的动力，提高孩子运用母语的能力，而语文课程就是承担母语教育基本任务的学科。

（二）"语文本真"：探寻母语教学的基本规律，实践体现母语基本特点的语文教育

语文教育，不同于其他任何学科，有其自身特点；我们的母语，是世界各民族语言中最具智慧，也是最具鲜明特点的一种。从文字到篇章，从表达到结构，从听说到读写，都和其他民族的语言不一样。因此，我们的母语教育必然有其自身的规律。我们有责任探寻母语教学的基本规律，我们更有责任实践体现母语基本特点的语文教育。

（三）"语文本位"：体现语文学科的基本特点，实现语文课程的基本价值

语文是一门课程，语文是一门学科。作为一门课程，它必然有着自己的课程价值。它有自身的课程目标和课程内容，它有自身的课程要求和评价方式。作为一门学科，它必然有着体现自身学科特点的学习方法和教学方法。黄厚江建议应该准确地把握这门课程的内容和要求——它的教学内容、教学方式、教学评价；也应该准确地把握这门学科的特点——它的学习规律、教学规律。

本原，是目标和任务；本真，是规律和途径；本位，是方法和效果。简单说，"本色语文"即语文就是语文，把语文当语文教，用语文的方法教语文。语文课应该坚持自身的课程追求，承担语文课程的使命，以语言为核心，以语文学习活动为主体，以提高学生的语文综合素养为目的。

三、"本色语文"教学理念

黄厚江列举了四个比喻阐释他的本色语文教学理念：

本色语文就像农民种地，要在自己的地里种自己的庄稼，不要种了别人的田，荒了自己的地；本色语文就像是自己的孩子，而不是别人家的孩子；本色语文就像是清水出芙蓉，天然去雕琢，不要做整容美女；本色语文就像是原汁原味、原料原质的馒头，不要在馒头里添加增白剂、防腐剂等。①

这四个比喻很贴切，他关于语文教学的本真、本位、本原的解说，在这四个比喻里得到了很好的体现，我们也可从中窥见他的教学理念。

（一）使学生获得语文学习的成长

教育的本质，是让学生更加优秀；教学的本质，是让学生获得学习成长。黄厚江认为，课堂是教师教学生学习的地方，教学是让学生更加优秀的过程。所以，课堂的真正精彩，不是教师教学设计的精彩，而是学生学习成长的精彩；课堂不是展示学生的精彩，更不是展示教师的精彩，而是展示教师如何让学生学得精彩。课堂教学中的一切活动都是语文的活动，一切活动都为了使学生获得成长。

（二）坚持用语文的方法教语文

语文的方法就是以听、说、读、写为活动形式的方法，就是以语言为核心的方法，就是以提高学生语文素养为目的的方法。语文的方法，并不简单排斥其他方

---

① 黄厚江.语文的原点——本色语文的主张与实践[M].江苏：江苏教育出版社，2011：15.

法，但其他方法必须是能服务于语文学习的方法，必须是学生的语文学习真正需要的方法。

（三）教学遵循教学逻辑

逻辑就是讲道理，就是遵循规律。语文教学，就是要遵循教育的基本规律、课堂教学的基本规律、学生认知的基本规律、语言习得的基本规律、学习行为的基本规律、课堂交际的基本规律等。教学要有一个合理而明确的逻辑起点，即既有明确的教学需要，又有正确的价值取向；既清楚教什么、怎样教，又清楚为什么教、为什么这样教；教学程序的安排要合乎逻辑，由一个个教学环节组成的教学过程的发展，应该是一个合乎逻辑的运行；教学过程中的问题提出和问题解决，要合乎教学逻辑；学生的问题发现和解决，文本的多元阅读，也要遵循教学逻辑。其他诸如教学方法、教学手段的选择乃至作业的布置，也都必须合乎教学逻辑。

（四）师生共同营造和谐的课堂

黄厚江提出语文课堂的"四项基本原则"，即和谐原则、适度原则、整体原则和节奏原则。首先，要遵中的第一条就是和谐原则，而其中最主要的是师生关系的和谐。在教学主体的问题上，他提出了师生双主体融合的新颖观点。

（五）让所有学生享受语文学习的快乐

语文应该是最有乐趣的学科，然而在今天要享受到语文课的快乐并不容易，可黄老师的课堂却让我们充分感受到语文课应有的、独有的魅力：语言的魅力，文学的魅力，思想的魅力，教学智慧的魅力，学习过程的魅力。通过课堂教学，让每一位学生扎根于语文这片沃土，获得精神成长，享受语文学习的快乐。

四、本色课堂的基本特征

"本色语文"的课堂教学应该有什么样的特征呢？如果用一个词语概括本色语文课堂的基本特征，那就是：朴实。

"朴"就是简单。课堂的空间和时间都是有限的定值，降低了成本，就是提高了效率。太复杂，往往形式大于内容。简单才可行，才能普遍施行。有些方法不是不好，但大多数教师做不到，大多数学生也做不到，意义就不大。"实"，就是实在，就是实用，就是有实效，也即有实在的内容、有实在的训练，学生有实在的积累、实在的收获、实在的成长，既有利于学生的终身发展，考试也能取得好的效果。教学内容应该具体简要；教学过程应该清楚简明；教学方法应该简易有用；教学效果应该明显可见。

当然，本色课堂必须体现本色语文的一些核心理念。

必须坚持"以语言为核心，以语文学习活动为主体，以语文综合素养提高为目的"。语文课有着非常大的教学空间，但必须"以语言为核心"，因为语言是语文学科的魂，是语文和其他学科的区别所在，失去了这一点，就失去了语文学科的特征。这是对课堂教学内容的规定。"以语文学习活动为主体"是对教学过程的规定。"以语文综合素养提高为目的"是对语文课堂教学的较高要求，即不能局限于语文教语文，也不能局限于语文学语文，而要全面认识语文学科的课程特点，立足于学生综合素养的提高教语文。

本色语文的课堂，还应该遵循语文课堂的教学逻辑，坚持和谐原则、适度原则、整体原则和节奏原则等语文课堂教学的基本原则。语文教学的基本逻辑，就是教学起点的确定、教学过程的展开、教学问题的解决、教学方法的选择必须遵循教育的基本规律、课堂教学的基本规律、学生认知的基本规律、语文学习的基本规律、课堂交际的基本规律等。和谐原则要求在教学过程中，教师与学生、课堂情境和教学内容、语文活动和人文教育等应该高度和谐统一，以实现教学目标达成的最佳效果。适度原则要求课堂教学的容量恰到好处，教学切入选择恰当，教学的难度和深度恰到好处，既符合课程标准的要求，又切合学生的实际。整体原则要求能从学科整体确定教学的目标，要从教学内容整体确定教学的方案，要从整体效果出发确定教学的方法和手段。节奏原则要求能根据认识规律、教学对象、教学内容和教学活动的特点安排教学速度和教学内容的详略取舍，注重多种思维训练的有机结合。

第二节　黄厚江语文课堂教学艺术

一、导入的艺术

（一）埋下伏笔

上课伊始，黄厚江会让学生回答与这节课相关的一个小问题，引起学生兴趣。并追问学生，相关问题应当关注什么，由学生根据自己的理解和认识回答问题，并对课程有一个最初步的了解。例如，在教授《装在套子里的人》时，黄厚江是这样导入的：

师：同学们，在外国文学中，有三位短篇小说家得到人们的特别推崇，有人称之为"短篇小说大师"，哪位同学知道他们是谁吗？

生：是美国的欧·亨利、法国的莫泊桑和俄罗斯的契诃夫。

师：对。你能说说他们的代表作吗？

生：欧·亨利的代表作有《麦琪的礼物》等，莫泊桑的代表作有《我的叔叔于勒》《羊脂球》，还有长篇小说《漂亮的朋友》《一生》等，契诃夫的代表作有《小公务员之死》《变色龙》等。

师：很好。这三位"短篇小说大师"，不仅短篇小说的数量很多，而且都形成了各自独特的风格。欧·亨利以其"意料之外，情理之中"的结尾见长，莫泊桑的小说"以小见大，构思新颖"，哪位同学能根据在初中所学习的课文说说契诃夫的主要风格是什么？

生：幽默讽刺。（板书）

师：今天我们一起学习他的《装在套子里的人》，进一步了解这位伟大作家的小说风格。小说的标题叫"装在套子里的人"，现在请同学们快速阅读课文，数一数别里科夫身上有多少个套子。请大家边看书边做符号，在套子下面画横线。

黄厚江的导入迅速入题，避免七弯八绕，在复习文学常识的同时，顺势点出学习重点，在于"幽默讽刺"的创作风格，开宗明义，为后文课文内容的分析埋下伏笔。《孔乙己》这篇课文的导入同样是此类方法：

师：鲁迅先生说过，要极省俭地画出一个人的特点，最好是画他的眼睛。根据你的阅读印象，《孔乙己》这篇小说写了人物的什么？

生：脸。

师：脸，肖像描写，对吧。还有什么，你还记得？

生2：衣服。

生3：动作。

生4：语言。

师：对。孔乙己的话语还能记得两句？能说出一句来吗？

生5：多乎哉，不多也。

师：对，鲁迅先生写孔乙己的话语很有个性。还有吗？

生6：君子固穷。

师：嗯。还有一句很有特点，找不到没关系。我的感受是，作者别出心裁地花了很多笔墨去写孔乙己的手。现在我们来看看，鲁迅先生写了几次他的手。请大家一起到小说里去找一找，并划上标记。如果有想法的地方还可以写上评点。

首先提出问题："《孔乙己》这篇小说写了人物的什么？"让学生回忆课文内

容，然后教师适当引出课文中对孔乙己的手的描写，保证了后面教学内容的顺利开展。

（二）指导学法

黄厚江的课大多没有华丽的导入语，一般都是开门见山，点明学习内容，同时也指出学习方法。例如，教授《阿房宫赋》时，黄厚江是这样导入的：

"今天我们一起学习第三个专题第一个板块的第二篇课文《阿房宫赋》。同学们在课前预习课文时，提了很多问题。但是大家提的问题我们在课堂上不可能一一解决，实际上也没有必要一个一个地解决。因为很多问题，只要把注释用心地琢磨一下，把上下文结合起来想一想，就能够自己解决。在这里，我们一起研究几个具有普遍性的问题。"

入题简洁，直接点明课堂内容，但也指点了读书方法：看注解、察语境、做比较。像这样的课例还有很多，如《老王》《黔之驴》《我们家的男子汉》等，黄厚江都是使用开门见山式的导入，并在简洁的导入中指明学习的方法。

二、提问与理答的艺术

（一）立足学生，双向阅读

所谓双向阅读，就是首先依循文本的原有思路进行阅读，着重理解文本的内容是什么？作者为什么这样写？也就是顺着作者的思路进行阅读，然后跳出文本的思路，用质疑的态度进行逆向阅读，着意于思考文本的内容是否正确，文本的写法是否合理。

黄厚江在提问时常会用到这种双向阅读的方式。例如，在教学《窦娥冤》时，黄老师提出了四个问题：一是探究窦娥冤在哪里？二是窦娥如何申冤？三是窦娥是什么样的窦娥？四是窦娥身上有哪些内在矛盾和冲突？这些问题既有对文本的正向阅读，也有对文本的逆向质疑。引导学生从不同的方面对文本进行深刻理解。再如，教学《群英会蒋干中计》时，黄厚江也提出了四个问题，分别是蒋干为什么会中计？曹操为什么会中计？蒋干真的会中计吗？蒋干究竟会不会中计？前两个问题引导学生，理解文本，接受文本，探究文本；后两个问题引导学生创造和发现，质疑文本，养成批判意识和创造性阅读能力。

黄厚江的问题往往紧扣文本出发，立足于学生的实际情况，引导学生自主走进文本，意在培养学生的问题意识，而且问题之间有层次性和渐进性，切合学生的心理特点，促进学生的成长。

（二）善于追问，深入思考

课堂上适时提问有利于激发学生思维，培养学生的自主学习意识，有时候一个问题解决，老师又提出一个问题的时候，恰恰是因为发现学生对文本的认识不够深入，所以继续追问，让学生思考进一步深入。黄厚江在提问中常常会运用追问使学生深入思考。

例如，《装在套子里的人》这节课中，黄厚江先是通过对小说结局的质疑，让学生分析别里科夫和华连卡的性格。通过学生的回答，老师发现学生对他们的性格有一定的了解，但还不够深入，于是有了后边的追问：别里科夫有没有别的结局？也不谈也不死？最后，学生经过讨论，对别里科夫的性格和悲剧的必然性有了更深层次的理解，从而加深对文本主题的理解。这样的追问，就好比"一石激起千层浪"，让学生的思维活跃起来，进而主动探寻文本内部的深层奥秘。例如，教学《蜀道难》，通过对诗眼——"难"的追问，让学生明白蜀道"难"在哪里。再如，教学《阿房宫赋》时，通过追问，让学生理解"后人"的意思、理解"赋"的特征等。

黄厚江的课堂通过不断追问，促使课堂产生更为精彩的智慧火花。在互动中，促使教师、学生的思想和教学文本不断交汇碰撞，认识不断提高、体验不断加深、情感不断升华。

在教学中，教师不仅要知道该如何提问，也应知道该如何回答。黄厚江在教学中的理答艺术值得我们借鉴。

1. 尊重学生的阅读体验

对文本的理解建立在自己已有的知识结构和人生体验的基础上，一般教师的阅读视野和人生体验要比学生丰富深厚，但"一千个读者有一千个哈姆雷特"，老师对文本的理解只是千万种理解之一，甚至在有些感兴趣的知识领域学生可能比老师涉猎更多，所以教师应充分尊重学生在阅读过程中的独特体验，不应该以自己对文本的理解代替学生的阅读体验。具体讲，首先，要给学生充足的阅读时间，让学生和文本近距离接触，思考、领悟，引发自己对文本的独特体验的机会。其次，对于学生的阅读体验哪怕是稍有偏差也不要全盘否定，而是要适当引导，以鼓励为主。

教学《阿房宫赋》这课时，对"一日之内，一宫之间，而气候不齐"这句话的理解，一个同学理解是"强调宫很大"。而另一个同学结合上下文的意思认为，是在说秦始皇的偏爱或冷漠。对于两种不同的理解，黄老师并没有简单粗暴地说谁对或者不对，而是先有针对性地分析，前一个同学是从客观上来说的，后一个同学是从主观感受来说的。对两个同学的不同回答并没有采取"和稀泥"的态度，让学生听得云里雾里，不知所云，而是表明自己还是比较倾向于后一种理解。这样的态度既不会打击到第一个同学的积极性，充分尊重了学生的阅读体验，又给学生点明了理解文本的一个方法就是联系上下文，结合语境。短短的理答，既有对学生的鼓励、尊重，又有方法指导，正是"看似寻常最奇崛"，于平淡、朴实处显出了黄厚江的匠心。

2. 联系经验

有一些较为简单的问题学生往往在理解时会有所偏差，但老师又不能直接告诉学生答案，此时可以启发学生联系生活经验来对问题进行解答。

例如，在教学《黔之驴》中，当学生指出"庞然大物"这个成语的时候，黄厚江及时发现了问题，但又不能简单给出一个成语解释，他联系学生生活"前经验"："姚明在篮球场上叱咤风云，简直是庞然大物。这个例子行吗？"学生感觉到了"不行"，但"理由"出现了问题："'庞然大物'不能形容人。"老师此时不急不慌，"请联系驴的遭遇，再看看可以形容人吗？"学生此刻才明白"庞然大物"的真意：与是否形容人无关。这一段对话的价值在于不是简单问答，而是有几次"交锋"与"追问"，通过深入浅出的理答促进学生深入思考，并将自己的回答明晰起来，引导学生不断改善语言表达。

再如，《阿房宫赋》的教学，有的学生不太能理解"绿云扰扰，梳晓鬟也"中的"绿"字该怎么理解，黄厚江就举出两个例子："他眼睛黑得发绿""这衣服的颜色绿得发黑"，说明黑色和绿色到了一定程度以后，相互之间难以区分。引导学生从日常生活中的例子出发去感悟，从而说明"绿"在本文中可以理解为黑，"绿云扰扰"指的就是头发。

三、评价的艺术

德国教育家第斯多惠曾说过："教学艺术的本质不在传授，而在于激励、唤醒和鼓舞。"在语文课堂上，教师的课堂评价往往对学生起着非常重要的作用。语文教师可以利用恰当的课堂评价鼓励和肯定学生，唤醒学生内在的激情，从而在课堂上成为学习的主人。但当老师的评价仅局限在"很好""你真棒""很生动"等这些套话、空话的时候，怎么可能对学生产生激励、鼓舞的作用呢？

黄厚江很注意利用课堂评价来鼓励学生，对于学生回答的问题，从来都是认真地聆听，然后做出具体、有针对性的实实在在的评价。在《装在套子里的人》一课中，在对别里科夫结局的讨论中，一位同学从时代背景出发，结合人物性格并且联系作品的幽默讽刺夸张的风格，得出别里科夫必死无疑的结论。黄厚江不仅评价学生的回答"很有深度"，还指出了学生的回答是结合了人物命运、时代背景，尤其是联系了小说的整体风格，这种评价让学生感受到老师在真诚地倾听，而不是敷衍了事。这个评价里既有对学生回答的肯定，又提炼出了欣赏小说的方法：联系时代背景，结合小说的整体风格等。

在《我们家的男子汉》一课中，黄厚江让学生写出自己心目中男子汉的形象，并对学生的不同回答做出了不同的评价，有的是"精巧，有意思"；有的是"结构二整，富有诗意，也很有哲理"；有的是"具体、形象"，每一种评价都切合了学生回答的特点，显得非常恰当、贴切，这样的评价除了肯定学生，还有导向作用，为学生以后的学习指明了方向。而这样的教学评价在黄厚江的课例中也是俯拾皆是，足见黄老师善于利用课堂评价激励、引导学生。

四、引导的艺术

构建和谐的课堂教学氛围，既要靠教师课堂上的语言表达技巧，又需要教师在课堂上有一套行之有效的措施，这就是教师的引导艺术，通过处理好师生之间的关系达到师生共生的和谐境界。

（一）立足文本

课堂上的引导很大程度上来自教师的课堂提问。我们认为，课堂上的提问应立足于文本。黄厚江也认为课堂上问题由谁提出，怎么提出，必须来自文本，来自学生，来自学生对文本的解读需要。[①] 那些脱离解读文本的需要的问题，不管是由谁提出的，对教学过程而言都是意义不大的。比如，黄厚江举到的有人教授《劝学》的课例，提出了这样三个问题让学生进行探究：

（1）课文标题下的作者，有的教科书注为"荀子"，而有的教科书注为"《荀子》"，哪一种标注更准确？

（2）后人对《劝学》中"蟹六跪而二螯，非蛇鳝之穴无可寄托者，用心躁也"一句提出了质疑，认为"蛇鳝"不会作穴，而螃蟹擅长作穴。你如何理解这个问题？

（3）荀子主张"性本恶"，《三字经》却说"人之初，性本善"，你认为哪种说法有道理？

---

① 黄厚江.语文的原点——本色语文的主张与实践 [M].南京：江苏教育出版社，2011：145.

这里的问题设计把问题引向了文本之外，而把这几个问题的探讨作为该课的讨论重点，对阅读教学的过程意义不大，十分值得我们反思。黄厚江尤为关注问题提出的目的，他认为问是为了引导学生走进文本。教师提出问题的目的是为了引导学生阅读文本，感受文本，理解文本，而不是为了教师自身的需要，更不可为"问"而问。他把教学中教师提出问题的基本作用之一定位为引导学生进入文本，这一点在黄厚江的教学案例中表现得十分突出。他执教的《装在套子里的人》的几个问题的设计如下：

（1）数一数别里科夫身上有多少个套子？

（2）这个漫画式的恋爱故事，尤其是这个情节的结局，可信吗？

（3）作者的矛头是否指向别里科夫这个人呢？

（4）两种译法的标题哪一个更好？

（5）是否沙皇专制制度消灭了，别里科夫现象就没有了？

这几个问题的提出都是来自文本，立足文本，为了引导学生阅读文本，感受文本，理解文本。尤其是第一个问题很重要，是为了引导出文本中的"杀人凶手"——"恋爱"这个套子而设的，对这个套子的解读对理解文本，感受文本至关重要。

（二）注意学情

学生对文章的原初感受往往不是理性的，而是肤浅的、单薄的，这就要求语文教师能够正确引导学生从不同的层次形成自己的原初体验。通过具体的学习环节，让学生学会在阅读过程中如何使自己的原初体验更加准确，并且更丰富、更深入。

黄厚江执教的《阿房宫赋》让学生对"铺陈"手法进行理解和认识的过程充分体现了黄厚江在教学过程中对学生原初体验的尊重，并且注重怎样一步步将学生的原初体验引向正确的方向，并使之深入、丰富。黄厚江将课文缩写成一段填空的句子让同学们填空，下面是和学生集体填空后的句子：

阿房之宫，其形可谓雄矣，其制可谓大矣，宫中之女可谓众矣，宫中之宝可谓多矣，其费可谓靡矣，其奢可谓极矣。其亡亦可谓速矣！嗟乎！后人哀之而不鉴之，亦可悲矣！

下面是让学生找出相关的句子的部分教学片段：

师：好，有没有找好？下面我们来交流交流。先请第一组说说课文中哪些内容、哪些句子描写了阿房宫其形的雄伟壮丽，规模的极为庞大。（指名）你找到的是哪里？

生7：我找的是第一小节。

师：你把句子读一读，好吗？

生7："覆压三百余里，隔离天日"，是写规模庞大；"二川溶溶，流入宫墙，五步一楼，十步一阁"，是写阿房宫很雄伟；然后"盘盘焉，囷囷焉，蠢不知乎几千万落"，写规模很大；"一日之内，一宫之间，而气候不齐"，也是写规模很大。

师：好的。这位同学抓住课文第一部分，既读了有关句子，还做了简要分析。我们再看看后面。哪些句子写宫中之女的众，宫中之宝的多，第二组同学哪位同学来说说？（指名）你找到了？

生8：第二节，"妃嫔媵嫱"一直到"焚椒兰也"，都是写宫女的"众"。

师：你能简要分析一下，作者是怎样写出宫女的"众"？

生8：他是从侧面来写的，如"渭流涨腻，弃脂水也"。

师：对。在这里有同学提出一个问题，不知你能不能解答。"绿云扰扰，梳晓鬟也"，这个"绿云扰扰"是指什么？有没有想过这个问题？（生摇头）没有？好，请坐。其他同学有没有想过"绿云扰扰，梳晓鬟也"，是写什么？

生全体：头发。

师：对，是头发，这也表现了宫女的多。刚才那位同学说，主要是从侧面间接地写，其实作者用了多种方法，夸张、排比、比喻等都有。"绿"在这里可以理解为黑，我们在日常生活里有没有注意到，有人说"他眼睛黑得发绿"，也有人说"这衣服的颜色绿得发黑"，说明这黑色和绿色到了一定程度以后，相互之间难以区分，所以这里其实就是说"黑云"，"扰扰"是说飘飘的样子，说明宫女的确很多。那么写"宫中之宝可谓多"的在哪里？哪个同学说说？

……

师：对，奢侈。我们前面学过一篇《赤壁赋》，《赤壁赋》说不上一篇典型的赋。我和你们说过，苏轼对散文的重大贡献，是对赋的拓展，是"以文写赋"。《阿房宫赋》可以说是典型的赋文，有人称之为"千古第一赋"，它典型地表现了赋的内容和特征。"赋"的形式特征是什么呢？有同学知道吗？

生全体：铺陈。

师：对，铺陈排比。它能从多角度反复描写同一个对象。老师一个字，他写一大排句子，对吧？老师几个句子，他用通篇来表现。这就是铺陈。铺陈的作用大家体会出来了吗？

黄厚江让学生通过将自己缩写的文字与杜牧的原文进行比较，在寻找、朗读和理解原文句子、段落中，自然而然地一步步地引导同学们去了解了铺陈的艺术手法的特点，衬托和肯定了杜牧的赋的艺术魅力，又带领同学们一起领会了文章的主旨、写作意图，得到了新的启示，取得了很好的教学效果。

五、课堂讲授的艺术

（一）让学生有思考地听

我国的语文教学从小学到中学都比较忽视学生上课听的训练。小学老师总会让学生在课堂上认真听、认真记笔记。初中以后会发现很多优秀的学生在上课的时候就是认真记笔记。上课只要认真听，这对学生的学习是一个很大的误区。学生上高中后，黄老师会先给他们洗脑，首先告诉他们一句话：听比记重要。把老师上课讲的全都记下来没有用。一个学生如果上课就是记笔记，这个学生的学习几乎没有质量。

所谓听的活动，就是训练学生有选择、有思考地听。从具体形式说，听大多数和说和写融合在一起，单独的听的活动不是很多。最为常见的是听写。默写以后，请同学们打开书，自己看有哪些字是默错的。虽然老师没有说出具体的词语，但是学生要写出正确的词语，首先要听清楚老师所说的意思，然后再根据具体意思去想词语写词语。除了听写，还有一种听的活动，叫听记，即要求学生在听的过程中记下自己以为重要的内容。黄厚江教学汪曾祺的《葡萄月令》就有一个听写活动，在让学生说说什么样的人才能写出《葡萄月令》这样的文章之后，他让学生听记了作者女儿写的一段话。这段话其实就是介绍作者、介绍写作背景，让学生听记写其中的关键词，借此进一步理解作者的精神品格。

听读也是一种很重要的听的活动。黄厚江教《谏太宗十思疏》，先听录音读，再听他读，然后让学生讨论比较谁的朗读更好；教学《白雪歌送武判官归京》，让学生推选一个人和黄厚江比读，看谁对诗歌感情的把握更好，都是听读的一种形式。除了听写、听记、听读，还有听说、听辨等多种形式的听的活动。

（二）让学生有质量地说

黄厚江经常对刚上高一的同学说一句话：说比想更重要。这是很多同学所不能理解的。很多老师，平时上课不让学生说，公开课就拼命哄孩子说。西方人总结出了一个"金字塔学习理论"，这一理论将人的学习方式和学习效果画成一个金字塔，级别最高、学习效果最好的学习方法就是和别人交流，把你的理解和别人分享。学生一旦与别人交流了，学习效果最好。他归纳为一句话：让孩子和别人一起讲故事。课堂上"说"是学习效果最好的行为。由于长期的学习习惯，中国课堂上就是不让学生说话，有些老师还以课堂上学生不敢说话作为值得骄傲的资本。不说话学生思维停滞，不说话学生上课容易走神，不说话学生上课容易睡觉。今天的课堂并不缺少说。大多数老师的课堂上都有说的活动，但是很多课堂上都是乱说，是没有要求地说。因此，黄厚江以为，课堂中让学生说话必须有要求，这样的要求就是语言形式的要求和思想内容的要求。

（三）让学生从从容容地读

作为教学活动的读，黄厚江觉得应该是有目的、有针对性、有具体要求、有效果的读。在教魏徵的《谏太宗十思疏》时，黄厚江先播放著名播音员的朗读，再让学生听自己的朗读，然后大家讨论，哪个读得好。学生的评价很公正，播音员普通话好，声音浑厚，但是老师对文本的解读更透彻，把魏徵冒死劝谏的感情读出来了。在教学《白雪歌送武判官归京》时，黄厚江让学生推选一个人和自己一起读，看谁对诗歌感情的把握更好。语文课堂的朗读，形式极其丰富，有齐读、指名读、范读、听录音读、分角色读、速读、跳读、比读等，对于阅读教学中的朗读，普通话好不好并不是最重要的，关键是要对文本有正确的理解，能读出自己的理解，有明确的目的、适当的形式和效果。能为阅读教学服务，能为学生阅读服务。

（四）让学生形式多样地写

黄厚江认为，在课堂讲授过程中，应该让学生形式多样地写。可以是最传统的造句，它既深化了对文本的理解，加强了语言的运用训练，也是一种情感态度价值观的熏陶。也可以是缩写、补写、填表格等。

比如，黄厚江教学《变色龙》和《皇帝的新装》时，就让学生续写一个结尾。这样的续写可以深化对文本的理解，对人物性格的认识，对情节安排的欣赏，也可以培养学生的想象能力。又如，他教学朱自清的《春》时，让学生模仿原文的结尾"春天像刚落地的娃娃，从头到脚都是新的，它生长着。春天像小姑娘，花枝招展的，笑着，走着。春天像健壮的青年，有铁一般的胳膊和腰脚，领着我们上前去"的句式续写一个句子，也是很好的写的活动，不仅可以让学生对这篇文章有进一步的理解，训练语言运用的能力，还体现了情感态度价值观的教育。以及他教学的《孔乙己》，让学生选择合适的地方写手，也是同样的活动。

六、生成的艺术

语文课堂教学是教学活动的重要组成部分，在教学中，教师和学生、学生和学生、教学和教材、过程和内容、阅读与写作、内容与形式等多种对立元素之间互相激活、共同生长。教学时时刻刻都处在变化之中，课堂在教师和学生的相互作用中生成。黄厚江的课堂生成艺术包括教师和学生的生成、学生和学生的生成，教学内容和教学过程的生成。

（一）教师和学生的生成

教师和学生的生成既包括以教师的学习生成激活学生的学习生成，也包括以学生的学习生成激活老师的学习生成。其基本特征是"以活激活"。"以教师的学习生成激活学生的学习生成"可以理解为教师以自己对文本的理解和生成引导学生学习理解文本的过程，教师和学生"共生共长"的过程。在黄厚江的课堂上，每一节都渗透着这种思想，每节都是老师在文本理解的基础上对学生进行引导。如在《葡萄月令》这节课中，黄厚江通过"汪曾祺心中把葡萄看作什么"这个问题激活了学生的思维，在学生回答出"孩子"的时候，又鼓励学生从文中找出依据，当老师质疑一个学生找的依据"九月的果园，像一个生过孩子的少妇，幸福、平静、慵懒"，而这个学生以为自己回答错了的时候，又恰当地引导，鼓励学生勇敢地坚持并试着阐述自己的观点，一步步地引导学生加深对文本的理解，得出了汪曾祺就像葡萄树，为我们奉上一串晶莹的葡萄："葡萄一样的语言，葡萄一样的散文，葡萄一样的心，葡萄一样的人。"这节课正是因为黄厚江有自己对文本的这个角度的解读，从而引导学生学习，达到了"以活激活"。还有在《阿房宫赋》的授课中，黄厚江把自己对文本的理解缩写成了一段话，并很巧妙地把关键字省去，让学生填空。这个空里学生填什么并不那么重要，答案也不是唯一的，关键是黄厚江以自己对文本的解读激活了学生的思维，并通过填空这个语言训练活动，促进学生对课文的整体理解和把握。

"学生以自己的学习生成激活老师的学习生成"可以理解为教师在教学过程中受到学生的启发而产生教学灵感的过程。例如，黄厚江在执教《我们家的男子汉》这课时，有一个教学环节是让学生概括自己心目中男子汉的特点，要求用形象的语言或者富有哲理的语言表达。其中有一个学生写了一组句子，还押韵，连起来很像一首小诗，学生的这个学习活动给了黄厚江灵感，根据学生的这首小诗设计了一个教学环节，把小诗的横线部分空起来，让其他学生根据课文内容完成这首小诗，取得了很好的效果。黄厚江本来没有这个教学创意，但学生的学习生成给了他教学灵感，让他设计出了这样一个新颖的教学环节，丰富了教学资源，从而实现了师生之间的"共生共长"。

（二）学生和学生的生成

学生和学生的生成就是"通过学生的学习生成互相激活，不断丰富课堂的学习生成和学习资源"。学生都是具有差异性的个体，因为年龄、性别、个性、成长经历、家庭环境和知识结构的不同，每个学生都有自己独特的个性特点。另外，因为学生受到的学校教育基本相同，又都处在同一个班级或年级，构成了一个学习共同体，使他们存在很多共性。差异可以让学生对相同的问题有不同的理解和体验，可以让学生在交流探讨中碰撞出思想的火花，从而产生一些与自己原先认知迥异的认知，进而丰富自己的认知和体验；共性却可以让学生对一些基本的问题达成一定共识，当然这个共识是在原有认知基础上经过激烈的交流碰撞之后产生的新的共识，是已经升华了的新的认知。正是学生之间的差异和共性为学生之间的共生共长提供了可能和前提，使他们有可能在共同的学习活动中丰富课堂的学习资源，提升自己的认知。

如在《黔之驴》这节课中，黄厚江指导学生分别从驴、老虎的角度讲故事，学生们通过讲故事的方式分享、生成了新的教学资源。有的学生注意到了故事性，有的学生讲得很生动，有的学生讲得很细腻，有层次性。本来每个同学只有自己的一个角度，一个故事，但通过交流、聆听和同学们分享了多个故事，拓展了视野，丰富了学习资源，实现了学生和学生之间的生成。

（三）教学过程和教学内容的生成

教学过程和教学内容的生成主要是指合适的课堂学习活动过程不仅可以很好地完成教学内容，还可以丰富、生成新的教学内容。黄厚江在执教《黔之驴》一课时，除了让学生读课文之外，还引导学生根据关键语句分析理解驴的形象和老虎的形象。在这个过程中，学生不仅找到了一些成语的出处，还根据课文生成了一些成语，如"黔虎之智"等，这些都是在学习过程中生成的教学内容。另外，黄老师还让学生根据原文分别从驴和老虎的角度讲故事，也尝试从好事者的角度分析这个寓言故事，一篇寓言读出了三个故事，结合文本资源生成了新的内容，从而丰富了教材内容和教学内容。

七、组织与调控的艺术

一般大家都追求课堂教学一切都能够按计划顺利进行，以圆满地完成教学任务。其实，如果我们在课堂教学中能够主动设置矛盾，通过矛盾激发学生参与学习活动，促进学生的课堂学习，让学生在矛盾的激化和释放中深化对问题的认识，学会阅读、学会写作，对于提高教学的效果和课堂品质，提高学生的语文素养都很有意义。

（一）借助难点

难点的处理，是课堂教学的一个重点问题，也是考量一个教师教学素养的重要标志。很多老师虽然在备课笔记上写出了教学难点是什么，可在教学过程中并没有能够真正解决难点。黄厚江善于借助难点设置矛盾，化难为巧，不但可以顺利解决难点问题，而且可以非常有效地培养学生的思辨能力和解决问题的能力。

在黄厚江教学丰子恺先生的《给我的孩子们》时，对于如何理解文章的主旨，即如何理解作者对现实的失望和悲哀是一个绕不过去的难点问题。他先让同学们阅读三个父亲阅读这篇文章的三段感想，比较概括三个父亲的不同态度，再让同学们说说自己的父亲会是什么样的态度，接着说说哪一种态度更接近作者的态度，最后谈谈自己对童心的认识，并用规定的句式"不是……而是……"造句。这个教学过程中，黄厚江多次设置矛盾：三位父亲的不同，自己的父亲和三位父亲态度的比较，几位父亲的态度和作者态度的比较，自己对童心的认识，"不是……而是……"矛盾式的造句，比较好地解决了一个棘手的难题。

（二）借助教材

用教材教，而不是教教材，已经是一个大家熟知的理念，但怎么具体体现还值得好好研究。就矛盾设置看，教材实在是一个非常好的资源。教学《阿房宫赋》时，黄厚江就多次借助教材设置矛盾。例如，文中有个句子"鼎铛玉石"，教材上一般的注释是"把宝鼎当作铁锅，把宝玉当作石块"，有的教材还要注释："鼎，玉，是意动用法。"很多资料也是这么说的。那么到底是不是意动用法呢？很多人不同意，黄厚江也不赞同。如果是意动则翻译应该是"把铁锅当作宝鼎，把石块当作宝玉"。于是他就抛出这个矛盾让学生讨论，虽然这是一个枝节问题，但能深化学生对这个知识的掌握，很好地培养学生的分析能力。不同的教材，在注释、增删、分段上都会有所不同。很多老师为此苦恼，而黄厚江以为这样的烦恼正是很好的教学资源，正是我们设置矛盾的好地方。

（三）借助分歧

黄厚江认为，在教学中很多问题，有不同的说法，这是语文教学的常见现象。借助这些分歧，也可以设置很好的教学矛盾。比如，李白的《蜀道难》就存在着很多分歧，姑且不说词句的理解和分析，诗歌的句读，诗歌的分段，诗歌的主旨都有不同分歧，每一点都是设置教学矛盾很好的条件。比如，"又闻子规啼夜月，愁空山"，有人就主张断为"又闻子规啼，夜月愁空山"。这个问题的讨论，不仅可以深入理解诗意，感受作者的内在感情，而且可以欣赏李白的语言风格。诗歌的主旨有很多不同说法：有人说是送友人，有人说是怀友人，有人说隐喻人生艰难，有人说是隐喻仕途艰险，有人说是劝皇帝不要入蜀，有人说是讽刺藩镇割据的时局。黄厚江便先让同学们选出自己认可的见解，再从诗歌中找到依据，最后讨论哪些见解可以相容。这首诗的分段不同，也是一个矛盾设置的很好资源。有的版本不分段，有的四句一段，有的两句一段，有的分段长短不齐。在同学们发表意见后，黄厚江请同学们朗读诗歌，与此同时在黑板上用线条符号表示了他主张的分段形式，并让同学们说说这个图谱和诗歌的关系，借助这个活动理解了蜀道之险，诗人内在情感的起伏以及诗歌语言的杂句特点，既很有趣也很有意义。

（四）借助矛盾

教学矛盾的设置，更多的是直接设置矛盾，让学生面对矛盾，置身于矛盾之中。这方面黄厚江有很多例子。教学《阿房宫赋》，抓住最后一段理解文章的主旨，辨析几个"后人"内涵的同与不同，然后他说：作者的写作目的就是为国君们提供一面镜子，但我们有多少人会做国君呢？为了大多数人，他把本文的结尾改了。同学们的意见也分歧很大，有的说老师的好，因为他的更加贴近普通人的实际；有的说作者的好，因为文章就是人家写的。于是黄厚江引导大家思考：评价结尾好不好的依据应该是什么？是要着眼于全文的内容、思路、主旨和语言的一致。矛盾解决了，文章的主旨就读懂了，而且梳理了文章思路，理解了"体物"和"写志"之间的关系。

教学岑参的《白雪歌送武判官归京》时，黄厚江多次用了故意出错的方法制造矛盾。一是在描述诗句意境的时候，有些诗句可能比较难，没有同学主动描述，黄厚江就自己描述让同学们评点。比如，"瀚海阑干百丈冰，愁云惨淡万里凝"，他描述道：一片无边的大海上，到处漂浮着一块块巨大的冰块，天上飘着一堆一堆厚厚的云，让人心里生出许多愁绪。有同学说好，也有同学说不好。黄厚江便让他们展开讨论，好在哪儿，不好在哪儿，依据是什么。最后为了让同学们感受感情基调，黄厚江老师找了一个同学和自己比读课文，看谁读得好。他故意把诗歌的感情读得很凄凉。可是有同学认为黄厚江读得好，因为黄厚江是老师，因为老师读得有感情。这样的矛盾设置和矛盾的释放，其教学效果非常理想。

八、学法指导的艺术

（一）添加策略

1. 加进自己的阅读感受和心得

黄厚江强调阅读教学要从学生阅读的原初体验出发。其实，就教学设计说，首先要从教师自己的阅读原初体验出发。这样的课才能鲜活，才能有新意，也才有创造力，才能激活学生的阅读体验。这种感受和心得，有感性的，也有理性的。

例如，在教授《阿房宫赋》时，黄厚江加入了一段自己写的感悟："观古今之成败，成，人也，非天也；败，亦人也，非天也。成败得失，皆由人也，非关天也。得失之故，归之于天，亦惑矣！"让学生通过比较，从语言形式、文章主旨、文章结构等多角度对文章有了进一步深入的理解。最后，又让学生根据压缩的短文用三个词概括文章的思路和主旨。如果说这些教学活动比较成功的话，其前提，就是在教学设计时加进了黄厚江的阅读心得。

2. 加进相关的阅读积累和生活积累

这里的阅读积累，既包括已有的阅读积累，也包括即时的阅读积累。比如，教学一篇文章，就会想到以前读过的、教过的与所教内容相关的文章和书籍，这是前一种；为了备课的需要，专门阅读与教学内容相关的资料，这是后一种。

而调动生活积累，对于丰富阅读内容也相当重要。还原阅读，现在是大家都很重视的阅读方法。没有生活经验的调动，就没有还原阅读。教学《项链》《守财奴》和《老王》时，黄厚江都借助生活经验来指导学生学习，同时也是在为学生提供读书的方法。

（二）指导诵读

"书读百遍，其义自见"。诵读在语文学习中的作用已经为大多数人所熟悉，读者借助诵读更容易玩味和体察作者所要表达的思想感情，更容易自己带入课文所展示的语境当中去，从而使读者最大限度上站在作者的角度去体察作者写作的原意，贴近作者去理解课文。

黄厚江在语文教学中不仅重视让学生诵读，还给学生进行诵读指导，如在《季氏将伐颛臾》的教学中，黄厚江首先请学生读课文，同时告诉其他学生评价的依据是：读准字音，读清句读。然后学生在老师的引领下先评价字音，指出"夫"

应读 fú，老师进而归纳文言文朗读中字音要特别注意两方面，一是生字，二是多音字。在这里黄厚江并没有局限于为正字音而正字音，而是对学生读书方法的一些普遍规律进行总结。接着黄厚江带领学生断清句读，并在原有文本的基础上进一步归纳出阅读文言文的另一个要领：文气要顺畅，要读出文言文的语气，具体讲就是读出轻重。

我们从这段课例中可以真切感受到，黄厚江不仅重视学生对课文的朗读，而且还特别强调个别字的读音要读准确，尤其对多音字读音更为重视，还对文言文的断句进行了指导，要求读准、读懂，读出文言文的"味道"。在整个讲课中还伴随着板书对学生进行强调，并对同学们朗读中存在的普遍性问题进行了提示。现在很多老师也重视诵读，但忽视了诵读的目的性，学生漫无目的地读，老师不做任何评价和指导，所以好几遍读下来也没有什么进步，但黄厚江总是适时地结合学生实际并于关键字音处、断字断句处进行诵读指导。另外，一些老师的诵读指导经常是就事论事，一节课下来就是纠正了这几个字音，读清了这一个句读，不能进行一些诵读方法的指导，效率自然要大打折扣。而黄厚江在诵读指导中特别注意方法指导：注意语气、结合作者表达的感情等。

像这样的诵读指导在黄厚江的课堂教学中几乎随处可见，如在他执教的《葡萄月令》这课里，就不但让学生读，还指导学生结合"汪氏语体"的特点，根据本文感情比较内敛的特色，"放慢一点，节奏舒缓一点"，读出平淡、朴实、自然的味道。

（三）品味语言

黄厚江的本色语文主张："以语言为核心"，这个主张充分体现了语文学科的特点。在他的教学实践中，也践行了这个观点，特别注重对语言的品味。如在他执教的《葡萄月令》这节课里，品味语言从找到文章的几个"多"入手，学生找出的有结构方面的时间多，语言方面的色彩多、口语多，然后老师适时总结正是这样的口语化特点让这篇课文的语言显得"淡而有味"。这节课的品味语言并没有架空来分析，而是从语言本身出发，让学生在字里行间的阅读中，自然而然地体会到"汪氏语体"的特点。

（四）鼓励表达

新课标注重学生语言表达能力的提高，而学生的口头表达能力培养的一个重要途径就是课堂上多练多说。在黄厚江的课堂上总是鼓励学生勇敢表达自己的想法，并且创造多种机会让学生表达交流，师生之间的对话随处可见。在《江南的冬景》《西地平线上》一课中，简单导入之后，就让同学们交流读过课文之后的初步感受，为了让学生大胆地说，有话可说，一是让学生怎么想就怎么说，二是给予方法的指导，告诉学生你所表达的就是阅读时的真实感受。有的学生是对两篇散文不同的语言风格进行比较和评价，一个细腻，一个刚劲；有的从读完文章的不同感受来说，一个感觉悠闲舒适，一个让人体会到生命的庄严。当黄厚江发现对于课文的初步感受已经基本表达完毕之后，话锋一转，又转入了新的教学内容：比较两篇文章更喜欢哪一篇？说出理由。这样的处理不仅可以让学生对其中某一篇文章的理解引向深入，而且引起了新的话题，给学生的表达创造了新的空间。

黄厚江并没有把课堂变成自己的一言堂，而是让学生谈自己的体会、看法。当学生表达不太勇敢的时候，给予鼓励和方法的指导，当发现学生的体会不能深入，泛泛而谈的时候，黄厚江把问题转为两篇散文的比较阅读。总之，黄老师通过多种手段尽量让学生表达，课堂上充满了师生间的平等对话，这种锻炼立足于语文学科的基本任务，可以让学生逐步提高语言表达能力。

第三节　黄厚江经典课堂赏析

《装在套子里的人》教学实录①

师：今天我们一起学习契诃夫的《装在套子里的人》，进一步了解这位伟大作家的小说风格。小说的标题叫"装在套子里的人"，现在请同学们快速阅读课文，数一数别里科夫身上有多少个套子。请大家边看书边做符号，在套子下面画横线。

学生看书，做符号。（大约3分钟）

师：哪位同学先说说。

生：13个。

师：请具体说说。

生：雨鞋、雨伞、棉大衣、伞套、表套、刀套、脸套子、衣领、黑眼镜、羊毛衫、堵耳朵眼的棉花、车篷、壳子。

师：大家先看看有没有重复的。

生：有。"脸套子"就是"衣领"，还有"壳子"是一个总的说法，不能看作一个具体的套子。

师：很有道理。那是不是就是11个套子呢？

---

① 于漪，刘远主编：《黄厚江讲语文》，语文出版社，2008年1月，P165-171

生：不是。

师：还有哪些套子呢？

生：古代语言。

师：为什么呢？

生：因为"古代语言，对于他来说，也就是雨鞋和雨伞"。

师：你的分析方法很好。阅读理解就是要善于从文中找根据。还有没有其他的套子呢？

生：还有许多，如"那些从没存在过的东西""政府的告示""报纸上的文章"，对他来说，都是套子。

生：还有。他最爱说的一句话"千万别闹出什么乱子来"，其实也是他的一个套子。

师：大家分析得非常好。其他还有吗？

生：他的房子、卧室、帐子、被子，也都是他的套子。

师：大家找得很细，分析也比较准确。课文这一小节有几个字词要注意一下。（板书：兢、宵、采、僻）那么，他的身上到底有多少个套子呢？

学生阅读数套子。有人说 20，有人说 24，发生争论，期待老师的结论。

师：同学们不用再争论了。为什么呢？因为别里科夫身上的套子是无法数清的。除了小说里已经具体写出来的以外，其它有没有了呢我看肯定还有。（板书：数不清的套子）但我想问一问同学们，在别里科夫身上最主要的一个套子是什么呢？

生：是思想上的套子。因为思想总是支配一个人的一切行动。

师：很有道理。但还不够准确，或者说，老师的观点和你的差不多，但又有区别。大家的意见呢？

学生看书。

师：在小说中作者花费笔墨最多的是哪方面内容呢？

生：恋爱的故事。

师：对。别里科夫身上最主要的套子就是爱情上的套子。为什么呢？一是作者前面写那么多的套子花的笔墨并不多，而写爱情这个套子，花了很多的笔墨。二是在任何情况下，别里科夫都没有试图走出套子，唯有爱情的套子使他"昏了头"，然而最终不但没有能钻出套子而死在了这个套子上。

不过，别里科夫的恋爱不同于一般人的爱情故事。那么是一个什么样的爱情故事呢？请同学们看书，然后用恰当的词语概括一下，给他的"爱情故事"加一个修饰语。想好以后，大家写在一张小纸上。我们马上比较一下，看哪一种概括比较好。

学生看书概括。

教师收集答案。

师：我们现在来比较一下下面几个代表性的意见哪一个更耐人寻味，滑稽的，可悲的，可笑的，离奇的，昏了头的，漫画式的，可怜的。大家讨论一下，哪一个好，或者说哪一个不好。

生："离奇"不好。离奇是说不同寻常，一般指过程比较曲折，别里科夫的恋爱过程并不曲折。

生："耐人寻味"也不好。"耐人寻味"是说很含蓄，很有启发性，用在这里不当。

生："可怜"也不行。这并不是一个让人同情的故事。

师：大家的分析非常好。还有其他意见吗？

生："可悲"强调一种悲剧性，或者说手段不正当，用在这里也不妥。

师：现在我们集中看一看，剩下的几个哪一个更好一点？

生："滑稽"和"可笑"意思差不多，可去掉"可笑"。

师：现在还剩三个，我们表决一下。

举手表决。

师：其中有一个内涵比较单一，也就是说不如另外两个内涵丰富，可以去掉。

生："滑稽"。

师：老师也这么想。"漫画式"的内涵就包括了"滑稽"的意思。那么，另外两个哪一个更好，我看我们就不再讨论了。不过我表个态，我喜欢"漫画式"这一个概括。当然用"昏了头"也不错。要提醒大家注意，用这一个概括，应该加一个引号，因为这是——

生：课文中的话。

师：作者在前文特征夸张的基础上，通过这样一个漫画式的恋爱故事更深一步揭示了人物的内心世界。不过我想到这样一个问题这个漫画式的恋爱故事，尤其是这个情节的结局，可信吗？为了认识这一问题，我们来思考一下如果小说人物的结局不这样安排会有怎样的可能。

生：老师认为有可能在校长太太等人的撮合之下，别里科夫渐渐平了气，并且在华连卡的影响之下逐渐改变了自己的个性，最后终于和华连卡结婚。

师：他的想象确实有点道理。大家看还有其他可能吗？

生：也可能从此和华连卡断绝了联系，并且发誓从此永不恋爱。

师：同学们还有其他的想象吗？如果没有，我们比较一下到底是怎样安排最好。

生：和华连卡结婚绝对不可能。因为他们的性格绝对不可能合到一起，而且华连卡的哥哥也不会同意。

师：婚姻自由，我们主要还是考虑他们自身的因素。看他们的性格有没有调和的可能。

生：没有。因为华连卡是充满热情的，勇于接受新生事物的，而别里科夫是守旧的，保守的，甚至是反动的。两者的性格完全相反。

师：看来同学们对小说的理解的确有了一定的深度。小说中安排别里科夫的死有没有必然性呢？

生：死是必然的。

师：何以见得？

生：因为小说中前面有几处暗示①他本来就通宵做噩梦，脸色苍白②漫画事件以后，课文几次写到他脸色发青，嘴唇发抖。

生：还有一处。课文说他是"老是心神不定地搓手，打哆嗦，从他的脸上分明看得出来他是病了。"

生：而且当着华连卡的面从楼梯上摔下来对他打击也特别大。他当时就联想到许许多多的可怕结果。

师：刚才几位同学从小说对人物的神情描写、心理描写中分析了人物命运的必然性。看来几个原因一凑，别里科夫必死无疑。（有一个同学举手）好，你请讲。

生：学生认为，不仅是这些原因。从人物的性格发展的必然来看，也是必死无疑，即使这一次事件不死，但为时也不会很长，因为已经发生变化的历史他是无法生存的。另一个原因是这样的安排也正和小说的风格相吻合，即通过夸张的情节来刻画人物反映主题。

师：同学们的分析很有深度。从人物命运的必然入手，从时代背景的角度思考，尤其是从小说整体风格的角度考虑，对大家阅读小说、鉴赏小说非常有启发。我们一起来思考一个问题：这篇小说在翻译时，标题有两种译法，还有一种译法为"套中人"，现在大家比较一下哪一个更好。

学生讨论。

师：我们分别请一个代表发言。先请认为"套中人"好的代表发言。

生：简洁，而且特征更突出。

师：请持另一种意见的同学发言。

生：我认为，这一个"装"字非常重要。

师：为什么呢？

生：因为一个"装"字告诉我们，别里科夫成为套中人，不是他自己的责任，是别人，是沙皇专制制度的罪恶。

师：同学们，这两个不同译法的标题或许各有千秋，但这个"装"字的作用确实不可忽视，他点明了小说深刻的主题，告诉我们，别里科夫成为套中人固然有自身的原因，但更重要的是专制制度对知识分子的压制和毒害。可见，作者的矛头不是指向别里科夫，而是指向了——

生：沙皇专制。

师：同时，更深刻地告诉我们，别里科夫也不是个别的现象，而是——

生：一类人。

师：从什么地方可以看出，别里科夫是一类人呢？

生：课文最后。

师：好，我们来一起看小说的结尾。这段话四个句子有两层意思，大家看表示两层意思过渡的词语是什么？两层意思的重点又是什么？

学生看书。

师：过渡的词语是哪个？

生："可是"。

师：从这个过渡词语可知意思的重点在前还是在后？

生：在后。

师：在哪一句？

生：在最后一句。

师：由此我们得到哪些启发呢？

生：别里科夫是一种社会现象。

生：别里科夫是专制制度的产物，要消灭别里科夫现象，必须消灭专制制度。

师：这确实是小说的深刻主旨所在。但是否是沙皇专制制度消灭了，别里科夫现象就没有了呢？

学生沉默。部分同学摇头。

师：这倒是一个让人深思的问题。请哪位先谈谈自己的意见。

生：不能这么说。沙皇制度消灭了，还有其他的专制制度。

生：即使没有专制制度，但旧制度影响下产生的套中人也未必就会绝迹。

师：分析不错。还有其他意见吗？

生：在我们今天，在我们身边就有许多"套中人"。

师：请具体讲一讲。

生：像我奶奶，什么东西都是旧的好，凡事都要按老规矩，我看就是一个套中人。有同学发笑。

师：请大家看看，××同学的奶奶是不是一个套中人。

学生讨论。

生：老师你说呢？

师：我想先听听你们的意见。

好，大家不想发言。你们先表个态，我再说说我的意见。

学生表决。

师：我认为不是。虽然我们首先应该明确，沙皇专制制度消灭，并不意味着就不再有套中人，但我们又必须把"套中人"和思想上有套子的人区别开来。因为套中人，不是一般意义上的守旧，而是一个特定的文学典型，也是生活中的一类特定人的代表。大家回想一下他的性格特征就清楚了。他保守、反动、扼杀新思想……好，大家应该清楚什么样的人才能叫作套中人，同时也应该知道奶奶是不是套中人呢？

生：不是。

师：对，同学们今后一定要把套中人和思想上有套子的人区别开来，还要善于抛弃自己思想上的套子。

师：好，这篇小说今天我们就学习到这个地方。今后在阅读欣赏小说的时候，大家还应该学会抓住小说的特点阅读小说的方法。像《装在套子里的人》这篇小说，幽默讽刺是它的主要的特点，而这个特点又主要体现在特征和情节的夸张以及多层次的对比之中，我们的阅读正是抓住这一点，逐步深入，把握了小说的人物和主题。

课后请同学们完成两个作业：①这篇小说的幽默讽刺的特征除了课内分析的内容还体现在哪些方面？②运用抓住特征阅读小说的方法阅读《项链》。

第三章　董一菲语文课堂教学艺术

　　董一菲，黑龙江语文特级教师，她深受荷尔德林的那句"让人类诗意地栖居在大地上"的影响，积极倡导并践行"诗意语文"。她的"诗意语文"意在发掘"文学气息"，感受"浪漫情怀"，用"缤纷的语言"，对"文化的膜拜"及"智慧与幽默"创设诗意的课堂，给语文课堂带来一股清新之气。同时，作为学校科研主任的她，还在实践和创新中构建了"风格引领，沙龙互动，从横研究"的校本科研模式，形成了通过诗词情趣教学，激发学生的情感，培养学生思维、创新品质的"情意——思维、创新"型诗歌教学模式，摸索出了"吟诵——涵泳——查询——讨论——作评"的五步教学模式。著有《紫陌红尘拂面来——语文教学点滴》《董一菲讲语文》《仰望语文的星空》《雪落黄河静无声》《千江有水千江月》等专著，主编《诗意语文行》。

第一节　董一菲语文教育理念

一、"诗意语文"提出背景

　　"诗意语文"的提出与董一菲的成长经历密不可分。董一菲在孩童时代受到的文学熏陶以及在大学时代受到写作的影响，为她独树一帜的"诗意语文"教学风格奠定了基础。1989年从哈尔滨师范大学毕业后，带着对文学的无比崇敬和痴迷，董一菲成了牡丹江市实验中学的语文教师，在见证自己学生的成长过程中，她更坚定了自己语文教学的追求——唯美，即在课堂上常用古典诗歌开启学生学习兴趣的大门，在课外让学生阅读课外书籍，充实语文生活，提高他们的文学素养。2000年当听到荷尔德林的诗句"人类诗意地栖居在大地上"时，"诗意"二字顿时让董一菲恍然大悟，她觉得"诗意"二字正是说出了自己心中的语文，这让董一菲受益匪浅，她开始重新审视自己、反思教学，踏上了追求"诗意语文"的探索之路。2009 年，"诗意语文"被董一菲正式地提出来，她对语文教育的追求就是注重传统文化的继承、关注学生的精神成长，让他们诗意地学习、诗意地生活、诗意地成长。正如她所说："在语文不断被功利化、技术化、习题化，被肢解、被扭曲、被现实的烟火烤灼得面目全非的时候，想和大家聊聊"诗意语文"，一起发现语文的诗意。"①

二、"诗意语文"内涵解读

"诗意"是感性和理性的结合，涵盖了东方传统与西方哲思。"诗意"本身所具有的双重特质，影响了董一菲对于诗意语文的认知，她认为诗意语文"崇尚感性、感悟和体验"，但"并不排斥理性"。② 诗意语文应是一种超越风格、超越流派的教学现象，是"在语文教学实践中追求唯美与诗意，寻找创造与感动，弘扬浪漫与理想"。③ 它具有灵动性、想象性、超功利性、超验性、情感性和对话性，如果用几个词来概括诗意语文，就是"美""情感""哲思""爱"。④ 董一菲多次用"诗意栖居"说明自己对教育的理解，表达自己的教育理想，董一菲心里的诗意指向生活，指向心灵。在她看来，诗意语文关乎五千年中华文化，可以让学生仰慕沉醉于精神文明，最终实现诗意栖居。

三、"诗意语文"教学理念

（一）给学生一个文学的世界

从蒙昧走向文明，人类在发展中不断经历着"大浪淘沙"式的选择与创新，历史的车轮不断向前，历久弥新，回望历史的车辙，感知人类的发展史，这里有古代神话、伦理、道德、文学、艺术、科学、哲学、宗教……，文学在其中闪亮着永远的光芒。比较而言之，文学不但接近人们的生活，而且更契合人们的心灵，文学世界充满永久性的诱惑，魅力十足，光芒四射。走进语文，其实就是走进一个色彩斑斓的文学世界，我们将领略到语文这个"多棱镜"中折射出的文学世界的斑斓与绮丽。

---

① 董一菲 . 发现语文的诗意 [J]. 中国教师 .2017（2）：54-58.

② 董一菲 . 仰望语文的星空 [M]. 吉林：长春出版社，2011：3.

③ 董一菲 . 我的诗意语文教育观 [J]. 中华语文网 .2010（3）：13-15.

④ 董一菲 . 发现语文的诗意 [J]. 中国教师 .2017（2）：54-58.

一名成功的语文教师，应该是学生文学意识的启迪者，文学阅读的引领者，文学世界的导游者。没有"文学世界"的语文课堂，是干瘪的，是无活力的。因此，作为语文教师，应还语文以文学，将"文学世界"引入课堂，立足文本教材，给学生一个文学的世界。为了让学生真正地走进文学，为了还课堂以文学，多年来，董一菲在教学中有"两个坚持"，即坚持"用教材教"和坚持"名著导读"。

其一，坚持"用教材教"。课文只是一个例子，教学过程要"因文入境""因文造境"。在2003年牡丹江"钟诗杯"教学大赛上，董一菲讲授席慕蓉的《一棵开花的树》，引导学生在朗读中感悟，在感悟中鉴赏。为了更好地让学生感悟诗文之美，她引导学生说："这棵开花的树是诗人灵魂的潜影，它生长在诗人精神的原野，是诗人情绪的流动与飞扬，是诗人情感的外化。别林斯基说'美是从灵魂深处发出的'。"紧接着学生入情入境地阐释诗文中的美，如真情美、细节美、瞬间美、凄凉美、画面美等，师生一同随着席慕蓉的文字进入了一个诗意的世界。为了更好地践行对诗的理解和感悟，董一菲在课堂结尾处"因文造境"，设计了一个"浅吟低唱"，由现场专家出诗题，学生现场创作，诗味十足，课堂上诗意弥漫。这是语文课堂，更加是魅力的语文课堂，从文本出发，却不止步于文本。

其二，坚持为学生开设"名著导读"。引导学生关注世界文学经典，以文本阅读为突破口，注重"点面辐射"式的导读，引导学生在全方位、立体化的解读中，走进文学世界。在讲解张爱玲的小说时，董一菲设计的导读是《无尽的悲凉》，全面、立体地为学生营造传奇女子张爱玲的文学世界，其中关于解读"无尽的荒凉"，先引用张爱玲在《自己的文章》说："我喜欢悲壮，更喜欢苍凉。壮烈只有力，没有美，似乎缺少人性。悲壮则如大红大绿的配色，是一种强烈的对照。但它的刺激性还是大于启发性。苍凉之所以有深长的回味，就因为它像葱绿配桃红，只是一种参差的对照……悲壮是一种完成，而苍凉则是一种启示。"然后再进一步解读荒凉，既而由"荒凉"向作品进行点面辐射：《金锁记》是"隔着三十年的辛苦路往回看，再好的月色也不免带点凄凉"，"长安结束她第一次也是最后一次爱，像一个苍凉的手势"；《倾城之恋》是一个"说不尽的苍凉故事"；《红玫瑰与白玫瑰》中佟振保与王娇蕊爱得热火朝天时，"许多叽叽喳喳的喜悦突然平静了下来，只剩下一种苍凉的安宁……"；《沉香屑·第一炉香》里的葛微龙"在人堆里挤着，有一种奇异的感觉……在这灯与人与货之外，还有那凄清的天与海——无边的荒凉，无边的恐怖……"

（二）给学生一个悲天悯人的情怀

美学大师宗白华先生曾说："尼采说艺术世界的构成有两种精神：一是'梦'，

梦的境界是无数的形象（如雕刻）；一是'醉'，醉的境界是无比的豪情（如音乐）。这豪情使我们体验到生命里最深的矛盾、广大的复杂的纠纷；'悲剧'是这壮阔而深邃的生活的具体表现。所以，西洋文艺顶推重悲剧。悲剧是生命充实的艺术。西洋文艺爱气象宏大、内容丰富的作品。荷马、但丁、莎士比亚、塞万提斯、歌德，直到近代的雨果、巴尔扎克、司汤达、托尔斯泰等，莫不启示一个悲壮而丰实的宇宙。歌德的生活经历着人生各种境界，充实无比。杜甫的诗歌最为沉着深厚而有力，也是由于生活经验的充实和情感的丰富。"简言之，悲剧是文学，悲剧也是人学，悲剧更是人生里艰难的美。感知文学，解读入学，体悟真美，这一切都要求我们要有一个悲天悯人的情怀。没有感受的理解是不真实的，不带情感的解读同样是不真实的，给学生一个悲天悯人的情怀，引导学生用心灵去感悟心灵，感知作者，感悟作品。

董一菲认为："学习语文就是通过学习"经典"，追溯传统文化，感悟现实生活，构筑诗意人生，而这一过程需要有一种悲悯的情怀。"[①] 只有拥有了悲天悯人的情怀，才能穿越时间的长河，感受古老悠远的文化；只有拥有了悲天悯人的情怀，才能跨越地域与国界，品评东西文化的内涵；只有拥有了悲天悯人的情怀，才能把握现实的生活，构筑自己的诗意人生。文学是情感的艺术，教学亦是如此，离开情感的教学如无源之水，无本之木。身为语文教师，在雕塑学生灵魂的时候，要让学生拥有一个悲天悯人的情怀。荷尔德林曾说："诗意地居住在大地上。"这里的诗意指向生活，更指向心灵，要有诗意的情感，悲天悯人，唯此，方能在语文的天地中诗意地感悟，诗意地解读，诗意地共鸣。带着这种悲天悯人的情怀，会更好地走近作者，走进文学的天地世界。

（三）给学生最美的母语

语言是民族心灵的回响，语言是承载着民族文化不息的血脉。汉语作为我们民族的母语，是人们交际的工具，又是我国源远流长的民族文化载体，是仓颉赋予它生命、文化与魅力，仓颉灵感不灭，美丽的中文不老，穿越千古款步而来，激荡着华夏文明澎湃的血脉。在汉语文化全球化的今天，我们可以高声坦言："美丽的中文，是我们最美的母语，'汉魂唐魄'是我们母语的灵魂。"台湾著名女作家龙应台在《百家讲坛》演讲时曾指出，母语是灵魂的语言，外语是工具的语言。汉语作为民族的灵魂的语言，以其独特的美感和丰富的情意，在向世人昭示我们民族悠久文化和绵长历史，昭示着我们民族强大的生命力。从这意义上说，热爱

---

① 董一菲 . 董一菲讲语文 [M]. 北京：语文出版社，2009：48.

母语，就是热爱我们悠久的传统文化，就是热爱我们伟大的祖国。

董一菲认为，母语之美在于它的文字、文句、文段，在于文体、文韵、文风和文化。语文教师是语言之师，是文学之师，更是文化之师，要引导学生以文化的视角学习语文，还要引导学生以审美的视角学习语文。要把学生带入美丽母语的每一个层面，去感受母语的魅力，让学生在每一个层面的学习过程中审美，在寻美中思索，在思索中审美、在审美中提升。经历漫长历史考验而流传下来的文学经典和古典诗歌，成了董一菲语文教学的着力点，她开设了"名著导读"课程。课程目的之一是激发学生对经典文学作品的兴趣。在她的影响下，学生掀起了一股读书热潮。同时，董一菲还在学校开设了诗歌专题课，她相信诗歌是语言艺术开出的最美丽的花朵，她要把诗意深深地埋在学生的心田。

（四）给学生一个善感的心

文学教育最心灵化，最能改变学生灵魂。教育的深层内涵就是心灵的教育，语文教育的终极就是让学生学会生活，学会诗意地生活。诗意生活犹如人生的外衣，善感的心是内核。拥有一颗善感的心，才会以水见汪洋，才会在文字中看到文化的流淌，才会在一朵白云、一株小草、一粒细沙上发现诗意，感悟生活。作为一名语文教师，有责任引领学生发现美，发现诗意，发现生活，给学生一颗善感的心，教他们运用自己的慧眼去学习，去生活。

董一菲曾经给学生打过这样一个比方：一棵白杨树，一个情感粗糙的人会看到白杨树的树干、树枝、树叶，一个敏感而浪漫的人会看到叶片的脉络，而一个善感且经过良好文学熏陶的人会感受到白杨树绿色的汁液在流动，这就是诗心慧眼。培养诗心慧眼的最好的养料就是诗，因此她在学校率先开设诗歌专题课，利用早读、自习、选修课等时间为学生补修诗歌，坚持以"善感之心，进入诗境"，指导学生用一个善感的心去感受世界万物，去体会人生百态，去发现诗歌的美。

（五）给学生一个爱的信念

教育家赞可夫曾说："当教师必不可少的，甚至几乎是最主要的品质就是热爱学生。"热爱学生是育人的开始，也是育人的终极。这种爱从教师的心底自然流淌而出，"含情脉脉"，无言付出，犹如春风，为学生送去清爽与惬意；犹如夏雨，滋润学生求知的心田；犹如阳光，相伴学生一路成长；犹如大树，为学生撑起一地绿荫……收获的是桃李不言，下自成蹊。"教育是技艺，是哲学，是艺术，是诗篇，是思想与思想的碰撞，是心灵与心灵的交流，是生命与生命的对话，需要用热情和生命拥抱。"为此，作为教师要给学生一个爱的信念，让他们坚信"道不远人"，让他们在坚定中坚守人生。

要想给学生爱的信念，教师心中首先应该有爱的信念，心中无爱，则无可给予，无可传递。这种爱的信念，要架构在生命的取向上，要有高度，要有广度，更要有深度。所谓高度，就是大爱至上，着眼于学生人生发展的高度；所谓广度，就是"博爱"，既着眼每一个学生，同时又着眼于学生的全面发展；所谓深度，就是进入心灵，进入心灵深层的对话和共鸣。唯此，方为育人之师，方可启迪学生心灵，将爱的信念进行传递。

董一菲认为："爱是生命的脊梁，爱的信念是一种自信，是一种自立，更是一种自强。心中有爱，自然会乐于助人，在利人中利己，这样又何惧人生风雨；心中有爱，人生便有了激情，人生的魅力来源于激情，他可以让学生生机勃勃地去学习、去思考、去交流。"① 因此，作为学生，有了爱的信念，便拥有了人生发展的原动力。

（六）给学生一个理性的世界

帕斯卡尔说："人是一株会思想的芦苇。"就生理特点而言，中学生正处在人生的感性阶段；就读书特点而言，学生在学习读书上避离理论书籍，针对学生"缺钙"的现象，我们有责任为学生补充所需的理论之"钙"。因此，作为一名语文教师，我们在引导学生学习语言与文学时，要以思想引领思考，注重学生批判性思维的培养。众所周知，德国是哲学家的故乡，他们以强大的理性力量，强大的思辨力铸就了强大的民族精神。恩格斯说："地球上最高花朵——思维着的精神。"语文教育的两极是诗意和理性，语文教育的佳境便是诗意之中不乏理性，理性之中流淌诗意。在诗意中弘扬唯美与浪漫，在理性中进行思辨与求索。作为语文教师，从某种程度上，我们担负着重塑民族魂的重任，我们有必要让学生"诗意地存在"，同时又"理性地存在"，借助文本，给学生一个理性的世界。

关于学习，2 500多年前的"万世师表"孔子曾说过"善读者，玩索而有得"，充满理性，更见孔子的教育思想。这里的"玩"是一种感性的学习态度，而"索"与"得"，揭示了一种"思索而有所获"的理性过程。屈原的"路漫漫其修远兮，吾将上下而求索"，更是一种理性的关照、思考与人生不断求索的态度。最具诗意的诗词，更体现中国文人式的理性思考在其中。

给学生一个理性的世界，具化而言之，在于三个层面：理性认知、理性碰撞、理性升华。在讲史铁生《我与地坛》，董一菲引导学生在读文章中感悟，在感悟

---

① 董一菲.董一菲讲语文[M].北京：语文出版社，2008：52.

中引导学生思考"敬畏生命""敬畏自然"的哲学命题，进而从中国文化角度去阐释这些命题，并通过东西方不同的文化背景，不同民族心理去探讨"生命和自然"的意义，让学生在体会作者史铁生博大深邃的精神世界的同时，自然明晓"地坛"的象征意义：博大、沧桑、厚重、母性般的美丽。理性是一种精神的灵气，理性给人以深刻、厚重和思辨。在理性认知、理性碰撞和理性升华中，以文本为学生营造一个理性的思维空间，可以铸造学生内在的理性精神。歌德说："感情愈和理性结合，就愈高贵，到了极境，就出现了诗，出现了哲学。"我们不必苛求学生成为诗人，成为哲人，但是要培养学生具有思维的理性精神。

（七）给学生一个内儒外道的人生智慧

在中国五千年的文化长河，各类流派众多，堪称壮观，而这其中影响深远的当属"儒、墨、道"三家（在秦汉以前），到了唐代变化为"儒、佛、道"三家。其中尤以"儒、道"两家，思想历史更悠久，影响也更为深远。"孔孟之道"和"老庄思想"作为中国思想文化的精髓，在中华文明中延续了数千年，一个积极倡导"入世"，一个洒脱标榜"出世"，两者在"悖中并行"，一走就是几千年。走过先秦散文、两汉纪传辞赋、魏晋骈文、唐诗、宋词、元曲、明清之小说，一直走到今天。

1988年1月，75位诺贝尔获奖者在巴黎宣言："如果人类要在21世纪生存下去，必须回到两千五百年前，到中国的孔子那里去寻找智慧。"我们中华民族正是有了儒、道光辉思想的滋养，才涌现出李白、杜甫、王维、苏轼、郑板桥等光耀千古的文化名人。作为语文教师，我们有得天独厚的育人资源，能够用经典去开启学生心灵，去启迪学生人生，给学生内儒外道的人生智慧。所谓"内儒"，就是用孔子的"仁"充实学生的心灵；以儒家的固穷坚毅鼓舞学生学会坚强，在坚守中创造自己人生的精彩；变换"学而优则仕"为"学而优则适"，让学生懂得学习是人生成长的需要，"学而优"方能在竞争中"适"，"适者"方能更好地"生存"。所谓"外道"，就是以老子"有为之道"，正面引导学生积极面对人生事业，积极面对人生发展；以庄子的超然物外，淡看人生的所谓荣辱功名利禄；以道家的清静无为，给学生提供一个超功利的理想，使他们背向社会中的物欲和功利，来完成正面的自我人生。

社会喧嚣，人心浮躁，唯有"经典"可以静涤心灵，充实人生智慧。因此，董一菲强烈建议：在课堂上，借助文本，读中悟，悟中感，感而有所用，教师与学生一同去追溯经典中的人生智慧；课堂下，鼓励学生阅读经典，感悟经典，感悟人生的智慧，为现代人建立一个内儒外道的精神家园。

四、诗意课堂的基本特征

在董一菲看来，语文是我们安身立命之器，是精神家园。它让我们用心灵贴近母语，让我们的心灵贴近中国文化，贴近大地山川，贴近岁月苍生，贴近生命。董一菲倡导"诗意语文"，她不仅具有深厚的文学底蕴，也具有诗人的气质，善于用自己的浪漫情怀去感染学生，真诚传递诗意追求，其课堂呈现出"唯美、精致、浪漫、和谐、创造"的鲜明特征，具体体现在四个方面。

第一，"诗意语文"的课堂美学特征是追求一种重峦叠嶂、花团锦簇的千姿百态之美。教育本身就是一种无法言说的美。语文教师的教学之美有很多种，或许美在优美蕴藉的教学语言，或许美在深厚扎实的文化底蕴，或许美在教师的品格修养，又或许美在透彻精辟的品读赏析。追求语文课堂中千姿百态之美，让董一菲的语文教学魅力无边。

第二，"诗意语文"的课堂语言追求生动活泼与沉静深刻相结合，既要简洁大方，又要蕴藉深远。董一菲有着深厚的中国古典文学与西方文学素养，年少时期的饕餮阅读，令她腹有诗书，氤氲成韵。博览群书，挚爱写作，让她拥有独特而感性的语言魅力。课堂上的董一菲嗓音圆润，功力深厚，缤纷的语言让人叹服。时而排比引用，腾挪跌宕；时而摹形状物，绘声绘色；时而如大江东去，一泻千里；时而如山间清流，浅吟低唱。董一菲语言之准确，表达之雅致精粹，融会贯通之不着痕迹，有浑然天成的境界。她就是用这样缤纷的语言感染学生，让学生在真而美的语言感召里产生学习热望。

第三，"诗意语文"追求的课堂境界是打通、圆融、和谐共生的。一定要打通的是课堂界限，像高考作文，现在有一个大的走向，从较长远的阶段来看，就是由原来受题材限制到现在的题材不限的一个转变。那么，语文课也是如此，要打通很多的界限，甚至文史哲的学科界限。然后是圆融，就是课堂教学要做到浑然一体，不要有斧凿的痕迹。和谐共生是指文本、教师、学生三者要实现和谐共生。

第四，"诗意语文"在课堂细节上，追求一种精致，一种意味，一种机智，一种生成。董一菲认为，优质的语文课就应是一首诗，细腻而富有意味，放飞诗意，是美丽的责任。优质的语文课堂是一种动态生成的艺术，是没有极限的境界。科学追求"共性"，文学追求"个性"；科学追求"我们"，文学追求"我"。语文课堂，应该是许多种声音的合奏，是诗情余韵流淌的海洋。这样的课堂允许学生发出"不和谐的音符"。

第二节　董一菲语文课堂教学艺术

一、导入与结课的艺术

董一菲善于"导"，她不仅在上课伊始就善于将学生导入所创没的特定情境之中，更善于通过"导"使学生进入深层次的思考。董一菲诗意语文的导入艺术表现以下几方面：

（一）渲染气氛

（1）以物渲染

渲染气氛可以借助外物，即多种现代化教学手段，如音乐、绘画、录像、幻灯等。现以音乐为例：音乐的语言是微妙的，也是强烈的；音乐的形象是在声音的运动中形成的，是活跃的、发展的、流动的。我们在现实生活中看到一个孤独的人徘徊在林荫小道上，往往会熟视无睹。但是，如果我们在影视作品里看到配上了音乐的同样的细节，都会被深深吸引，并产生共鸣。其原因在于：音乐以其独有的旋律节奏，塑造出音乐形象，把听者带入特有的意境之中，这就说明了音乐在创设情境中的作用。例如，在讲《中国古代离别诗》这一专题时，董一菲在课前反复播放古曲《阳关三叠》，使学生们深深地沉浸在诗中所渲染的离愁别绪中。

（2）以语渲染

诗意的语言是诗意语文的基本形态，换句话说，诗意语文的帷幕由诗意的"导语"拉开的。因此，董一菲特别重视导语的设计。她认为，导语有多种方式，可以"引用"，可以"谈话"，可以"提问"……在风格上，或色彩斑斓，或古朴典雅，或自然平实……

诗歌教学，教师的语言激情、跌宕、形象、幽默和富于感情。董一菲曾为《中国古代离别诗》设计了这样一段导语：中国人对于分离聚散的人生况味有着特殊的敏感与愁肠。屈原感慨过，"悲莫悲兮生别离，乐莫乐兮新相知。"古诗十九首中吟过，"行行重行行，与君生别离。相去万余里，各在天一涯。"就连豪放不羁的李白也曾浩叹，"此地一为别，孤蓬万里征。浮云游子意，落日故人情。"离愁别绪绵延成了中国文学整体无意识的传统主题，一脉相承着我们这个民族不堪离别的情结与根性。这段声情并茂的导语打造了一个深邃的意境，唤起学生对诗歌美的感受和理解。

如《边城》一课的导语是：古老的湘西，同样古老的玩水悠悠流滴，流过沈从文的童年，流过他心中的桃源。这里的白云清风，覆盖着一个人类远古的沉沉大梦。在那遥远的地方，有一个美丽的边城，那是古风犹存的童谣，那是美善同源的人性之歌。面对文学重镇《边城》我们只能通过它的云蒸霞蔚一睹它的风采。

这个导语像一个古老的故事，时间、地点、人物、事件，要素齐备，感觉很真实。语言表述古朴典雅，不知不觉中将学生带到了遥远的"云蒸霞蔚"的"边城"。

（二）巧妙引用

董一菲的导入善于"引用"。有时是一首诗，有时是一段话，有时是一个故事，或重在引导，或引起学生的理性深层思考。通过不同的引用体现教学结构布局的变化。

例如，她教《葡萄月令》时，导入就引用清人周济的话："毛嫱西施，天下美妇人也，浓妆佳，淡妆佳，粗服乱头亦不掩国色。飞卿浓妆也，端己淡妆也，后主则粗服乱头矣。""粗服乱头亦不掩国色"暗指课文十二月令各有特色，这种引用不显山不露水，但直指本文的核心，暗暗为后面学生的探究指明方向。

再如，她在教学《黄鹂》一课时，她设计了这样的导语：康德说过，"世界上只有两种事物令我敬畏，一个是头上的星空，另一个是心中的道德律"。头上的灿烂星空是什么，那就是自然，伟大的自然。敬畏生命，敬畏自然，这是人之高格。中国哲学在一定程度上说，是一种生命哲学，孙犁借小小的黄鹂——这小小的生灵表达了他对人生与自然的感悟和思考。

引用康德的这句话设问，使她的语言极具理性美。它使学生在接触课文之前就先对其有了一个理性的认识，初步感知到自然、生命的伟大意义。这样在分析课文时学生就会有的放矢。真正体会到作者在文章中所表达的感情，进而使学生敬畏生命、敬畏自然。

（三）谈话打动

董一菲喜欢用谈话的方式导引，她说：本色、自然、真挚的谈话容易打动学生，拉近师生之间的距离，营造一种轻松友好的氛围。

如教学《乡关何处——乡愁诗鉴赏》课时，她用谈话的方式与学生交流沟通：记得德国有个哲学家叫海德格尔，他说过这样一句话：我们怀着永世的乡愁去寻找心灵的故乡，而故乡永远在大陆的中央。那么乡关何处呢？故乡应该是我们每个人出发的地方。故乡有的时候在千山外，那里水长流。我们又怎能不深情地回眸我们的故乡呢？我们的乡愁往往是剪不断、理还乱，我们是一个安土重迁的农耕民族，我们的乡愁是那样深重。而这样的乡愁使我们的民族心理越发丰富、越发珍贵、越发高贵。今天老师想和同学们一起学习几首乡愁诗，一起领略我们民族的这份沉沉的大梦，深深的情感。

这个导入语像是拉家常，但却充满哲理，蕴含丰富的民族文化。乡愁已是一种文化，所以乡愁的情感深沉而高贵。教师以这种方式来谈故乡和乡愁，学生不经意间就被打动了，感动了，陷入了。

结束语通常是教师在课堂结束或者某一教学任务结束时作为收束的语言。结束语可以有不同的风格，以达到不同的教学效果，如有的教师习惯结束的时候回忆归纳，巩固刚才所学内容；有的喜欢点评总结，对所学内容进行归纳概括，并给出自己的评价；有的喜欢过渡预告下次所学内容，以便让学生预习新课。有的喜欢拓展引导，启发学生思考，拓展学生的知识；有的干脆戛然而止，习惯于以布置作业结束。不论风格，好的结束语通常都紧扣教学内容，用巧妙的语言抓住学生，能让学生更好地理解所学内容，引发更多的思考，给学生更多的情感体验。

（1）引用以启迪学生

在《葡萄月令》一课结束时，董一菲引用庄子的话来结束课文："天地有大美而不言，四时有明法而不议，万物有成理而不说，让我们敬畏自然，诗意地生存。"言简意赅，精辟的结语很好地切合了文章关于"自然"的主题。同时，用庄子富含哲理的名言，让课堂充满理性与智慧的光辉。启迪学生去思考人与自然的关系，热爱自然，热爱生活。是对学生形成积极健康的自然观、人生观的积极熏陶，也是对学生的一种人本主义关怀的教育。

在《写在诗美边上》一课结束时，结语如下："海德格尔说过，'我们诗意地居住在大地上。'同学们，让我们敞开自己的天边，挂上王勃的落霞，敞开自己的四月，坠落李贺的红雨，让我们去攀登杜甫的泰山，走过徐志摩的康桥。我们还要有自己的一个滂沱的预计，落尽过去的云，升起自己的太阳。"

董一菲同样用精妙恰当的引用，诗意唯美的语言加上古今中外一连串的文学形象，营造出文学气息浓厚的诗意情境。一连串丰富的意象唤起学生无穷的想象力，诗意余音绕梁，久久不能消退，让学生沉浸在审美的愉悦中。

（2）点睛以升华主题

董一菲常在结课的时候旁征博引，拓展学生的视野。例如，在教学《花未眠》时，董一菲这样结课：

师：同学们看这个问题"美在何处寻？"同学们去想，在这里就不问大家了，大家刚才已经讲得很好了。这是两首小诗，一首诗被称为中国现代美学双峰之一的宗白华的诗，还有一首是悟道诗。

（展示课件两首诗，学生齐读）

师：同学们说春在哪里？在心里。所以我们说啊，诗如果代表艺术美，春就代表自然美。那么在百转千回当中，在千万次寻找当中，我们希望我们心中都有诗和那个春天，希望在座的每位同学，在千百次的寻找之后，能够像圣山上的迦叶一样拈花微笑，祝福学生们能够寻找到自己心中的美。

董一菲在结束语中画龙点睛地升华主题，引导学生进行课外阅读积累，拓展学生的文化视野，提升学生的审美境界。

二、过渡的艺术

董一菲的课堂过渡语言优美、自然，极具代入感，使学生很容易接受，旁征博引，调动学生兴趣。

如在教学《边城》时的过渡语：

生：1949 年以后，他（沈从文）在中国历史博物馆、故宫博物院工作，在中国古代服饰和物质文化史研究方面起到了重要作用。

师：那你觉得这浪漫、传奇吗？

生：我觉得中国文化本身就是非常浪漫的。

师：东方文化本身就承载着悠悠的大梦，是浪漫的文化。服饰更是充满了民族的灵性。他作为一个服饰研究家，所以他是传奇的，浪漫的。好，请坐。法国有一个文艺理论家布封，他说"文如其人"，我们关注沈从文的一生，也是在关注他的作品及他的《边城》。

师：下面同学们再想，小说为什么定名为《边城》，《边城》有什么含义呢？思考一下。

董一菲在引导学生思考小说的题目——《边城》的含义时，先引导学生进入对作家本身以及中国文化的思考，追根溯源，自然和谐不至于唐突。

再如，教学《归园田居》时的过渡语：

师：钟嵘归其为中品，大家觉得是不恰当的，我们更欣赏陶渊明。那么，守拙的是怎样的一份拙，"拙"翻译出来是笨拙、粗糙、原始、原生，那么带着这个问题思考。回到陶渊明的时代，陶渊明生活在东晋的时代，东晋时代是魏晋风度，是魏晋风流，情讲究深情，在这个时代诞生了中国古代所谓的第一个大才子，曹子建。有成语说他"才占八斗"，曹植是这个时代的宠儿。还有潘安，"貌比潘安"，这个时代的潘安是美男子的代名词，潘安一上街肯定会被"掷果盈车"，因为他长得太美了，这个时代太崇尚美了。还有一位叫"卫玠"，是被看死的，因为太美了结果是"看杀卫玠"。魏晋的风流写在《世说新语》里面，太任情任性了。什么叫任性，王羲之的一个儿子王凝之想念自己的朋友戴安，在下着大雪的夜晚坐舟前往，当他赶到了，举起手来想要敲门的时候他放下了手，因为此时他不想了，转身驾舟又回去了。这叫任性，真正的任情任性，真正的辞藻华丽，是拼颜值的时代，真正拼颜值的时代，知道"左思"吗？孩子们。

董一菲在让学生理解陶渊明的"守拙"时，同样借助诗人生活的时代背景旁征博引，让学生自然而然地进入诗人的世界，去理解诗人心中的情感。

三、提问的艺术

提问是师生之间最基本、最重要的沟通方式之一，有效、高效的问题设计是取得良好教学效果的助推器。教师在适当的时候针对具体教学目标提出设计精良的问题，可以迅速地调动学生思维的积极性，激发、引导、促进学生思维，高效推进教学进程；在提问的过程中，师生之间产生良好的沟通与互动，同时能方便教师适时掌握学生在课堂上的学习情况，及时调整教学节奏与进程。提问是双向的，教师向学生提问，学生也可以向老师提问。问答的过程，是师生之间思想的交流过程，也是思维训练与表达技巧训练的过程。所以，提问语的设计往往是优秀语文教师所追求的教学核心技能之一，如特级教师钱梦龙就追求一种迂回曲折的提问艺术。

（一）主问题掌握课堂节奏

主问题常常是贯穿着整节课，教师通过主问题的设计来把握课堂节奏。董一菲在《世说新语咏雪》一课中，设计了三个主要问题来推进课堂教学，掌控教学节奏：

"一问：谢安为什么'大笑乐'？猜猜看，什么是'咏絮才'？'旧时王谢堂前燕，飞入寻常百姓家'，王谢两家，人才辈出，个个风流倜傥、才华横溢。诗词、歌咏、书法皆流布后世。再读《咏雪》，你看出谢道韫的家庭氛围怎么样？（补充资料一：林黛玉判词：可叹停机德，堪怜咏絮才，玉带林中挂，金簪雪里埋。补充资料二：王谢家族轶事）

二问：这样一个才女，名门闺秀，你想知道她后来的结局吗？通过这段文字你又读出一个怎样的谢道韫？（学生猜想，气氛热烈）

三问：谢道韫小时候有文采，长大后风度如何？读下面一段文字，用现代汉语描述一下。

第一问中设计两个小问互相呼应，谢安大笑是因为赞赏谢道韫的才华，然后牵出"咏絮才"三字的来历。董一菲不直接让学生分析谢道韫的才情，而是迂回曲折地让学生去发现，通过提问"为什么大笑乐"来激发学生学习的兴趣，启发学生去思考，可谓新颖又精妙。让学生去猜什么是"咏絮才"，除了有几分提示的意味，也作为一个对文学知识补充，而对中国古代文学修养不够的语文教师很容易忽略掉这个知识点。同时，两个小问牵扯王谢两家辈出的人才，穿插着《红楼梦》中故事，创设出充满浓郁文学气氛的课堂情境。学生浸润在文学的国度里去感受魏晋南北朝时期的文人雅士的才情。难得的是，由两个小问引出了大量的文学知识都紧扣文本，丝毫没有偏离文章主题。这不仅需要教师有深厚的文学文化功底，还需要教师对课堂教学过程具有很强的掌控力。

第二问，对本文主人公人物形象的拓展可谓不可或缺，又一次调动了学生的学习激情，让课堂气氛再次热烈起来。补充材料进一步展示了谢道韫的人物形象，同时让课堂的文学味、文化味十足。

第三问，最后一问通过谈谢道韫小时候的文采，长大后的风度，引出整个魏晋时代的文人雅士风度，最后借用宗白华的话，总结出魏晋时期文人雅士的精神风貌，还原出那个思想自由、解放，充满热情与智慧的时代及其精神风貌。让课文瞬间上升了一个高度，极大地拓展了学生的文化视野。

三个问题从增加对文本的理解开始，根据教学目标由浅入深，层层推进，层次清晰，系统而不零散。提问方式新颖巧妙而不落俗套，充满启发和趣味性。提问过程中补充的辅助材料十分丰富，语言极具文化负载性。这符合董一菲的一贯主张，用文学去充实学生的精神世界，让课堂充满浓郁的文学气息。

（二）追问生成文本意蕴

追问是董一菲在阅读教学中的一致追求，它是在学生对文本有了整体感知的基础上，教师结合学生的回答，并再次紧扣文本，进一步提问，旨在激活学生的思维，引领他们抵达文本的深处，揭示文本的深层意蕴。

董一菲追求追问艺术，让学生在教师的层层追问下，一步步直达文本，让文本的意蕴在点拨中、追问中凸显。例如，在执教《边城》时，首先，董一菲让学生说说文本里蕴含哪些美的信息。目的在于引导学生学会鉴赏文本，培养学生的审美意识。学生的回答都站在积极、美好和乐观的一面，没有人谈到悲剧美。然后，董一菲进一步提问，让学生畅谈自己对《边城》结尾的看法，这个问题表面上是引导学生填补空白，继续深挖文本中的唯美信息，实际上是为引导学生发现悲剧美做伏笔，引导他们认识美学的不同内蕴。很多学生还是站在乐观的角度，谈到文章的故事美、环境美、人物心灵美等，终于有一位学生出人意料地读出了一种悲剧美，认为有情人不能终成眷属，有一种遗憾。这位学生对文本的思考比较深刻，意识到了美的另一种阐释。最后，董一菲就这个学生的回答再进一步提问，让学生思考为什么在文本中这么一个美的世界里，还要写这么多的故事，是否影响到美？这个问题颠覆了学生对美学的初步认识，激发了学生的探究兴趣。一石激起千层浪，学生在教师的点拨下，对文本的悲剧意蕴有了深刻的认识，换了一个审美角度，意识到了美的意蕴里也包含着一种遗憾美、悲剧美。有的学生认为，作者是用悲剧衬托尽善尽美的感觉，读出了美的忧郁；有的学生认为，正是因为结局的遗憾、不完美，才让人印象深刻，震撼心灵，读出了美的缺憾；有的学生认为，故事情节的曲折体现了一种不平坦的美；就这样，学生透析文本意蕴的过程如剥竹笋，一步步地赏析并用自己的话来阐述，进而深入探究到文本所蕴含的悲剧美，并在这个过程中形成自己对美的含义的新理解，提升自己的审美意识。

董一菲以追问的方式引导学生理解文本意蕴的教学案例还有很多，在她执教的《迢迢牵牛星》《荷塘月色》中都有体现。

四、课堂评价的艺术

评价语一般是指教师对学生在课堂上的表现给出肯定或否定的评价，同时对学生给以相应的引导或鼓励的语言。课堂评价是一门教学艺术，好的点评语能够诊断出学生的学习状况以及存在的问题，反映出学生的能力水平；能够给学生以学习上的启发和反思，为学生指引学生学习的方向；能够鼓励学生，推动学生自主学习。董一菲的课堂点评语言充满智慧，她常使用一组极富诗意的长句，铺陈排比，创设意境，感染学生，激发思维，引领学生产生个性化顿悟。

（一）富含关爱学生的浓浓人文情感

例如，董一菲在《葡萄月令》一课中的点评语：

"学生说：我觉得文章非常精致，因为这篇文章使用了很多短语和短句子，给人一种很轻盈的感觉，而且对每一月的葡萄的季节描写都非常到位。

教师点评：很好，不仅有论点，还给出了论据，精致。实际上短句有一种东方美，是中国化的、传统的精华。汪曾祺把这种民族的传统元素精华运用得出神入化，于是给我们的感觉真的是很精致。

在一位学生朗读了课文的一个段落后，董一菲如此点评：非常棒！这个声音非常好，非常空灵，让我们有很多的想象力，很有画面感，也有音乐美。

在一位学生为课文第二段命名之后说：第二段叫"醒月"，但自己觉得命名得不是很好。

董一菲这样点评：觉得非常好，因为照应了一月令的时候取的名字叫"眠月"，既然有了"眠月"大梦谁先觉？平生我自知。葡萄"醒"了，春天来了，"醒"本身就非常拟人化，可以说直抵汪曾祺的文心，文心是"一草一世界，葡萄知乾坤"。

学生说：第二个是"绽月"，绽放的绽，二月的葡萄初露生机，"绽"不仅是葡萄生长的样子，更是充满活力、充满生机，所以用"绽"字。

董一菲如此点评：这个"绽"用得漂亮，同学们不自觉地在炼字，是在推敲语言，这个"绽"字体现了生命内在的冲荡，可谓"草木威蕤""莺飞鱼跃"，我们中国的古典文化和艺术讲究生命的质感，所以"绽"字用得精彩。

董一菲对学生的点评从来不吝赞美，精当简短的直接肯定，是对学生自由表达想法的一种鼓励。用关切的语气给课堂营造出一种轻松自由的气氛，让学生发挥想象力，自由地表达想法。

又如，在《"月亮"话题作文》教学中，董一菲让学生们谈谈打算写什么，当有学生说拟的题目叫《长城月影》时，董一菲说："你的题目很容易激发我们的想象力，使我们想起大漠、孤烟、长河、落日、明月、边关，谈谈你的创意？"学生说想写一写唐代边关将士，董一菲立即点评："这个领域真的不错，盛唐的岑参就像你一样好奇，他来到西北边陲，高唱战地进行曲，写下千古绝唱《白雪歌送武判官归京》。李白和李贺这两位浪漫主义诗人也非常向往边关，'虽不能至，心向往之'，李白说'明月出天山，苍茫云海间'，李贺说'黑云压城城欲摧，甲光向日金鳞开'，快一点下笔成文吧，我们好一睹为快"。

董一菲用充满智慧而诗意的点评语言充分肯定了学生思维的闪光点，在拓展中激发学生，给予学生极大的鼓励，极具人文情感。

（二）感性的生发与理性的智慧交融

例如，《乡愁诗鉴赏》，有学生从"山南山北雪晴，千里万里月明"想到征人的乡愁，从"胡笳一声愁绝"想到横越山之南北的胡地音乐，并提出这种音乐与乡愁相通的思考。这一观点与诗人想要表达的乡愁似乎有出入，但董一菲说："谁人有此情？谁人奏此曲？其实战争带给人的永远是创伤，于是海明威会说'永别了，武器'，李益会说'胡儿眼泪双双落'，战争让我们看到中原的创伤，也看到胡人的眼泪。谁在弹奏那一曲胡笳？山那边，雪地里，明月下有一个流泪的胡月。"

这样的点评语，睿智中富含诗意，真实自然，感性与理想交相辉映，让学生在诗情洋溢的氛围中顿悟。睿智的点评语言，让董一菲的语文课堂焕发出别样的光彩。

又如，教学《西地平线上》，她让学生说说自己所熟悉的西部自然景观。学生说："人都说大漠的月亮很漂亮。"她这样点评："这词很耐人寻味，应该说天下的月亮是一般圆。但人们爱说他乡月更圆，或者说大漠月更圆，很有哲理。以后我们在研究边塞诗时，要想想为什么大漠边关的明月是天下最圆的、最漂亮的明月。"这时，就有学生提到古代诗人写的很多边塞诗，并且继续补充内容："我们想到了大漠、孤烟、戈壁、胡杨和百草。"她以"这正是边塞诗的名句'大漠孤烟直，长河落日圆'"照应学生想到的内容，而学生所提到的'胡杨'和'百草'正是西部落日所显现出的人文内涵的一种表现。

她敏锐地把握住学生回答的言外之意，随即机智巧妙点评，她那诗一般的语言，内蕴十分丰富，言有尽而意无穷。师生合作描绘出"西部落日的壮阔景象"，感性而充满逻辑性，理性而耐人寻味。学生在诗意氛围的创设中被感化、被牵引，继而思维被激活。

五、课堂讲授的艺术

教师在课堂上要为学生叙述、描绘、讲解等相关内容，这都离不开讲授。好的讲授能准确、充分地传达教师的意图，自然顺畅，富有感情色彩，让学生接受信息之余还能有美的享受。董一菲的课堂是青青牧场，飞扬着生命，生长着智慧。董一菲的讲授总是诗意的，通过天籁般的讲授，唤醒激荡出新的气息。

例如，在教学《边城》时，作为一篇中篇小说，如果在课堂上让学生去反复阅读，太耽搁时间。为更好地利用上课时间，董一菲把小说做了精辟的讲述：

"翠翠有一个天籁般美丽的名字，她有着十五岁的花样年华。她有一个为爱而死，飞扬着生命的母亲，对她来说，是永远的宿命一般的憧憬和向往；她有一个爱她、疼她，与她相依为命的白发的爷爷；她有一个爱她，为她闯滩而死的天保；她有一个爱她、她爱，为她不要碾坊要渡船的傩送；她有一个初雪无迹、美梦无痕的梦幻；她的生命因美丽而曲折的误会而精彩，她有过雁过、风过、云过、雨过的甜蜜的忧愁。湘西的这一方水土养育了美的精魂——翠翠，翠翠是自然的女儿、青春的女儿、水的女儿、城的女儿。翠翠有着千种美丽，万种风情。"

董一菲的讲授不落俗套，没有按照传统的时间、地点、人物与故事的情节发展讲述，而是以故事主人公翠翠为中心，用"她有一个"这样的句式排比，娓娓道来，既让学生了解了大致的故事情节，又让学生对小说中的人物形象有直观形象的感受，特别是对主人公翠翠的形象印象深刻。优美的文字，通过董一菲声情并茂的讲述，把学生带入小说中那个古老优美的边陲小城，一同去感受湘西的风土人情，感受翠翠美丽的风情。这段诗意唯美的文字堪比抒情的短诗，也切合沈从文散文诗的小说风格，和文章的唯美风格完美融合，创设的优美意境能让学生更好地身临其境，感受作品里的自然美、人物美、人情美。

六、情境创设的艺术

情境创设是呈现诗意语文动态的前提，它有利于教师的教学内容能顺利地贯彻实施；有利于学生更主动地接受文本、更自然地感受文本、更深入地理解文本；有利于唤醒他们的情感意识、陶冶他们的情感品质。董一菲在教学中运用灵活多变的方法创设情境，以此触动学生的心灵情弦，感悟文本的深层意蕴。

（一）以诵造境

在语文教学中，董一菲常以诵读的方式创设情境，把诵读贯穿于整个阅读教学过程，甚至把语文课当作是一堂诵读课来上，让学生在富有感情、激情的状态下，大声地、有感情地朗读课文，用诗意的心灵去发现美、感悟美、创造美。

如在教学《葡萄月令》时，董一菲共采用 10 次朗读方式创设情境，包括教师范读、全班通读、个别学生示读、自由选择读、个性阅读等，让学生在诵读中去探寻并感悟文本里葡萄生长过程的唯美意境。

下面以《葡萄月令》为例，通过反复诵读，董一菲让学生仔细品味葡萄月令的一月美：

师：请同学读第一则月令，老师做示范，然后同学们任选一月令命名。

生读《葡萄月令》：一月，下大雪。雪静静地下着。果园一片白。听不到一点声音。葡萄睡在铺着白雪的窖里。

师：读得字正腔圆，如果再注意停顿就更好。为加深印象，再请位同学读一遍，谁愿意读一下？

生：一月，下大雪。雪静静地下着。果园一片白。听不到一点声音。葡萄睡在铺着白雪的窖里。

师：非常棒！这个声音非常好，非常空灵，让我们有很多的想象力，很有画面感，也有音乐美。哪位女孩子再读一下？

生：一月，下大雪。雪静静地下着。果园一片白。听不到一点声音。葡萄睡在铺着白雪的窖里。

师：很好，小令很美，有诗词的意境，这则小令的命名因为比较容易，所以老师把葡萄一月令命名为"雪月""静月""眠月""白雪歌令"。下面给同学们一点阅读时间，同学们可以任选《葡萄月令》中的一则给它取一个温暖而又诗意的名字。

在董一菲的范读和学生自己的反复诵读下，葡萄在一月令时的环境美、颜色美、动态美形成一幅幅鲜明、生动的画面，展现在学生的脑海里、心里，仿佛葡萄的美就在身边，就在安静的、银白色的课堂里。通过四次诵读，学生对葡萄一月美的印象一次比一次深入，其想象力一次比一次丰富，其画面感一次比一次鲜明，其感悟力一次比一次独特，其意境也一次比一次唯美。就这样，唯美浪漫的情境就在教师和学生的诵读中自然形成。

又如，在讲王维的《渭城曲》这一课时，董一菲让学生反复地、有感情地大声朗读，并展开想象，赏析其意境和意蕴。通过诵读，学生展开联想，脑海里勾画出渭城春雨湿尘、新柳泛青，作者与友人别离的场景，体味到作者那一股愁郁的情绪和依依惜别的离情，都踊跃回答自己通过读所产生的感想，这正是以诵造境的妙处。再如，在执教《我的空中楼阁》时，董一菲引导学生围绕"屋子"进行两次阅读。第一次，她让学生初读课文，引导他们感受"小屋"周围的环境。第二次，她让学生精读课文，引导他们进行审美品析。从第一次的初读体验到第二次的细读品味，学生的内心情感被一次次深度激活、想象能力被无限激发，心中都默默地勾勒出了自己心中的"小屋"，并有了自己独特的感悟和深刻的理解。学生们各抒己见，从不同的角度表达了自己的看法，有的学生读出"小屋"的朦胧美，有的学生读出"小屋"的变幻美，有的学生读出"小屋"的东方美等。

（二）以语造境

语言富于情感，尤其是教师的教学语言。苏霍姆林斯基曾说："教师的语言修养在极大程度上决定着学生在课堂上的脑力劳动的效率。"[①] 马卡连柯也曾说过："同样的教学方法，因为语言不同，效果可能相差二十倍。"[②] 因此，教师的教学语言会给学生带来不同的感悟，营造不同的情境，它直接影响着学生的学习兴趣、学习动机，甚至是教师的教学效果。

例如，在执教《诗的色彩与民族审美》校本专题课时，她设计的导入语是：俄国画家列宾说："'色彩即思想'，古今中外的艺术家都有自己钟爱的色彩。向日葵的金黄是凡·高生命的向往；莫奈用棕色表现伦敦漫天的迷雾，实则传达的

---

① 苏霍姆林斯基.给教师的一百条建议[M].天津：天津人民出版社，1981：223.
② 马卡连柯.马卡连柯教育文集[M].北京：人民出版社，2013：157.

是自己内心的一缕寂寞和孤独；多瑙河流淌的是施特劳斯的湛蓝；四月的天空飘洒的是诗鬼李贺瑰丽的红雨。"从这段导入语可以看出，董一菲用排比的句式把思想的色彩性表现得绚丽多彩，不仅赋予了语言的结构美和节奏美，还加强了语感，深化了语言的感染力，唤醒了学生的情感。

（三）以物造境

在教学时，董一菲善于运用音乐来营造情境，带动学生在背景音乐的熏陶下迅速地走进文本，与作者展开一次心灵对话。在执教《乡愁诗鉴赏》时，上课伊始，董一菲就用背景音乐渲染气氛，并让一位男生和一位女生在背景音乐的衬托下大声地、有感情地对读于右任的《国殇》。通过音乐和朗读的双效结合，学生们的注意力都已完全集中在《国殇》这首诗里，他们的思绪、情感都跟着音乐的旋律一起跳动。于是董一菲让学生在沉入其中的同时，思考为什么于右任先生表达故国故园之思的时候要用一个反复的形象"葬我于高山之上兮"。凭借着音乐的感染力和自己的感悟能力，学生很快就悟出了内涵。

除了用音乐造境以外，还有采用图片、绘画、表演等方式，以此来引起学生的兴趣。例如，在执教《西地平线上》时，董一菲用幻灯片创设情境，通过展示沙漠、敦煌、草原的图片，来吸引学生的注意力，让学生以最直观的方式感悟西部自然景观和人文景观的色彩美、形象美、画面美等，并由此引出文章的重难点，品析其主旨和内涵。

董一菲采用多种方式创设情境，通过一次又一次地朗读体验、文化浸润、情感渲染，董一菲带领学生一步又一步地进入课境，激发他们的学习兴趣，激活他们的知识经验，让他们更主动地去品味、欣赏文本，产生个性化解读，升华情感，提升鉴赏能力。

（四）断层造境

断层，指的是隐藏在文本中的打断文本连续性而又不影响文本叙述的地方，通俗说，就是文本空白。断层处往往是读者对文本解读的关键所在，因而能够催生出想象空间，从而形成虚实相生的意境。这就是断层造境。

文本的空白断章之处，往往隐藏着完成新的文本创造。无声的话语，吸引着读者以进行思考，以想象进行自我建构。在《诗的色彩与民族审美》中，董一菲让学生展开想象描述"江天一色无纤尘，皎皎空中孤月轮。"学生有的从整体的画面氛围谈缥缈，有的从细节的月朗星稀说清远，更有的从画面本身的空白说到"弦外之音"，说到大象无形的东方神韵。

学生个体对于诗句的感悟大不一样，解读却都富有个性和深意，也正是因为这样，诗句的丰富内涵才得以多元化解读。

七、生成的艺术

语文课堂教学作为教学活动中的主要组成部分，是一个集活力、情感、创新与智慧于一体的过程。其魅力所在，正是在于变。学，是一个过程，是学生将接收的外界信息最终内化为自身知识的这样一个过程。学习对学习者提出主动性要求。教师的"教"，更像是一种外在的催化力量，是在学生的盲目学习摸索中的一个方向引导。教师作为参与课堂活动的主持人和引导者，应当是一个掌控全局却又不限制课堂的身份，从而保证课堂之变不会进入错误道路。

（一）回声双练

思维创新和表达书写的双向训练，以读为基础，形成回环效应，称之为回声双练。对于阅读，董一菲首先要求学生读得广，进一步要读得深。

（1）读出声，写下来。董一菲"诗意语文"坚持读写融合，她认为写作的功夫实际上蕴含在"读、品、悟"之中。在《迢迢牵牛星》的教学实录里，董一菲在导入中追问了神话经典故事以及相关文学作品，启发学生思维，并结合学生的回答点到《红楼梦》中的木石前盟，顺带展示写作技巧——在作文时设计相关深化传说可以增添表现力。学生在有关的神话故事展示中非常投入，正在兴致上的他们定然可以感受到故事带来的魅力，因而对于老师所说的"增添表现力"，也是很容易理解并牢记住的。在课堂行将结束的时候，董一菲又带领着同学们做仿写练习。她让学生们仿照泰戈尔的《世界上最遥远的距离》，结合本节课所学的诗歌内容写一段文字。在同学们完成这项练习的基础上，董一菲又稍微增加了一点难度，再让同学们根据多媒体的展示例句进行又一次仿句练习。在董一菲的诸多课堂之中，都可以见到类似的读写结合训练。《一棵开花的树》公开课上，专家评委临时出题《紫藤》《意外》，让班上学生任选一个作诗。两分钟不到便有数位同学举手，当场朗诵自己的诗歌的十位同学，其作品也是诗味十足，令在座评委老师们赞叹不已。

（2）读进去，走出来。"诗意语文"教学中的读，董一菲力求着"读进去，走出来。"关于"读进去"，这是要求学生将作品读懂、读透。

在《念奴娇·赤壁怀古》的教学实录里，董一菲让学生谈谈"乱石穿空，惊涛拍岸，卷起千堆雪"中最喜欢的字，从而达成对炼字这艺术讲究的领悟。学生的回答囊括众广，除了对字本身内涵蕴藉的分析，还联系到了《荷塘月色》《前赤壁赋》《后赤壁赋》等篇章。而后在分析周瑜这一人物形象中，学生更是从大的几个层面，谈到了细节的"初""谈笑"等来写周瑜的年少英发和不凡气度。诸如此类的深入挖掘数不胜数，董一菲还要对课堂进行一个高度攀援。在课堂最后，董一菲结合范仲淹的《渔家傲》、欧阳修的《踏莎行》做了一个迁移练习，让学生从不同的词来看婉约派和豪放派的不同风格，理性感悟不同词人的写景咏史抒情，从而真正做到了"走出来"。

（二）动感课堂

语文教材往往以文章为载体，实现课程内容。由于人生阅读、社会背景以及时代文化的差异，课堂中的学生往往同文本之间存在着一定的距离。文本与生活的共通点，正是帮助学生理解的关键，打破这层距离，才能够拉近学生同文本的距离。而在教材课程化的过程当中，学生的参与正是无数思维的碰撞，能够创生出璀璨火花，使课堂充满动感。

（1）用生活，破距离。"诗意语文"并不是空中楼阁，以高姿态俯视生活，而更应该是贴近生活和体悟生活。美源自生活，又反哺生活以精神力和动力。董一菲将生活作为语文教学的外延，作为一种延伸和补充，她立足于课堂，借由教材和日常的衔接处，将生命与生活带进课堂。具象化的"诗意语文"打破课堂与生活的隔阂，成功消解了文本与现实的距离。

在《致橡树》的课堂上，学生曾经对凌霄花是什么模样而疑惑不解，这份距离感令学生感到非常抽象，而彼时的董一菲自己也没有见过凌霄花，所以无法在课堂上很好地解答这一问题。直到后来，她有机会见到真实的凌霄花，也更加深切地懂得了舒婷。教育思想常常强调教学一体，强调"教中学，学中教"。然而在具体的语文教学实践过程中，生活是一门不可或缺的补充课堂。

"诗意语文应自然而然地融入日常人生，让文学和诗歌的才能成为人的智慧、才华的一个象征，成为自觉。"[①] 董一菲曾经在课堂上与同学们分享自己的求学之路，谈及那几年来来去去的火车人生，学生却发出了疑问。他们不能够理解老师为什么上学不坐公交车，不坐汽车，而要选择坐火车。董一菲意识到，在学生的经验世界里，坐火车上学这一经历是没有过的，她临时起意，选择了用寓言故事的方式来解释这个道理，而不是以说教者的姿态。《皇帝与肉粥》的故事中，对于大臣上奏说因为饥荒而饿殍遍地，皇帝却问为何百姓不吃肉粥。简单的一个生活道理，被董一菲以另一种童趣展现出来，既让孩子们理解容易，也让课堂生动有趣。

（2）用思维，撞火花。董一菲提出的理性世界，存在于三个层面：理性认知、

---

① 董一菲.千江有水千江月 [M].北京：教育科学出版社，2015：16.

理性碰撞和理性升华。在语文教材所提供的广阔文学平台之上，追寻着文化河脉的走向，将学生带入一个思考境地，给他们提供一个任性驰骋的理性认知世界。这是董一菲提出的第一个层面。在此基础上，鼓励学生在课堂上碰撞出理性思维的火花，拉近理性同生活的举例，从而激发出学生的自信和创造力。最重要的层面在于升华，只有学生能够运用自我理智去挖掘理性，进行拓展，完成对文学作品的深化阐释，才是最终达到了博大的精神境界。《论语》课堂教学中，董一菲同学生谈起庄老，引用老子听师父的临终故事，从舌头比牙齿存在得更久远来激发学生的智慧碰撞，成功地引导学生走出故事的表象，探寻出了深刻的哲理内涵。而在《我与地坛》的授课当中，如何带领学生切身领悟到敬畏自然与生命的那份深情，董一菲采取了东西方文化民族心理的对比探讨，尽可能地让处在生命盛年的学生，看到不同的生命意识和生命姿态，从而具有一种悲悯的情怀。

（三）诗意对话

诗意的精魂是美。引发美的沉思的对话，是大写的诗意。董一菲的语文课堂，常常充满诗意的对话，令人沉思。

以《乡愁诗鉴赏》一课为例。在鉴赏戴叔伦《调笑令·边草》时，董一菲问：这首小令有几个意象？若分成两类，怎么分好？有学生回答：分为视觉意象和听觉意象。听觉意象是那胡笳声声，董一菲让大家谈谈对"胡笳"这个意象的理解，学生们纷纷发言，有的说应该有着悠扬的声音，有的说在边塞中显得格外亲切，有的说胡笳是类似箫的一种乐器，也有的说感觉出悠长、凄婉，还有的说胡代表边塞。

董一菲的提问是智慧的，艺术的。诗歌的个性鉴赏，在高中诗歌教学中非常重要，有助于学生语感的培养，让表达典雅，让思维独特。师生间诗意的对话，让课堂有了可贵的生成，学生们由"笳"的意象引领，想到声音，想到环境，想到质地，想到地域，再想到情感，思维由发散到聚拢，直指诗魂，一步一步走进了词的精神世界。学生的内在能量被老师激活，长期的熏陶浸染，让思想和表达都有了生命意识。学生、老师、文本，三者自由互动，呈现出可喜的文化底蕴、文采和思辨能力，语文美的内涵也得到了升华。教学在诗意盎然的对话里顺利进行，课堂成了师生之间的竞美比赛场。

八、学法指导的艺术

一节课不仅有教师的教，还有学生的学，通过课堂要让学生有所收获，因此教师在教学中要明确怎样指导学生去学。董一菲的课堂同样通过诗意的方法指导学生学。

（一）名著导读

中国文化源远流长，文化的深处是人性的感动，是心灵的相通，是情感的共鸣，是精神的契合，因此，复活传承文化和文化精神不可或缺，语文教师应注重学生的文化补给，滋养他们的文化精神，让他们触摸到文化的内核，建立自己与文化之间的内在联系，成为真正意义上的文化人。然而，在常规教学中，受限于阅读背景和生活阅历，有些学生对文本"涉入不深"，仅是对知识进行简单梳理，对文本中的深刻意蕴并未用心深入体会，而且阅读和理解方式也是单一、枯燥、乏味的，是一种"贴标签"式的学习，完全脱离了生命式的解读。另外，受限于应试考试，整天埋头于题海的学生忙于不断地刷题，机械式地背诵，寻求解题思路，无暇思索和探究文学经典里的人文情怀和深刻内涵，这些因素使学生无法真正走进文学，无法领略文学世界的斑斓色彩，更无法触摸到文化的高度、广度和深度。

为此，董一菲为学生开设"名著导读"课程，引领学生关注世界文学经典，让学生在名著的文学世界中，感受与文本的心灵契合与精神交融，带领学生走进与文本作者共有的文学世界，拉近彼此的距离，用心和用情感悟，使文中情、教师情、学生情"三情合一"，以达到情感交融的佳境。在学生领会文化的博大精深，传承中国文化诗意之美的同时，培养和塑造他们的健康心理和人格品质。例如，在解读张爱玲的小说时，董一菲设计的导读是《无尽的悲凉》，先引入张爱玲《自己的文章》，让学生初步了解张爱玲的性格，并激发他们想要更多了解的欲望。再引入张爱玲的《金锁记》《倾城之恋》《红玫瑰与白玫瑰》《沉香屑：第一炉香》，让学生感叹张爱玲的才华，促进他们对张爱玲的深入了解，为学生营造一个传奇女子的文学世界。这些名著导读让学生的眼睛为之一亮，从他们的眼中可以看出他们对文学经典的喜爱、膜拜以及渴求。它为学生营造一个文学的世界，进而铸造学生内在精神，丰富他们的文学涵养和文化精神，给予他们一个内儒外道的人生智慧。

（二）以情传情

"诗意语文"的精魂是至真至淳至理的美，是让学生的思维、生命在课堂中敏感又活泼地跃动，感受自然之美、生活之美、人性复杂多变之美，从而追求激情、哲思、灵动，让学生富有生命力、想象力和创造力等。美的内涵深广无垠，美的价值璀璨夺目，在"诗意语文"的阅读教学中，董一菲注重以情传情，丰富学生的审美体验。

首先，教师要有激情、有诗心。"诗意语文"教学就是引导学生带着一颗诗意的心去观察和发现文学美、情感美、人性美等，去体验不同的人生境界和人生内涵。其次，教师要选好动情之处。教师在充分挖掘文本的情感因素后，把文本情感化，然后选好动情之处，用自己的情感思维去触动学生的心弦，激发学生的情，使作品与学生的心产生共鸣，带领他们感受并创造美。例如，在讲授苏轼的《江城子》和元稹的《离思》时，董一菲抓住的动情点分别是"小轩窗、正梳妆"和"曾经沧海难为水，除却巫山不是云"中的"沧海""巫山的云"。《江城子》这首词的感情基调凄婉哀伤，"小轩窗、正梳妆"这个看似梦境中的场景，实际上是不少人在平常生活中都经历过的真实写照，董一菲抓住了这个具有典型生活特征的细节，联系日常生活实际，让学生想象一对年轻夫妻相亲相爱的幸福美满画面，并让学生感悟作者在现实生活中与妻子生死两茫茫的凄苦悲痛的情感，用生活细节打破学生与文本之间的距离，在此基础上教师凭借自身的独特理解向学生传达文本中所蕴含的复杂情感，也就是用以情传情的方式让学生感悟文本，感受情感美。最后，董一菲让学生自由畅谈和抒发自己对美的感受和感悟，创造多重动态的美。

（三）思维训练

　　董一菲注重对学生形象思维、抽象思维、发散思维以及创造性思维的培养，学生对文本的解读离不开联想和想象，对情感的表达离不开语言组织与概括，这就是培养学生形象思维、逻辑思维、抽象思维以及创新思维的地方。

　　在教学中，无论对文字的揣摩还是对作者情感的把握，董一菲都会让学生带着一颗善感的心和一个理性的思维去探寻，启发学生对人性和人生的思考，引导他们发现并领悟其中的深刻内涵和价值意义，踏上智慧之旅，拓宽他们的知识领域以及培养他们的人生智慧。例如，在讲授《哈姆莱特》时，董一菲让学生用一句话概括哈姆莱特复仇的故事，以此来考查学生对文本的整体感知能力、概括能力以及语言表达能力等，从而达到提升学生抽象思维能力的效果。又如，在执教史铁生的《我与地坛》时，为培养学生的求异思维能力，并能体会文中"敬畏生命""敬畏自然"的哲学内涵。董一菲引导学生从不同的角度去分析和探究，如从文化角度、历史角度、心理角度等，探讨"生命和自然"的意义，体会作者精深的理性思维和强大的内心世界，从而进一步懂得"地坛"的象征意义。诸如此类的思维训练，在董一菲的教学案例里不胜枚举，学生多种思维的激活是"诗意语文"课堂生成的关键因素。

第三节　董一菲经典课堂赏析

山的那一边——《我的空中楼阁》教学实录①

师：其实自然很美的，我既爱杭州的如赤道般热烈的雨，也爱我的故乡雪城田园般宁静的雪；我爱这样的水银灯光，也爱刚才的黑夜。每个人都有自己的精神追求，庄周用如椽巨笔描绘自己心中的鲲鹏，屈子一咏三叹那南中国的永远的香草美人，陆游用心灵去拥抱那永远在水一方的故国，正如丰子恺先生所说，人的生活分为物质的、精神的、灵魂的三个层面。那么，就让我们一起去倾听台湾作家李乐薇先生的理想与浪漫的重奏《我的空中楼阁》。

《论语》被称为东方的"圣经"，他引导东方人走了五千年的历程，他是辉煌的，许多的思想内核都可以在《论语》当中找到渊源，现在请全班同学齐读《论语》的节选。希望同学们大点声。

（投影）

弱水三千，只取一瓢饮。贤哉，回也！

一箪食，一瓢饮，在陋巷，人不堪其忧；回也不改其乐。贤哉，回也！

生：（齐读）贤哉，回也！一箪食，一瓢饮，在陋巷，人不堪其忧，回也不改其乐。贤哉，回也！

师：其实人的生活想起来很简单，颜回有"一箪食：一篮子食物；一瓢饮：一瓢水"，住在陋巷就可以足矣，于是孔子盛赞他，这正是体现了我们这个民族对于精神生活的顶礼膜拜。这种思想代代相传，即使是一条海峡相隔的宝岛的李乐薇先生也重新打造自己灵魂与精神的世界，就是那"我的空中楼阁"。"我的空中楼阁"不是华屋，也不是豪堂，它没有雕栏玉砌，它也没有金碧辉煌。他曾经亲切地称他为"小屋"。在散文的开篇说："山如眉黛，小屋恰似眉梢的痣一点。"多么亲切，"小"字在汉语当中不仅体现空间规模的小，更重要的是体现一种内心的情感，那份难以言表的喜爱。同学们请看，既然是"屋"，是"小屋"，李乐薇先生将他心中的"小屋"，他灵魂中永远不变的意象，那个小屋，是一个怎样的环境呢？同学们请读课文，老师提示一下，首先作者将它放在山的环境当中，于是我叫作"山之屋"，读课文，找名词，做"山之屋"这样一个偏正短语的修饰语，

---

① 董一菲：《千江有水千江月——董一菲诗意语文讲谈》，教育科学出版社，2015年3月，P167—175

全部找名词。同学们可以在文中细细地找，有创造性地回答。不要囿于成见，文学讲究个性，强调"我"，科学讲究共性，强调"我们"。既然是文学，我们有一种个性的阅读，不要囿于刚才的一种成见去想。

生：树之屋。

师：在哪里找到的？

生：山上有一片纯绿色的无花树。

师："山上有一片纯绿色的无花树"。这个树很有特点，①它的颜色是——纯绿色。②它不是一棵开花的树。它是一棵无花的树，同学们认为一棵纯绿色的无花的树美吗？

生：美。

师：为什么，为什么没开花也美？

生：它可以衬托周围的环境。

师：绿色是单调的，又是纯净的，于是它更利于衬托这个小屋，这个女同学审美鉴赏能力非常强，请坐。还有补充吗？

生：云之屋。

师：文中有对云的描写吗？

生：也许那是上帝玩赏的牡丹或芍药，我们叫它云或霞。

师："我们叫它云或霞"。那么云，作为一个意象，充满诗意的意象，同学们对流云有怎样的体悟？

生：它是变幻无常的，给人一种梦幻的感觉。

师：变幻的，梦幻的，非常美。老师说一句诗，你猜猜是哪个作家的诗。"我是天空里的一片云，偶尔投影在你的波心。"

生：这是徐志摩的。

师：徐志摩的，好。新月派诗人徐志摩云一样的浪漫，请坐。台湾作家琼瑶也曾写作一个言情的小说就是《我是天空中的一片云》。李乐薇先生将他的小屋置于云海之中，那是上帝的花。还有补充没有？好，后面那位穿红衣服的男同学。

生：花之屋。

师：花之屋，世界上最美的就是花了，老师刚才说到一首诗题，不知道你们还记得吗？《一棵开花的树》。作者是谁，这位女同学大点声说。

生：席慕蓉。

师：对，席慕蓉，同学们的阅读量很好。花是最美的了，用它衬托这样的小屋。还有吗？我们说写诗也好，写散文也好，因为无论是小说、散文、戏剧，发展到极致的时候，我们看到的就是诗之光，诗歌之光。既然是写诗，就应该讲究一种时空的变换。于是唐代的"七绝圣手"王昌龄《出塞》才能成为唐代边塞诗也好，盛唐也好，五万首唐诗的压卷之作。它的时空变换特别到位，"秦时明月汉时关"这里时间的空间化，空间的时间化。小屋白天看怎么样，用一个字表达——美。夜晚看，仍然是——美。所以就是一种时间的变化。那么，同学们看，作者将小屋置于这样的环境（多媒体投影）它就是"山之屋"、它是"树之屋"、它是"花之屋"、它是"云之屋"、它是"霞之屋"、它是"昼之屋"、它是"夜之屋"、它更是梦里魂萦梦绕的"梦之屋"。听好我的要求，同学们，方才我们组成了这么多美的短语，有时候名词表意特别精彩，刚才用到的都是名词表意"山之屋"，那山已经不是原来的"山"，它富有了一种诗的象征了，它富有一种形容词的特征了，那么现在同学们将以上诸个短语加上修饰语，要有出处，在原文中找根据。在刚才的交流中知道我们这个班级是新组成的，不过没关系，我们在这样的环境中体现一下个性和自我。好，这位女同学。

生：美妙的树之屋。树的颜色是绿色的，绿色是一种很美妙的颜色。

师：绿色是一种很美妙的颜色，那是大自然最本真的颜色，于是它用了一个词"美妙的"，老师还是同意的。这位同学请坐。那位同学再补充一下。

生：还是"清幽的树之屋"。

师：清幽的，为什么呢？

生：因为树给人的感觉就是"很安静"。

师：树给人的感觉就是"很安静"。树是有生命的，这里没有喧嚣，没有花朵的喧嚣，只有纯色的绿。这种敏感，非常好。我们经常说一句话，敏感既是天性，更是修养，修养出来的敏感。非常棒，这位女同学。

生：含蓄的树之屋。

师："含蓄的树之屋"。你从哪找到这样一个抽象的词。

生：因为作家可以说是"隐居"在深山中，他没有接触到尘世的喧嚣，然后他的心也一定是诸葛亮所说的"淡泊以明志，宁静以致远"，而且树又是风不动而不摇的，所以应该具有含蓄而又有风韵的精魂。

师：啊，太好了！在这里平常的意象在这个同学的眼中已经读出了她独特的东西，那份含蓄，那份超然，那份脱俗。太棒了！

生：应该是"自由而富有活力的树之屋"。因为他隐居在深山当中，山中的树不仅是风景，还给他带来生命的活力；他又不受尘世喧嚣的束缚，又有一份自由。

师：是的，又有一份自由。比如说"昨夜西风凋碧树，独上高楼，望尽天涯路"等。"梧桐一叶而天下知秋"，在这里"树"，一个重要的布景，同学们解读得很圆满。那么，继续有没有其他的选择，别的内容的。

生：花之屋比较绚烂。因为花的颜色本来就是丰富多彩的，因为在小屋四面都是花，衬托出这个小屋非常美丽，颜色比较多姿多彩。

师：多姿多彩，好，请坐。他说的是一个"绚烂"，这个词用得特别好，花之多，花之盛，花之繁，来写小屋，很漂亮。好，请右面同学继续阐释。

生：同意同桌的观点。因为他这里说，"花好比人的面庞，树好比人的姿态。"姿态给人一种，嗯……（学生回答不出）

师：姿态。既然他的姿态这样美了，那么面庞一定要更美。于是纯色的绿上面便有了绚丽的花。是吗？理解得非常深刻。

生：学生说的是夜之屋。因为它这里面有"每个夜幕深重的晚上，山下亮起灿烂的万家灯火，山上闪出疏落的灯光"。所以夜晚的小屋是"灯影幢幢的"。

师：灯影幢幢的，好。你觉得"灯影幢幢"是一种褒义的感觉，还是一种贬义的感觉？

生：是褒义的。或者说适合这里的意境，因为它是淡的，淡如烟，淡如雾，淡得虚无、缥缈。这个词比较符合这里的意境。

师：好，有独特的解读能力。其实贬义词可以褒用，褒义词可以贬用。经过这位同学的解说，老师对"灯影幢幢"有了深刻的认识，那是梦幻一般的感觉。是吧，非常好。请最后一位发言，可以吗，像刚才那位同学，请举一下手。

生：形容昼之屋可以用"宁谧"这个词。因为我们可以想象一下当时的那种情况，屋子的四周都是绿色的树，也没有尘世的一些车水马龙的喧哗，所以可以想象一下作者当时无论是环境还是心情都应该非常宁静，所以这个词比较好。

师：宁谧的，宁静的，挺好的。好，老师总结一下刚才同学们所说的内容。我们说这个小屋是在万丈红尘之外，远离尘嚣的山之屋；接着想，是什么样的树之屋呢？是无花的，碧绿的树之屋；绚烂的花之屋，飘落的云之屋或霞之屋；宁谧的昼之屋，安静的夜之屋；花非花，梦非梦的梦之屋。我们说，这个小屋究竟是什么，那就是"自然之屋，艺术之屋"。

师：刚才同学们对课本粗浅地读了一下，诗人荷尔德林他说过这样一句话：我们人类诗意地居住在这片大地上。日本的著名作家川端康成也说"美丽的日本的我"。借助这句话，我们说李乐薇先生的小屋是什么呢？"美丽的小屋的我"。面对这样一个精致的美文，你觉得它究竟美在哪里呢？同学们结合课文来谈，一定要读原文，结合课文谈有怎样的美？

（教师巡视启发：围绕语言、自然、作者的情感来谈）

生：有"朦胧美"。在文章后面他写到"山下的灯把黑暗照亮了，山上的灯把黑暗照淡了，淡如烟，淡如雾，山也虚无，树也缥缈"。写出了小屋在这个环境下的朦胧美。

师：朦胧也是一种美，说得很好。刚才这位同学读课文读得特别有情调，非常入境，把朦胧的美读出来。朦胧美是中国文化、东方文化或古代文化一向的一个审美取向，说个问题同学们看谁能抢答一下，唐代被称为第一朦胧诗人的是谁？（学生思考）

师：（提示）"锦瑟无端五十弦……"

生：李商隐。

师：非常好。所以，朦胧美的源头很远很远，在李乐薇的笔下，便是"淡如烟，淡如雾，山也虚无，树也缥缈"。这样的美，怎不令人心驰神往？还有怎样的美？请举手回答。

生：还有小巧的美，因为他说"在有限的土地上，房屋比土地小，花园比房屋小，花园中的路又比花园小"，然而虽然小，但"足以举目千里，足以俯仰天地"。

师：非常好。在这里他比的是"小"。我们历朝历代对美的评价有的时候是以大为美，比如说"美"字怎么写的，上面是个"羊"字，下面是个"大"字。从"羊"从"大"，哪个朝代特别崇尚大美？特别雄壮的？

生：唐代。杨贵妃。

师：杨贵妃是具有"硕人"一般的美。在《诗经》中，硕人是美丽的人。有的朝代又以"小"为美，比如说，北宋，小巧的，在这里，在比小。美有两种类型，阳刚美和阴柔美。"小"从属于哪个范畴？（学生答阴柔美）是阴柔美的范畴，为全文打造一种意境，朦胧的，小巧的。同学们的感受能力很强。哪位同学可以继续补充吗？同学们不愧为文科班的同学，很有底蕴。语言是存在的家园，练习同学们的语言就练习同学们的存在的精神层面。

生：其中还有变幻美。文中说"当昼来临的时候，小屋就像一朵绽放的花中的花蕊"，当夜来临的时候，"花瓣微微收拢"，花蕊隐藏在花瓣中，其中还有一些浪漫的色彩。所以这一段既有浪漫美，又有变幻美，写得非常独特也很有个性。

师：用词特别好。变幻的美，浪漫的美，美在于不停地变幻，非常好。其实许多诗词也在体现一种变幻的美。比如，贺祝的词"少年听雨歌楼上，壮年听雨客船中"。大家体会这种变幻的美，少年——壮年，跨度这么大，人生的悲欢离合尽在不言中。变幻就是美，如果写出的小屋是静态的，就没有了生命，而只有在变化中才能够千姿百态，风情万种。哪位同学还可以补充？

生：还有灵动的美。因为在第三段写出"小屋的出现，点破了山的寂寞，增加了风景的内容，是单纯的底色上一点灵动的色彩，是山川美景中的一点生气，一点情调"。前面的"点破"和"增加"这两个词形容得非常好。原本是比较静态的一种美，在这里写得非常有生气，非常生动。

师：非常好。所以难怪我们古典诗歌特别讲究动静结合，非常不错的。哪位同学还能再说呢？

生：还有一种东方美。虽然全文没有具体的一句话说有"东方美"，但纵观全文他写的就是一种东方特有的一种建筑。并不像伊朗或者波斯那样感觉不同的建筑，而是特有的一种楼阁式的建筑。

师："特有的一种楼阁式的建筑"，这位同学对词语的感受能力太强了，对于建筑有自己独到的认识，题目是《我的空中楼阁》，一个"阁"字实际上就代表了一种东方，在描写的时候，更能看出他的飞檐画栋，说得太好了！这位同学把建筑的那段话读一下。

生：（读）"我的小屋玲珑地立于山脊一个柔和的角度上""只在树与树之间露出一些建筑的线条，一角活泼翘起的屋檐，一排整齐的图案式的屋瓦"。

师：非常好！东方的建筑就是小巧的、玲珑的；西方的建筑是冲天的那种"哥特"式建筑，如"巴黎圣母院"，表达了西方人对于天国的神往；而我们东方的建筑具有东方的神韵。在建筑之中体现着一种东方之美，非常好！哪位同学还可以补充呢？

师：（巡回，启发提示）老师提示一下，同学们，西方人是有宗教的，我们东方，中国，我们没有一个统一的宗教，于是我们有了一种泛神的感觉，我们经常崇尚自然，以自然为宗教，在这里同学们能够体会出来吗？哪位同学想好了，能看出他对自然的热爱吗？

生：在文中的最后，他说"虽不养鸟，每天早晨有鸟语盈耳。无须挂画，门外有幅巨画——名叫自然"。作者把他的小屋建在山林中，有树陪伴，有花，有鸟，有云，有霞，所有的自然景物都在他的身边，他以天为庐地为铺，他把自然当作他的家，所以文中还有自然美（教师补充：那他就是自然之子了）。

师：说得非常好！很有想象力。实际上，我们说作为一个现代人，有许多观念衡量是否是真正现代人。其中一点是看人的自然观。于是有人说"万物众生是平等的"，我们是平等中的伟大。所以，才有"一花一世界，一草一天国"这样的感叹。老师想问同学们，关于人对自然的发现，追根溯源，在远古时代，人们挣扎在贫穷饥饿的死亡线上，肯定是无暇顾及大自然之美的，从哪个朝代开始，人们对自然欣赏之心才醒过来，才觉醒？我们试试猜一猜。

生：汉朝始？南唐（李煜）始？魏晋时期。

师：好，魏晋时期陶渊明始，于是宗白华才说"在魏晋时期，人们对外发现了自然，对内发现了自己的深情，我们是否是个深情的现代人，看对自然的那种热爱到达什么程度"。对自然美的不懈追求刚才解决了，还有怎样的美啊，同学们结合文章再谈。可以研究，互相沟通一下。

师：它不是美吗，如果你说不出来，你读一下也是可以的，说自己特别喜欢这段，自己就想背下来，想读下来，那都是可以的。哪位同学可以说一下？

生：还有对比美。在文中第九段他提到"论'领土'，只有限的一点。……和'领土'相对的是'领空'，论'领空'却又是无限的，足以举目千里，足以俯仰天地"。这里就"领土"和"领空"作了有限和无限的对比。

师："有限和无限的对比"，好，这种对比美有什么样的联想？这位同学觉得他好在哪里了，怎么就美了呢？

生：因为他前面说到"小屋之小"，把小屋放到无限的领空中，可以体现……（教师补充：一种非常大的境界，是吗？）

师：这位女同学可以感受到，只是词语表达得不是很到位，不要紧，还有补充吗？（生：没有了）著名哲学家冯友兰曾经说，人的境界分几种，最高的境界是天地境界，最高的境界是宇宙境界，说所有唐代诗人当中，只有李白才有这种宇宙的境界。而李乐薇在《我的空中楼阁》中将他的小屋置于无限的领空当中，它是大的境界，大的手笔，大的胸怀。其实这位女同学体会到了，只是不很好措辞。好，再想一想。还有补充吗？这位同学总是微笑着，请微笑着回答吧。

生：还有是"别致之美"。学生特别喜欢他第三段用的两个词，一个是"好比一望无际的水面飘过一片风帆"的"飘"字，一个是"辽阔无边的天空掠过一只飞雁"的"掠"字。这两个字是以动态写静态的美。而且这样以动衬静显现出来的意境更加好。还有第十二段，他用了一段隐喻，他写出的是小屋给人的色彩、印象及气氛的感觉。

师：色彩是什么样的色彩？

生：是朦胧的，而且是随着光线的改变而逐渐转移。

师：它的色彩不好说，因为是在不停地变幻情况下，可谓五光十色。感受能力非常强，刚才说到的很有价值。同学们再看一看，看结尾，刚才有同学读到这一段，79页，说"山上的灯把黑暗照淡了，淡如烟，淡如雾，山也虚无，树也缥缈。小屋迷于雾失楼台的情景中，它不再是清晰的小屋，而是烟雾之中，星点之下，月影之侧的空中楼阁"。老师想问同学们一个问题，作者在开篇把小屋写得这样的具体而变换，在结尾的时候为什么忽而抽象了，变成了梦中的小屋。忽而抽象，忽而朦胧起来了？它有什么意义呢？

生：是因为他之前说小屋是在树的包围中，坐在山中，而后面又将小屋说是"烟雾之中，星点之下"，那也就是让人感觉这个小屋是若隐若现的，让人觉得有一点像仙境，然后就会让人觉得这像梦中一般，是作者心中一种美好的境界。

师：好，这位同学真会回答问题。由具体到抽象，想表达的不外是题目的两个字《我的空中楼阁》中的"空中"。什么是"空中"，是理想的、永远在水一方的、可望而不可即的那种境界。我们每个人都在追求那种境界，像海德格尔所说的"想诗意地栖居在这片神奇的土地上"，这便是它的主旨。以上我们对于这篇短文，这篇美文，它的"美"作了初步的探讨，如果课下同学们感兴趣，可以继续探讨。

师：有人说过这样一句话，阅读不外乎两种，一种是跪着读，一种是站着读。跪着读是说我们要读进去；站着读是说我们要读出来，有一份超然。方才老师和同学们是以对文学的这种顶礼膜拜来拜读这篇文章，这篇美文。但是我们说任何事物都是双刃剑，没有完美，世间没有绝对的完美。于是我们是不是可以这样想，我们以文学的名义、以真理的名义、以批判性的思维、以理性的思维审视名著——《我的空中楼阁》是美的，但它是不是也有缺点呢？大家看屏幕，用这个句子表达你们的观点。老师的要求是"我喜欢李乐薇的《我的空中楼阁》，但是它……我更喜欢……"后面要求是另一部名著。我造个句子"我喜欢李乐薇的《我的空中楼阁》，但是它过于纤细，老师更喜欢李白挟天风海雨的诗歌，他更像黄钟大笔"。古今中外名著都可以，同学们，用最短的时间在大脑中搜寻，造个句子。

（投影）

我喜欢李乐薇的《我的空中楼阁》，

但是它……

我更喜欢……

（古今中外名著都可以）

师：哪位想好了？老师刚才走了七步，如果同学们现在说出来就是七步诗，才思敏捷。好，这位同学请说一下。

生：我喜欢李乐薇的《我的空中楼阁》，但是它过于沉溺于自我情怀，我更喜欢同为台湾的诗人余光中的散文，可以从中读到赤子对祖国的深深眷恋。

师：非常好，对于乡愁诗人情有独钟。哪位同学可以继续说？

生：我喜欢李乐薇的《我的空中楼阁》，但是它过于细致，描写于小处，我更喜欢法国浪漫主义作家雨果的《巴黎圣母院》，因为里面描写得比较宏伟、壮丽。

师：巴黎圣母院，像交响乐一样壮观，很有胸怀。

生：我喜欢李乐薇的《我的空中楼阁》，但是它用语之类，太过繁杂，我更喜欢《陋室铭》因为它更简洁，用简单的语言就表达出心中无限的情怀。

师：啊，他觉得李乐薇的《我的空中楼阁》用墨如泼，而刘禹锡的《陋室铭》更是惜墨如金。说一下精华句，怎么说？

生：山不在高，有仙则名；水不在深，有龙则灵。斯是陋室，唯吾德馨。

师：太好了！相关的作品能够链接，补充，比较，扩散思维，非常棒！哪位同学能再补充呢？

生：我喜欢李乐薇的《我的空中楼阁》，但是它太过于柔和，太过于精致，我更喜欢莫泊桑的《羊脂球》，因为他用最锋利的刀尖刺破了人性最丑陋的弱点。

师：人性最丑陋的一面，太棒了！揭示的是法国人当时人性的弱点。阅读面涉猎得非常广泛。老师最后请一位同学说，谁来举一下手？

生：我喜欢李乐薇的《我的空中楼阁》，但是它在美的环境中体现的情感相对于弱一些，我更喜欢三毛的《白手成家》，她在撒哈拉的艰苦环境中，她没有沉溺自己的情感，而把它当成一个舒适的小屋。

师：李乐薇喜欢的"我的空中楼阁"毕竟他将自己的小屋建造在一个美的环境当中；三毛更可贵，因为她用自己的精神照亮了撒哈拉那无人去踏的荒漠的地端，她的精神更令人崇尚。同学们以上说得非常好。

师：不知道同学们是否了解龙应台，龙应台曾经在百年思索中说，"文学是水中白杨树的倒影，历史是沙漠里的玫瑰，哲学是迷宫中的星座"。这正体现了一个人人文素养的三个纬度。同学们，经过你们的学习，你们的生命，因为有了"巴雨"，因为有了"蒹葭苍苍"，因为有了"雨雪霏霏"而精彩。愿同学们永远拥有纯净的精神，永远拥有浪漫和理想。下面请同学们全体站起来，我们站着读，我跪着读了，站起来，齐读屏幕上的两句话，想好了吗，开始——

（投影）

让美充满诗的心灵，让诗的心灵充满美！

生：（齐读）让美充满诗的心灵，让诗的心灵充满美！

师：好，谢谢同学们，下课。

第四章　王君语文课堂教学艺术

王君，重庆特级语文教师，倡导"青春语文"。王君长期专注中学语文教学实践的思考和研究，在全国首先倡"青春语文"，主张通过激活汉语言文学本身的生命力使语文教学过程保持青春状态，进而为教师和学生创造、保持、享受整个人生的青春状态做准备。她和尹东创建的草根语文教研团队"语文湿地"在微信公众号上不间断连续累计推送教研论文 6 000 多篇。"语文湿地"一年一度的年会成为语文教师向往的盛会。著有《青春之语文——语文创新教学探索手记》《教育与幸福生活》《王君讲语文》《青春课堂——王君与语文教学情境创设艺术》《听王君讲经典名篇》（上、下）《听王君讲作文》（上、下）等专著。

第一节　王君语文教育理念

一、"青春语文"提出背景

自 20 世纪 90 年代以来，整个语文教学环境令人担忧，中学语文教学生态环境更让语文老师被动不堪。学校中，语文学科地位大幅下降。社会环境的异化使语文教学陷入困境，各种快餐文化进入校园威胁、影响语文的魅力。比如，网络上招摇过市的"韩流"严重影响学生对中国古典文化的审美观。语文教学变得内容枯燥乏味，教学模式陈旧单一，考试测评方式单一死板等。学生变得愈发浮躁，课堂上缺乏主动性，阅读对象不再是经典名篇，而是"快餐文化""地摊文学"。2001 年，王君连续参加了由重庆市特级教师龚春燕主持的联合国教科文组织的"创新学习"课题试验后，在教学科研方面获得了新的活力，王君开始重新思考语文教学的功能和价值，最终提出"青春语文"。

二、"青春语文"内涵解读

青春语文，王君定义为："本质是提倡通过汉语言文学本身的生命力等手段使语文教学过程保持青春状态，进而为教师和学生创造、保持、享受整个人生的青春状态（即幸福人生）做准备。"[①] "青春语文"以生命为内核，以生存为基础，以激励、唤醒、鼓舞为本质，以诗意为特色，以朝气蓬勃和创新为追求，以生长为价值，立足于师生生命和语文教学的长远发展，其目的在于重构师生蓬勃健康的生命状态，使师生通过语文课程进而享受青春活力、体验幸福人生、延长青春期、完成生命价值建构，使语文教育步入青春活力永不衰竭的正途。"青春语文"提倡语文教学过程要具备语文味、激情、敏感、灵动、自信、浪漫、创新等特点，就是要把人的美好青春必备的要素移植到语文教学之中，旨在传达语文教学的人文追求。"青春语文"呼唤通过脚踏实地的、充满瑰丽想象的实践提升语文青春品味，呼唤学生通过徜徉语文天地舒展俊朗健康的青春个性，呼唤语文教师始终充满热情，不断创新进取。

三、"青春语文"教学理念

"青春语文"教学理念来自王君每一堂扎扎实实的教学实践中，"青春语文"的理念来自于她对生活对语文最真切的感悟，其特色在于从师生生命的长远发展角度出发，使无数教师和学生在其"草根式"的文本解读中获取舒展生命的力量，并感受到生命的激情和浪漫。

（一）发掘"青春"状态的活力

青春是活力的代名词，王君的青春语文同样充满着活力，她用激情的语言点燃每一堂语文课，用灵动的教学设计唤起每一位学生舒展思维和张扬活力。在王君执教《安塞腰鼓》时，围绕"束缚""羁绊"和"闭塞"三个词展开，鼓励每一位学生通过大声朗读释放自己，努力"挣脱""冲破""撞开"，将所有的压力抛下，尽情地舒展自己，因此课堂上时常传出师生们发自内心的掌声。"青春语文"中所体现的活力，并不只是课堂表面呈现出来的激情和热闹。沉入文本字词解读文本，需要学生们通过一遍又一遍的朗读琢磨字词和品析句子，这也是充分发掘课堂活力的主要手段，通过最本色的品词析句帮助学生夯实基础，不仅可以培养和增强学生对词语的敏感力及语言的表达能力，而且在这一过程中充分展示了学生们的

---

① 王君.王君讲语文[M]，北京：语文出版社，2008：18.

活力。王君在教学中经常带领学生通过读写反复琢磨文中字词的方式钻研文本。语文教学只有真正落实到字词层面，课堂才会充满"语文味儿"，这也是王君"青春语文"释放青春活力的最常用方法。师生通过在课堂上沉入字词，发现、质疑并探究，从而使整个课堂变成思维与思维相互碰撞的舞台，既活跃了学生的思维，发掘了学生的活力，又展示了语文教师的个性与活力。"青春语文"企图将教师激情洋溢的个性融进每一篇朴实的文字解读中，寻求文本最深处的精髓，以期给学生带来精神盛宴的同时发掘和释放师生们的活力。

（二）寻求"青春"状态的冒险

冒险即不顾生命安危从事某种活动，处在青春状态的人往往会凭借所有的激情与斗志敢于冒险、闯练。王君"青春语文"所追求的冒险不是号召所有的师生不顾生命从事危险事情，而是从语文教学还未研究的领域和语文课堂没有充分预设的环节进行尝试。"青春语文"力求避免在所有的文本上以相同的思路平均用力，用相同的办法解读文本，鼓励教师和学生在每一篇课文中用青春的激情做盾，通过不断的冒险发现充满青春气息的天地。

（三）力争"青春"状态的突破

青春意味着不断超越和突破，王君追求青春语文教学的一次又一次突破。这种突破主要体现在她的个性化文本解读和课堂教学上。比如，在执教《我的叔叔于勒》一文时，她摒弃了关于这篇课文的传统解读，即批判资本主义社会金钱胜于亲情关系的解读，相反地，王君解读了"灰色小人物灰色理想的破灭"，从她的解读中人们看到了生活在底层民众的多重无奈与辛酸。

"青春语文"教学常带有一种悲天悯人的情怀，凸显语文教学的人文性。这与王君自己的成长经历分不开，王君的父亲是一个为生活而苦命挣扎下岗工人，她深谙生活在底层人民的苦难与无奈，因此她常说自己是"老王的女儿"。王君老师结合自己生活阅历解读文本，努力寻找与学生生命成长之间的结合点和触发点，一次又一次突破传统挣脱束缚，把自己领悟到的语文真谛化作学生健康成长的助推器，使其文本解读富有很强的个性特色。

四、青春课堂的基本特征

（一）灵透的文本解读

语文教学拒绝"无土栽培"，语文教学要有语文味，这是最基本的道理。但是，相当长的一段时间，语文教学直奔浮华，文本成了课堂上蜻蜓点水的驿站，文字成了可有可无的装点，各种各样的包装让语文萎缩了本性。"青春语文"反对教师，膜拜权威，迷信教参，呼唤教师的教学个性，倡导教师扎根于文字，自主的进行文本解读，舒展青春个性。

（二）平等和谐的对话

青春语文课堂中的对话和谐平等，王君认为应坚守两点：第一，坚信对学生主体地位的尊重是语文教学的起点。语文教学为学生服务，学生是语文学习的主人翁，这是亘古不变的真理。第二，对话式教学可能出现的尴尬和突围方式有哪些？在教育过程中，主动者和被动者的角色差异和角色轮换的奥妙到底在哪里？谁主导谁？谁是主体？思考的深入必将使实践更富成效。

（三）飞扬灵动的创新

王君认为，课堂上谨小慎微固然不会出差错，但是开辟不出瑰丽的语文境界。作为老师应具有创新意识和创新行为，对创新过程中出现的问题给予包容和体谅。现在的语文课堂，特别是中小学语文课堂形式太少了。教学手段单调，教学方式和教学内容太陈旧。语文教学形式的"创新"即将拉开序幕，青年教师具有活力和创新，要将创新教学坚持到底，而且要尽可能地飞扬、灵动起来，这是语文的险道，也是语文的必经之途。

（四）返朴归真的规律

优秀的语文课各有各的美点，各有各的特点。这就是语文的魅力所在。比如，纯朗诵课可以以朗诵带动字词的理解，用最简练拙朴的方式激活学生的情感，达到教学的目标。王君认为使用诵读这种基本形式，只要组织得当，同样可以有很好的教学效果，这是对语文教学规律的把握。又如，文言文教学以课文为"小型根据地"，让独立的课文学习各自形成一个"教学磁场"，从侧面解决语文教学"少慢差费"的痼疾，这也是一种规律。语文课堂教学的"朴"和"真"，是语文教学的规律。从各角度探索语文课堂教学的规律，对规律的追求是语文教师的终身追求。

第二节　王君语文课堂教学艺术

一、导入的艺术

导入是语文教师引领学生走进课文的初始阶段，好的导入能激发学生学习文章的热情，并会带着问题主动跟随教师进入文本学习。王君老师的课堂导入方式多彩多样，不同的文本采用不同的导入方式，每种方式都能够引起学生的兴趣。

（一）利用辩题导入课文

在《丑小鸭》的导入环节，王君没有像一般老师那样以一段叙述性话语导入课文，而是以"研讨与练习"中"'只要你是一只天鹅蛋，即使生在养鸭场里也没有什么关系'试阐释这句话的意思"作为切入口，并设计了一道辩论题：丑小鸭本来就是一只天鹅，他不需要任何奋斗就自然会长成为天鹅。这是由它的遗传决定的，而不是由它的自身努力决定的，因此安徒生《丑小鸭》的故事没有什么意义。

通过辩论方式引导学生开始一篇童话故事的学习显得标新立异，出乎学生意料。在论据查找、观点论辩与论证的过程中，学生们自发地对课文进行反复阅读，并做到读中有思、思中有疑。这样的课堂导入很好地激发了学生的思辨能力，调动学生主动学习的热情，同时结合读说，从起点使语文课堂洋溢出青春的自信和激情。

（二）利用故事导入

在教授《狼》一文中，王君先引导学生回忆农夫与蛇的故事，从而引出"毒蛇猛兽"这个成语，进而点出本次课堂的学习内容——《聊斋志异》中的《狼》。这种导入方式并不新鲜，但王君善于抓住学生的实情与心理。《狼》这篇文章是一篇文言文，对刚刚接触文言文的初中学生来说略显枯燥与困难，引导学生回忆农夫与蛇的故事，引起学生的熟悉感，激发学生的兴趣，以便展开后文的学习。

（三）利用旧课导入

王君在教授《老王》一文时，是这样进行导入的。

师：这节课是一个研究课。我们会上45分钟左右。上课！

生：起立！

师：同学们好！

生：老师好！

师：请坐！背刚学的《海燕》的第一段。预备，齐！

生：在苍茫的大海上，狂风卷集着乌云。在乌云和大海之间，海燕像黑色的闪电，在高傲地飞翔。

师：停！高傲的飞翔是一种很浪漫的状态，我们每个人都向往。但是同学啊，生命有时候很遗憾，很无奈，很爱开玩笑，就像《老王》当中，个体的生命状态很多时候不是飞翔的状态。而是这样的——读这个句子，预备，齐！

（投影展示）

他靠着活命的只是一辆破旧的三轮车。

王君让学生背诵《海燕》的第一段，并从第一段的内容引发开去，从而导入新课，带领学生认识另一个人物——老王，让学生关注老王的生命状态。这种导入生成性很强，从旧引新，过渡自然。

（四）利用课文题目导入

在教授《我的叔叔于勒》一文时，王君利用本文的题目进行导入。

师：同学们，现在我们开始上课先看题目，如果把题目的这个句子还原到课文当中，你怎么读这个题目？

（生举手读，有的读得很平淡，有的读得很动感情）

师：看来处理很不一样先弄清楚，"我的叔叔于勒"中的"我"是谁？

生：作者（众笑）。

生：菲利普（众笑）。

生：菲利普的儿子若瑟夫。

师：小心小心啊！小说中的"我"都是虚构人物哟！"我"是一个小孩子，是菲利普夫妇的小儿子。

利用题目导入，集中学生的关注点，让学生迅速进入课堂。通过对题目的分析，让学生明白文体、主要人物等内容，为后面的学习埋下伏笔。

二、照应的艺术

王君的课堂在照应的艺术上最典型的特征是善于首尾照应，即在课堂教学中导入语与结束语对照呼应。首尾照应的方式能够使学生乐于学习的同时，保持了知识学习的完整性和课堂艺术的完整性。

王君教《狼》这篇课文时，她以"农夫与蛇"的童话导入并说道："这位农夫好心没有好报真可怜，人们常把'毒蛇猛兽'并称。今天，我们就要走进《聊斋志异》这部名著认识一位屠户，他遇到了两条穷凶极恶的狼，他的命运会怎样？"在结尾处她设计了语言做出巧妙的回应："让我们用正气、用勇敢、用智慧涤荡世界上的邪恶。让我们的世界没有豺狼虎豹，没有毒蛇猛兽，真正变成幸福美好的人间。"如此首尾照应使课堂结构完整紧密，突出了文章主题，加深了学生印象。

王君在执教《我的叔叔于勒》一文时，王利用投影展示"我心里默念道：'这是我的叔叔，父亲的弟弟，我的亲叔叔'"，并指导学生动情地朗读这句话，进而展开对主人公于勒和课文内容的分析。在结尾时，王君是这样设计的。

师：莫泊桑评论其老师福楼拜的《情感教育》时说"似乎就是一部充满深深的极度辛酸苦涩的人间苦难的真实笔录"，其实，莫泊桑的这篇小说又何尝不是如此呢？在若瑟夫身上寄寓着莫泊桑的情感和希望，冷中还有热，还有光，还有希望。《我的叔叔于勒》是灰色的，但是作者寄寓在若瑟夫身上对亲情的呼唤，对人性的召唤，犹黑夜中的灯塔，穿过悲凉之雾，照亮人的灵魂！让我们再次朗读若瑟夫对于勒叔叔的呼唤，结束这篇课文的学习：

（投影展示）

我心里默念道："这是我的叔叔，父亲的弟弟，我的亲叔叔。"

（引导学生反复动情朗诵）

首尾照应，在学习前后引导学生反复朗诵这句话体会不同的感悟，也深刻理解莫泊桑的小说。总的来说，课堂教学中照应艺术的灵活运用是以新谋程理念为出发点，建立在了解学生、立足文本、遵循整体性原则的基础之上。只有这样，才能使课堂内容充实富有意义，切实提高语文课堂效率。

三、提问的艺术

王君说："语文是以情感为桥梁、以思维铺路、引领学生跨越千山万壑的审美历险。"课堂提问是历险中的重要拐杖。在《丑小鸭》的课堂上，王君运用一个接一个紧扣文本的启发性问题，引导学生步步深入故事，去探索、去发现。

为向学生讲述丑小鸭逃亡的过程，王君先抛出疑问："丑小鸭到底是主动地逃还是被动地逃？"并提醒学生"不要想当然，用文本说话"。借助对问题的思考与回答，学生顺理成章地融入丑小鸭的逃亡历程，去关注、去思索，从而得出"逃，是情势所迫，更是主动避祸，是多么艰难的事啊！"的结论。接着，让学生重点朗读描述丑小鸭逃亡遇困的句子，启发学生用成语形容丑小鸭的遭遇，"饥寒交迫""走投无路""四面楚歌"等成语脱口而出，学生在自己的体会中明白：流浪意味着时时面对死亡。

王君的语文课堂没有用生搬硬套的讲解禁锢学生思想，而是在接踵而至的提问中带着学生共同探索课文，和谐对话中表达了对学生语文学习主体地位的真诚尊重。

四、课堂评价的艺术

课堂评价是在具体的教学过程中，教师对学生的习得状况做出的有效且富有魅力的评价。苏霍姆林斯基曾指出："教育的艺术首先包括谈话的艺术。"教学中，教师充满睿智的评语，虽不是蜜，但可以粘住学生；虽不是磁，但可以吸引学生；虽不是号角，但可以鼓舞学生。

（一）以"金针度人式"评语引导研读文本

"金针度人式"评语是在学生回答不够全面与深刻的状况下，教师适时巧妙地引导学生深入解读文本，切身体会语言文字的内蕴与魅力。例如，王君教授《安恩与奶牛》一课时，就采用了这种评价方式。

师：别人误以为安恩是来卖牛的，于是在安恩和买牛人的交锋中，我们的故事展开了。现在，孩子们，我就是买牛人，请你赶快找出安恩是怎么回答买牛人的询问的。并且想想应该如何读？请你关注课文 3 ～ 10 段。

（学生很快找出并圈出了安恩的回答。第一句："它是不卖的。"第二句："它不卖的！"）

生：第一个买牛人时安恩很平静，回答第二个买牛人时安恩很生气。

师：安恩仅仅是平静吗？我们要善于联系前后文，把一个句子放在具体语境中判断。老师建议你读读"它是不卖的"的后面两个句子。

生（读）：然后，像是为了表示谦恭，她一只手把毛衣针撂下，使劲儿地把鼻孔擦个不停……

生：哦，安恩的语气中应该还有谦恭。

王君在学生回答完毕后，并未急于做出答案正确与否的单一、肤浅的判断，而是以"安恩仅仅是平静吗？"这一反问，调动学生再度思考，同时，教给学生"要善于联系前后文，把一个句子放在具体语境中判断"的具体理解方法。最后，她用平等友善的语气，建议学生回到文本，再读"它是不卖的"的后面两个句子。在王老师循序渐进的点拨启发下，学生如醍醐灌顶，豁然开朗，体验到了研读文本的成功感，更重要的是，王老师的评价既面向该生，又面向全体学生，于平淡中见精深。

（二）以"策顽磨钝式"评语唤醒求知热情

教学中常会出现这样的情况：一些被教师点名回答的学生因无法解答而沉默僵立在课堂上，教师为了赶教学进程，又或是为了打破尴尬的课堂气氛，常会做出"你先坐下，我们请其他同学解答"等简单敷衍式的评价。这样做，很可能会挫败学生求知的前进动力。"皮格马利翁效应"告诉人们：教师积极的期望会唤醒学生积极的心态。

每当学生在课堂上回答不出问题而保持沉默时，王君总不会急于让其坐下，而是给予鼓励和"授之以渔"的评语："不要急。你行的。沉着！扫视课文。再看看。"这看似普通的几句评语，却因有了王老师深切的期盼与信任，从而唤醒了学生积极求知的心态与动力，使其体验到成功的快乐。

（三）以"誉不绝口式"评语吹开心灵

花朵赞美式的课堂评语俯拾皆是，但出自肺腑真正走进学生内心的赞语凤毛麟角。

陶行知说："真教育是心心相印的活动。唯独从心里发出来的，才能打动心灵的深处。"在课堂上，大多数教师给出的激励性评价是"你真棒""回答很好""给掌声"等简单或带有功利性的评语，这类评语既不利于知识的理解巩固，又难以发挥其潜在的激励功能。具体细微、落到实处的赞美，才能真正吹开学生心灵的花朵，激发他们的学习兴趣与热情。例如，在《桃花源记》一文的教学中，针对学生的回答，王君不是采用空而大的评语，而是针对学生的回答给出赞同，如"很有条理""嗯，语言点。不错，还有呢？""你的表达很有条理，能不能学一学刚才的方法，抓一抓字呢？"等。通过这些有针对性且具有鼓舞性质的评语激发了学生的兴趣，同时也在点评中给予学生思考的方向，引发学生再次探究。

（四）以"铺采摘文式"评语激起课堂涟漪

语文课要有语文味，包括教师富有文采的课堂评语。大凡枯燥乏味、缺乏诗意的评语很难激起课堂的涟漪。王君在课堂中结合学生的发言，并对此进行提升，适当穿插引用资料，用诗一般的语言阐释道理。不但提升了教师个人的语文教学魅力，而且对学生如何回答该题，做出很好的示范，亦从情操上对学生进行潜移默化的熏陶与感染。"铺采摘文式"的评价，堪称语文课上浓墨重彩的一笔，如天上仙曲，不绝如缕，令人沉醉。

五、点拨的艺术

一个心中有学生的老师，一定不会在课堂上置学生的状态于不顾，只管滔滔不绝，自我陶醉；一个心中有学生的老师，一定不会在课堂上置学生的感受于不顾，在学生发言完之后只用"说得很好""你真棒"之类的话敷衍；一个心中有学生的老师，会把课堂作为师生共同成长的生命场，会对学生的表现真实地观察，真诚地倾听，用心地反馈，智慧地点拨。王君就是这样的人。品读王君的课例，人们会发现，不论是点拨语言的精妙，点拨时机的恰当，还是点拨角度的丰富，点拨力度的到位，王君的点拨艺术有很多值得学习的地方，现试举几例。

（一）评价式点拨，让亮点更加凸显

这种点拨往往和评价结合在一起，王君不会简单地评价学生发言的对错好坏，而是通过真诚地倾听，寻找并放大学生的亮点，既使学生感受到老师真诚的鼓励，增强了自信心，又让全班同学得到了某方面的指导。在王君的慧心慧眼中，学生的亮点多种多样，可以是发言的外在形式方面的，如发言不积极的学生，她会夸声音洪亮的孩子说："大声说话是一种风度，也是一种能力。"她会夸一个脸上有微笑的孩子说："这位同学说话满脸笑容，非常好，这就是自信。"也可以是发言的内容、角度方面，如夸赞学生表达时的用词，她会说："刚才同学们的发言有几个词语用得好，娓娓道来""这表明大家对这个'后来啊'的体会比较深刻。"她肯定学生的思维方法时会说："你很聪慧，能够联系前文证明自己的观点，这是一种非常好的思维方法，你是在做推断，这样的分析也还需要更有力的文字支撑。"她赞赏学生的想法和品质时会说："多好的回答呀，这个孩子很像一个哥哥，很会理解兄弟姐妹，是个可以信任的男孩子。"如此种种，不一而足，凡评价都会点出理由，这样的评价式点拨，不仅让学生感到了温暖，更让学生找到了方向。

（二）提醒式点拨，让学法更加明晰

王君特别善于对学生进行学习方法、思维方法的点拨，而且常使用巧妙而体贴的提醒式语言。例如，让学生自学时，看到一个孩子边看边勾画，她会说："聪明的孩子读注释的时候，就知道把注释上对自己而言比较难的词语用笔勾一勾，告诉自己这是难点。"看似随意的一句话，既是在夸奖这个孩子，也是提醒全班学生掌握学习的方法。即使学生的发言有问题，她也会用提醒的方式，如在《记承天寺夜游》一文的教学中，学生说："我觉得，人是悠闲之人。这是作者对自己的评价。两个朋友，深夜在庭下散步，感觉他们一点儿包袱都没有，非常放松啊。"

王君为学生点拨说："你是这样理解'闲'的，嗯，有道理，如果能紧扣原文中的字词，进行咬文嚼字的分析就更妙了。"这句点拨既肯定了学生的优点，又指出了问题，还对学生进行了学法指导。

（三）诱思式点拨，让思维走向纵深

学生在学习的过程中，常有思维阻塞、偏颇、模糊、流于表面的时候，教师若能抓住契机，巧妙点拨、引导学生深入思考，就能让学生的思维走向纵深。例如，王君老师在教学《陋室铭》一课时，关于"刘禹锡的选择是陶渊明式的，还是周敦颐式的"这一话题，学生各说各有理。这时，王老师趁机说："这就怪了，看来《陋室铭》中表达的东西有矛盾啊！"这一点拨，学生的思维向前进了一大步。有的学生就想到了主观愿望和客观现实的问题，对刘禹锡的理解就更深了一层。

又如，在教学《皇帝的新装》一课时，王君老师让学生思考这些人为什么被骗，有这样一个片段：

生：我说皇帝被骗是因为他害怕被人认出是愚蠢的、不可救药的，所以被骗。

师：再进一步，把最深层次的原因说出来。他为什么害怕被人认为是愚蠢不可救药的呢？

这句点拨以追问的形式，让学生的认识一步步深入，一步步接近了事件的本质，同时也对学生进行了思维训练。

（四）提炼式点拨，让意思更加透彻

学生在发言时，语言表达方面常常有言不及义、词不达意的现象，或者表述烦琐冗长，这时就需要教师在认真倾听之后，准确、简洁、清晰地提炼出其中的主要意思和主要观点。在《我的叔叔于勒》一课的教学中，学生发言之后，王老师总结道："好，她的发言有两层意思：第一层意思，莫泊桑在前面的叙述中埋下了伏笔，做了铺垫；第二层意思，他们不得不相信，必须相信，不相信怎么活呀？对吧，是这个意思吗？"这一点拨，通过理性概括提炼，点出了学生发言时没有说透的意思，既使发言学生的认识得到升华，又使其他同学的理解更加透彻。

（五）点化式点拨，让思想豁然开朗

除了对学生冗长的发言进行提炼之外，教师还要对学生简单、模糊的表达进行点化。这种点化是教师把学生的学习引向深入的关键点。在《皇帝的新装》一课的教学中，当学生说皇帝更骄傲的原因是为了保全自己的面子和虚荣心时，王

老师点拨道:"过于爱自己就是害自己。不愿意正视自己错误的人,必将把自己推到最尴尬的境地,甚至是走投无路的境地。"(板书:不敢面对失败的自我)这一点化,使学生透过现象看到了本质,看清了皇帝虚张声势的真实原因,在思想上顿生豁然开朗之感。

(六)迁移式点拨,让知识建立连接

学习的一个重要方法就是前后勾连,彼此验证。这种勾连、迁移可以是一个词、一个意象,也可以是一种方法、一种感悟。在《纸船》一课的教学中,在解答为什么用"舟"比用"轮船"好时,有的学生说从"舟"可以看出作者内心的孤寂。王老师情不自禁地说道:"大家说得真好,那我们以前学过的哪些诗句中,表现了'舟''帆'一类词语所承载的文化内涵呢?"显然,这是一个临时生成的片段,王老师的即兴一问,引出了学生不少关于舟的诗句。在这样的迁移中,学生不仅扩大了积累,也使"舟"的文化内涵得到了验证,作者用"舟"的妙处不言自明。

在王君的课堂教学中,点拨形式不止以上六种,这些形式互相交叉、互相融合。为王老师高超的语言能力惊叹的同时,最该学习她对文本的钻研,对学生的关注,对教学艺术的不懈追求。

六、情境创设的艺术

情境教学是指在教学过程中为了达到既定的教学目的,从教学需要出发,引入、制造或创设与教学内容相适应的具体场景或氛围,引起学生的情感体验,帮助学生迅速正确地理解教学内容,促进他们的心理机能全面和谐发展,提高教学效率。王君在教学中会通过多种方法创设情境。

(一)假设情境法

王富仁说:"我们现代人不仅在亲身经历的现实生活中成长,还在小说的想象世界中成长。小说阅读对于现代人不是可有可无的,而是不可或缺的。"阅读小说的意义在于学生的精神成长。什么样的小说教学才能促进学生的精神成长呢?让学生在"想象"中"经历"小说世界。王君深谙小说教学之道,在《窃读记》的教学中,她说:"研究一个人,基本方法都是一样的,察其言,观其行,看他怎么说,怎么做。还有一个方法就是假设情境法,假如你自己在现场,你会怎么做?你会跟你研究的对象一样吗?"一般教师用得最多的是旁观分析,很少或根本不会使用"经历",即"假设情境法",而王君几乎在所有的小说教学中都会使用这

一方法，让学生不自觉地以"自我"的身份成为小说中的角色，经历小说人物的"经历"，继而在"小说中成长"。"假设情境法"在不同的小说教学中，针对不同的教学内容，会有很多不同的形式。

1. 想象性演读

《变色龙》教学片段

师：想象一下，他在跟小狗说话时表情怎么样？动作怎么样？眼神怎么样？再来读，一边读，一边演。你的表情会怎样？

生：笑着。

师：什么样的笑？平时表达过对小动物的喜欢吗？除了语言，还应该有动作、神态相配。

生：应该是讨好的笑。一个人去讨好一条狗，笑得很不自然。他应该是弯下腰，谄媚地看着狗，要尽量地表现出和狗是平等的。

……

想象性演读其实是利用小说文本中的空白，让学生进入情境设身处地地用想象填补这种空白，从而"经历"小说人物的经历，体验小说人物经历的人生。文本中出现的是奥楚蔑洛夫的语言，王君让学生补充说话的表情、动作和眼神，并用演读的方式身临其境地感受人物，从学生对人物言行的评价看，这种想象性演读相当成功。

2. 模拟情境对话

《社戏》教学片段

师：请马上合上书，不准看。咱们进入情境，假如你是双喜，正常情况下，你会如何回答六一公公的责备。好，你先来。你现在是双喜，注意，你要接话哟。

生朗读：双喜，你们这班小鬼，昨天偷了我的豆了罢？又不肯好好地摘，踏坏了不少。

生：我们没偷。（众笑）

师：再来一次，换个双喜。请读。

生朗读：双喜，你们这班小鬼，昨天偷了我的豆了罢？又不肯好好的摘，踏坏了不少。

生：我们是拿了点儿，但没有踏坏你的豆。你冤枉我们。

……

曹文轩说："一部完全没有对话的小说，注定了是沉闷的、毫无生气的。"因此，小说的教学必然要紧扣对话，复现对话的语气语调，模拟情境对话就是复现的一种手段，是让学生"经历"人物对话的一种方式。王君老师的高明之处在于先不出示人物的语言，让学生在情境中想象人物会说什么怎么说，最后再出示人物的语言，在比较中发现人物语言的妙处，体会人物的性格。在《安恩和奶牛》中，王君不断模仿买牛人的语气语调和多个同学对话，让学生不断地调整安恩说话的语气语调，揣摩人物的内心，"经历"人物对话，从而体验性把握人物的"善"。

3. 角色介入

《喂，出来》教学片段

师：······ 如果你是故事中的人，你会往这个洞里投东西吗？

生：我会。我会把考差的卷子丢进去。（众笑）

生：我也会。我会把垃圾丢进去。

生：我不会。我会坚守道义坚决不做昧良心的事。（众鼓掌）

生：我也会。我会把我讨厌的课本扔进去。（众笑）

······

师：是啊，同学们，当我们把自己放在这个故事中的时候，我们才会更加深入地思考，仅某一个人或者某一个团体是这个灾难的罪魁祸首吗？

王君说："要不断地设置两难处境，让阅读介入学生的生活。"在这里，当学生介入小说中的人物，自己不得不艰难地抉择时，小说已经反过来介入了学生的生活，影响着学生对自我、对社会的深度反思。

（二）以情造境

王君在教学杨绛的《老王》高潮部分时，适时引入文章的写作背景，采取配乐朗读的形式，为学生更好地体会理解文章主题和思想打下坚实的基础。

师：下面的文字是杨绛回顾历史，你来，帮大家读一读。老师给你配点乐。

师：这是杨绛先生回顾一家人的生活状况，那么请同学们再读读文章最后一段，思考"这是一个幸运的人对一个不幸者的愧怍。"

对于现在的中学生来讲，他们感受不到历史困难时期的困窘和苦难。适时引入背景并给学生配乐朗读，可以引发学生们的情感共鸣，加深对课文情感的理解，从而更好地揣摩理解杨绛的"愧怍"。王君为了增加学生的理解，特地将文章的背景知识放在课文讲解的最后，并且创作了一首《杨绛和老王》的小诗抛砖引玉，用自己对文本的理解带动学生对文本的独到之思。这样的情境营造充满了灵动生气色彩，能够充分唤醒学生自己的独特感悟。王君用饱含青春的激情设置情境的方式，极大地提高教学效率，是教学取得最佳效果的有效条件。

七、生成与应变的艺术

课堂总会有矛盾尴尬的时候。矛盾之处恰恰就是亮点，老师能够巧妙地化解矛盾，带学生拨开迷雾，更上一层楼就是成功的。

王君执教《丑小鸭》，有学生质疑：丑小鸭本来就是一只天鹅，它不需要任何奋斗就自然会成为天鹅。这个问题超出了老师的想象，她随机应变，以问题带动课堂，让孩子们就此问题辩论：丑小鸭究竟有没有自身的奋斗？学生们带着问题进入课堂，文中感受丑小鸭身上努力逃走的心路历程，让学生们在文中找依据，进入学习境界，感受对苦弱生命的悲悯情怀。学生的质疑往往是课堂的精彩之处，能推动教师的进步。

王君在各地讲学都会提到《我的叔叔于勒》这篇小说，说她要用一生的时间来教。之前，她将这篇课文和《麦琪的礼物》对比教学，用以批判"人与人之间的金钱关系"。学生们质疑两对夫妇的可比性，同学们同情飞利浦夫妇。这次课堂矛盾，引发了她对教材、教参、预设、生成等问题的否定，发现自己没有用正常、真切的眼光看教材。这次深刻反思使她懂得了真实和扎实，设身处地读课文人物，完成自我蜕变和救赎。启示人们用常态的眼观看文本，多一双侦查的眼光看教参，细心备课，课堂随机应变，多思考，多感谢那些敢于质疑，敢于"唱反调"的学生，他们推动了教师卓越。

王君的青春语文追求之一就是在真诚迅捷的学情应变中创新，她能够从容淡定地应对课堂中的意外事件，巧妙地抓住有利的教学时机。在重庆市第一届"名师及教学新秀"课堂教学艺术展示会上，由于演播厅的电脑和投影仪出了问题，王君不能依靠课件，于是她调动自己内心深处的激情、潜力和智慧，随机地调整了授课的思路，课堂上虽然没有了音乐和图片，但师生心灵泉水的流动胜过任何动听的音乐，师生真情的奔涌和生花的妙笔赛过任何精美的图片。这堂公开课使王君赢得了最热烈的掌声。

纵观她的课堂，散文、诗歌、小说、寓言、童话都是常读常新的，所有的文本，她都能教授出高贵大气的语文味儿，能让学生们意趣渐浓。

八、学法指导的艺术

（一）通过关键词切入文本

王君认为，真正的语文课，要脚踏实地的回归文本，聚焦语言文本本身，凸显语文课堂的本色，着力培养学生的语言"内力"。《丑小鸭》出自人教版七年级下册语文课本，是初中仅有的两篇童话题材选文中的一篇，讲述了丑小鸭从出生到成长为天鹅的故事。怎样将明白易懂的童话故事呈现给学生，让学生感受作者安徒生寄寓于丑小鸭成长历程里的生命密码？王君通过关键词文本解读法，带领学生同丑小鸭一道，经历了一场苦弱生命艰难抗争并努力成长的故事。通过提取出"世界""丑""逃""好"四个关键词，王君引导学生分别围绕关键词细读文本，分析丑小鸭形象和文本主题。

以"世界"的分析为例，王君让学生思考"在鸭妈妈嘴里和母鸡嘴里让他们自豪的世界到底是什么样子的呢？"组织学生在课文中找出相应段落情景朗读后作答。学生通过情景朗读文本细节对话内容，从揣摩"一个鳝鱼头"就是他们争夺的对象，"老母鸭就因为有西班牙血统所以成了最有声望的人""丑小鸭因为长得太大了所以就必须挨打"中，能更容易地说出"这个世界很无聊""这个世界等级森严""这个社会不讲道理"等答案，在学生的感同身受中点出这个"世界"就是丑小鸭故事发生的背景环境。

再如，王君在讲授莫怀戚的《散步》时，将文本的第一句话"我们在田野散步"作为突破口切入全篇，在带领学生感受一家人相亲相爱、温馨的同时，还让学生体会到生活的诗意。她执教杨绛的《老王》，抓住"活命"这个词，带着学生穿梭于一个个看似简单的词语之间，细细体味不同的人的活命状态。她讲解苏轼的《记承天寺夜游》时，她抓住了"空明"，不仅看到了"空明"之景，更看出了苏轼的"空明"之心。她教授星新一的《喂，出来》，从"洞"字入手，解读出了环境之洞，人性缺陷之洞。

（二）诵读品味

在教学《从百草园到三味书屋》一文时，王君指导学生用朗读再现"泥墙根寻趣"的情景，体味语言之美，感受童年鲁迅的形象特点。王君的做法如下：

（1）学生自由朗读，要求用朗读原音重现当时的情景。

（2）说说，你读到了什么？

（3）选择一句喜欢的话读，努力用声音传递丰富多彩的内容。教师针对学生的朗读，进行积极点评，指出优点。

（4）分工合作朗读，两人领读与集体合诵结合。全体学生合作读两轮，教师点评，学生越读越好。

（5）讨论：从朗读中，你看到了一个什么样的孩子？

（6）教师点拨小结。

通过诵读，王君引导学生感知品味语言之美，进而达到理解文章、习得语言文字的运用能力。王君利用诵读感受语言和人物形象之美的方法值得借鉴。第一，研讨与实践结合。先是在自由读的基础上讨论，然后在研讨与教师的指导下再次朗读，继而在多次朗读的基础上再次讨论。这样就把怎么读、读的感受与读的实践很好结合了起来。第二，学生的读与教师的评价融为一体。通过评价，教师对学生的朗读进行指导。某学生在（嘟着嘴）朗读"肥胖的黄蜂伏在菜花上"之后，教师评价说："嗯，我看到了，那黄蜂肥肥胖胖的可爱样子。你的朗读中有形象。"这样的点评，既是对学生的肯定，又是对其朗读方法的指导和强化。第三，精心设计朗读。教师将"泥墙根寻趣"这个片段排列成诗行，让学生"领读"与"合读"结合集体朗诵，根据句子所表达的情感特点标注朗读时情感表达的要求，如"开心地""惊喜地""轻声地"等。这样一来，精心设计与具体指导就有效地引导学生在朗读中感知了语言之美与童年鲁迅形象之可爱。

（三）结合名著经典深化情思

在《丑小鸭》的课堂教学中，王君以课本知识为基点拓展课外知识。例如，与学生探讨丑小鸭逃亡意义时，补充余秋雨《流浪的本义》一文加深学生对逃亡和流浪的理解；在问到"如果丑小鸭一直生活在天鹅群中就肯定能成为白天鹅吗？"，增补林清玄《心里的天鹅》一文引发学生对"生理意义上的白天鹅"和"生命价值意义上的白天鹅"的思考。此外，自创小诗展示教师对故事思想的理解，让学生在层层递进的思维扩展和逐步渲染的情感熏陶中领悟课文真谛：生来血统优良的天鹅，如果后天不努力奋斗、没有梦想安于现状浑噩度日，也不过是《伤仲永》的再次上演。从而回答了课堂开始的辩题：没有后天的奋斗和努力，就算是天鹅也无法拥有属于自己自由飞翔的天空。

（四）示范引路

在教学《国宝大熊猫》时，王君教学生用"三步上篮法"分析说明文的语言，体会说明文语言的严谨、准确。王君的具体做法如下。

（1）投影展示，点拨说明文语言的有关知识。

（2）投影展示，教师提供"三步上篮"分析法范例。"分析'大熊猫从出生到长大为成体需两年左右时间'的'左右'表达很准确。第一步：'左右'一词表示约数。第二步：说明'大熊猫从出生到长大为成体'需要的'两年时间'是估计的数字，不确定。第三步：这个词语表现了说明文语言的准确性。"

（3）学生练习，教师投影展示一个参考练习。

（4）分组发言，教师点拨评价。

（5）教师提供"参考练习"的"三步上篮"分析法范例。

语言品读的教学，目的是让学生感知语言运用之美，习得运用美的语言的能力。如何检测学生感知了语言运用之美或习得了运用美的语言的能力？这就需要运用书面检测的方式。语言欣赏教学多是师生间的口头对话，无论是教师的点拨，还是学生的分析作答，都停留在口头上。在这个案例中，王君采用了书面示范的教学方式，用"三步上篮"分析法，教会学生如何分析说明文语言。在知识教学和示范引路的基础上，学生进行分组练习，教师予以点评并辅以示范引导。这样，学生就较好地掌握了欣赏、分析说明文语言的方法，并懂得如何将赏析形成书面文字。

第三节　王君经典课堂赏析

"活"出高贵的生"命"——《老王》课堂实录①

（课前三分钟让学生抄写诵读字词，自由选择词语造句）

第一部分：感受老王的"活命"状态

师：这节课是一个研究课。我们会上45分钟左右。写完了没有？好，放笔。上课！

生：起立！

师：同学们好！

生：老师好！

师：请坐！背刚学的《海燕》的第一段。预备，齐！

生：在苍茫的大海上，狂风卷集着乌云。在乌云和大海之间，海燕像黑色的闪电，在高傲地飞翔。

师：停！高傲的飞翔是一种很浪漫的状态，我们每个人都向往。但是生命有

时候很遗憾，很无奈，很爱开玩笑，就像《老王》当中，个体的生命状态很多时候不是飞翔的状态。而是这样的——读这个句子，预备，齐！

（投影展示）

他靠着活命的只是一辆破旧的三轮车

师：这是老王的状态。思考，哪一个词语最深刻的告诉了我们老王的生存状态？

生：活命。

师：为什么？

生：我们平常都拥有很多东西，而他就只靠着一辆破旧的三轮车，所以他生活很艰苦。

师：活命意味着艰苦。我们平时不是活命，是什么？

生：生活。

师：没错！我们是过日子，我们是生活。但是老王是——

生：生存。

师：对，生存状态上的生活。活命。什么是活命？这就是活命——

（投影展示）

老王直僵僵地镶嵌在门框里

他面如死灰

两只眼上都结着一层翳

分不清哪一只瞎

哪一只不瞎

说得可笑些

他简直像棺材里倒出来的

就像我想像里的僵尸

骷髅上绷着一层枯黄的干皮

打上一棍就会散成一堆白骨

师：一个人以活命的状态走到生命的尽头就是这样的。来，你来朗读。注意那个很复杂的字"翳"是读"yì"。我给你配点乐，慢点，你先酝酿感情。

（师打开音乐。指示学生开始）

（学生诵读）

师：你的状态肯定不是"活命"，她的状态也肯定不是"活命"，因为你们都读笑了，你们还不理解文章啊。下面我们就来看看什么是"活命"。

（投影展示）

"蹬三轮的都组织起来"，是指1956年起全国倡导的"公私合营"，要求把各个行业的人都组织起来，反对私营，反对单干。后来因为要彻底地反对所谓"阶级压迫"，不准"骑在劳动人民头上作威作福"，三轮就被取缔了。那是中国的一段荒唐的历史。

（学生浏览）

师：我们先听一听老王自己的解说吧！现在你们就是老王。请把这段文字转换成老王的倾诉。讲给坐在他车上的杨绛听。动脑子，王老师帮你开头。唉！

（投影展示）

据老王自己讲：北京解放后，蹬三轮的都组织起来，那时候他"脑袋慢""没绕过来""晚了一步"，就"进不去了"，他感叹自己"人老了，没用了"。

生：唉！北京解放后，蹬三轮的都组织起来，那时候，他脑袋慢。

师：他？

生：我！我脑袋慢，就进不去了，我感叹自己。

师：他这样的倾诉对吗？

生：不对。

生：人老了，没用了。

师：好。请坐。谁在他的基础上，把语言组织得更好一些？唉！开始……

生：北京解放后，蹬三轮的都组织起来，那时候啊，我脑袋太慢啦，就晚了一步，然后就进不去了。人老了，就没用啦！

师：你这个老王，精气神还挺足。不像老王，像小王。我很怀疑老王有没有你那样的精气神。再读，你来。

生：唉！唉！

师：这很有创意啊。她进行了创造性地提炼。她把所有文字都变成了"唉"。服！其实这段文字所蕴含的就是生命的无数个"唉"。这就是什么？活命啊！首先被社会抛弃。其次呢，比较第一段末尾，读一读，他的家庭状况如何。看看王老师大屏幕上的表达可以吗？比较！

（投影展示）

改文：有个死了的哥哥，有两个没出息的侄儿，此外就没什么亲人。

原文：

有个哥哥，死了；有两个侄儿，没出息，此外就没什么亲人。

生：我觉得不如原文中写得好。

师：原文为什么好？

生：原文中想表达的就是他没有什么亲人。但是，他说他有一个哥哥，有两个侄儿的时候，可能会觉得他还有一点依靠。

师：你看书不够仔细，还没有真正地读懂，还没有进行比较仔细地比较。你来试试！

生：原文是"有个死了的哥哥；有两个没有出息的侄儿。此外就没有什么亲人了"，而大屏幕上是"有个哥哥，死了；有两个侄儿，没出息。此外就没有什么亲人了"。

师：哪点不一样？

生：前一个显得平淡，后面则更加强调"死了，没出息，就没有"。

师：好，强调！听出差距了吗？词语换了顺序就起到了强调作用。他读书比你仔细。向他学习。来，我们配合一下。你现在是老王，我是杨绛，你慢一点儿啊，我们可以对话。

师：老王啊，你老伴还好吗？

生：还好……

（众反对）

师：结合前后文想想。

生：哎，我没有老伴……

师：老王啊，你孩子都长大了吧？

生：哪有孩子啊……

师：哎哟，老王啊，你家里还有什么亲人呐？

生：唉，有个哥哥。

师：哎哟，有哥哥真好啊。

生：可是死啦。

师：怎么就死了呢？那还有什么亲人吗？

生：还有两个侄儿。

师：那两个侄儿也经常走动走动帮衬帮衬你吧？

生：但是，没出息。

师：那还有其他可以照顾你的亲人吗？

生：就没有什么亲人了。

（学生鼓掌）

师：孩子们，这就叫作"活命"啊！没有家庭。没有亲人。再读大屏幕上第一句，预备，齐！

（投影展示）

老王只有一只眼，另一只是"田螺眼"，瞎的。乘客不愿坐他的车，怕他看不清，撞了什么。

（学生读）

师：停！如果王老师只有一只眼，你们会同情我吗？

（环视大家。孩子们故意淘气，说不）

师：都不？唉，世道人心哟。王老师只有一只眼，你们不同情。那如果老王只有一只眼，周围的人是怎么样对他指指点点呢。我想起讨论过的小悦悦事件。鲁迅说中国人有很多……

生：看客！

师：对，现在我们就来看这些看客是如何对老王指指点点的。

（投影展示）

有人说，这老光棍大约年轻时不老实，害了什么恶病，瞎掉了一只眼。

师：你，你来。我看你喜笑颜开的，挺会幸灾乐祸。你来说。

生：你这老光棍，太不老实了，害了什么恶病，瞎掉了一只眼，活该！

师：他把大家的心里话都说出来了。活该！造孽。可怜之人必有可恨之处。同学们，这就叫作，读！

生：活命。

师：好，我们继续读书。现在我是杨绛，你们都是老王啊。如果我是杨绛你们怎么回答我啊？

（投影展示）

有一天傍晚，我们夫妇散步，经过一个荒僻的小胡同，看见一个破破落落的大院，里面有几间塌败的小屋；老王正蹬着他那辆三轮进大院去。后来我在坐着老王的车和他闲聊的时候，问起那里是不是他的家。他说，住那儿多年了。

师：老王啊，那个地方是不是就是你的家啊？

生：住那儿很多年了。

师：发现了问题没有？

生：发现了。

师：你说。

生：他没说他的家在那儿，那就是一个房子。家是一个有亲人有温暖的地方。但是，他住的地方没有家庭的温暖。

师：好的。只有他的破败的小屋。没有家。这就是什么？读？

生：活命。

师：这就是活命的状态！再读大屏幕上的文字。预备齐！

（投影展示）

我们从干校回来，载客三轮都取缔了。老王只好把他那辆三轮改成运货的平板三轮。

师：好多同学在 wiki（我们的网络学习平台）上提问，为什么不准人拉三轮，现在很多城市还有人拉三轮呢。因为那个时候说拉三轮的是无产阶级，坐三轮的是资产阶级，资产阶级不能够在劳动人民的头上作威作福。因此，不准拉三轮。这就是那个荒唐的时代啊！这个句子中哪一个词语最心酸地写出了老王的活命状态？

生：只好。

师：只好！来，我们把这个句子读好。你来试试。

生：老王只好把他那辆三轮改成运货的平板三轮。

师：你读得喜笑颜开啊。你家里苹果电脑就八台，你哪里就能体会到这一点。你家大奔驰就三个，当然不知道"活命"是什么状态。同学们，一起来，预备齐！

生：老王只好把他那辆三轮改成运货的平板三轮。

师：同学们，老王生命中除了这些"只"以外，可以说一无所有。读啊，每个"只"都要重读。他靠着活命的~

（投影展示）

他靠着活命的只是一辆破旧的三轮车

他只有一只眼

他只好把他那辆三轮改成运货的平板三轮

开始几个月他还能扶病到我家来，以后只好托他同院的老李代他传话了。

他只说：我不吃。

……

师：不能读成这个同学这样。太雄壮了，太有真气了，像每天都吃鱼肝油一样。老王一辈子可只吃了一回鱼肝油啊！（众笑）重来……他靠着活命的，预备齐！

（学生再次动情读）

师：王老师一直以为啊，在现代汉语当中，最走投无路、最孤苦无依的一个汉字就是"只"字了。上天无路，下地无门，别无选择，这就叫作什么——活命。那你现在再来读老王临死前的这段文字，不会再像刚才那样边读边笑了吧！

（投影展示）

老王直僵僵地镶嵌在门框里

他面如死灰

两只眼上都结着一层翳

分不清哪一只瞎

哪一只不瞎

说得可笑些

他简直像棺材里倒出来的

就像我想像里的僵尸

骷髅上绷着一层枯黄的干皮

打上一棍就会散成一堆白骨

师：大家先酝酿一下感情。音乐响起老师示意再开始读。慢点啊。这是他临死前的，是他活命状态的最集中表现。老王直僵僵地镶嵌在——预备齐！

（学生读）

师：同学们，在我们这个世界上，有很多人都不是像海燕那样处于飞翔的状态，而是杨绛笔下的老王这样的"活命"的状态。因此，有同学说这文章一看没什么可看的，太平淡了。这就是杨绛作品的典型的特色。

（投影展示）

沉定简洁是杨绛作品的语言特色，看起来平平淡淡，无阴无晴，实则在经过了漂洗的苦心经营的朴素中，有着生命最本真、最炫目的华丽。

师：读她的文字我们只有沉入词语里，你才能够感受到平淡文字底下的、背后的、深藏着的情感。

（投影展示）

文本细读就是沉入词语里。

——南帆

师：其实刚才我们在分析老王的时候，用了一些文本细读的方法……

（投影展示）

文本细读方法小结

咬文嚼字、深情朗读、重现情景、发现空白、探究疑点……

第二部分：感受杨绛的"活命"状态

师：老王有幸的是，他遇到了杨绛，杨绛，何许人也？读作者。

（投影展示）

杨绛，生于1911年，她是清华学者，一代才女。她是《围城》作者钱钟书的夫人，他们夫妇都是中华人民共和国成立初期中国最有学问的高级知识分子。可悲的是他们遭遇了中国最荒唐的年代——"文革"。在那些长夜漫漫的日子里，他们经受了非人的苦痛折磨。

师：她是中国历史上最美丽、最迷人的女子之一。你看，她不会对着拉三轮车的那位老人说"这老家伙"，她叫他什么，读出来！

（投影展示）

老王

师：当你听杨绛叫他"老王"的时候，你感觉出杨绛心中什么样的情怀？

生：我感觉是亲切、博大的情怀。

师：博大，包容他，亲切，真好！你感觉呢？

生：我感觉就是街坊邻居，像一家人一样。

师：街坊邻居，就像一家人一样，是吧？你呢？

生：特别的亲切，特别地包容。

师：对。当你们叫我"老王"的时候，老师也会感觉到亲切温暖呢。杨绛这一代才女对活命的老王，很温暖很亲切。但是，还有其他的复杂情怀。看，文章的开头。

（投影展示）

我常坐老王的三轮。他蹬，我坐，一路上我们说着闲话。

师：我们说，杨绛的文字，特别简洁，但是这个文字好像特别不简洁。读，我常坐老王的三轮，预备齐！

生读：我常坐老王的三轮。他蹬，我坐。一路上，我们说着闲话。

师：这段话中哪几个字完全可以不要？

生：他蹬，我坐。

师：对。杨绛惜墨如金，为什么还要写个"他蹬，我坐"？这难道还需要说吗？你从中感觉到了什么？

生：感觉是对老王的一种感谢之情。

师：他拉着我，他在使劲儿，很劳累不是？请坐。其他同学有没有感觉到什么？

生：我感觉好像每次就杨绛一人坐老王的车。而且一个"蹬"字，就显出老王特别费劲。

师：独特！还有其他的感觉么？他蹬，我坐，我坐在高处，他在下边蹬，我们之间……

生：有一种身份地位的差距。

生：杨绛好像不安……

师：哟，读出了一种不安。有同学说有身份地位的差距。很矛盾。一方面和老王很亲密，另一方面又在着意地表现这种差距。玄妙在哪儿？慢慢体会。老王后来去世了，杨绛写了这篇文章。那么杨绛内心的情感是什么呢？读第一句，预备，齐！

（投影展示）

但不知为什么，每想起老王，总觉得心上不安。因为吃了他的香油和鸡蛋？因为他来表示感谢，我却拿钱去侮辱他？都不是。

师：她的感觉是什么？不安？为什么，孩子们？接下来请再快速地把全文浏览一遍，努力地用老师平时和今天讲到的一些方法，从第三者角度思考一下，请评价老王和杨绛交往的点点滴滴的小事，老王已去了，杨绛可不可以心安？好，请静静看书！

（投影展示）

请默读全文，尝试用"咬文嚼字、深情朗读、重现情景、发现空白、探究疑点"等文本细读的方法研读思考老王和杨绛之间发生的事，然后进行课堂讨论。

老王去世了，杨绛的心"不安"，你认为呢？她该不该"心安"？

师：好。现在我们站在第三者的立场看待他们交往的故事。请举手告诉王老师你的观点。（学生举手）

师：好，请你说你的观点。

生：应该心安。因为我觉得她已经为老王做了很多。首先她给老王钱，只要用三轮车的时候一直叫老王的车。

师：给钱没有？给了，一分都不少。

生：这应该算帮助他，因为其他人不敢坐老王的三轮。还有，老王的生活是因为当时社会底层太艰苦了。她也救不了。

师：是，有时候我们不能救大海里所有被冲上海滩的小鱼，甚至连一条你也救不了。但我们还是要救啊。你认为杨绛已经做得够多了，是吧？好。其他同学意见，来！你先说。

生：我认为她是不应该心安的。因为她麻烦老王那么多，她明知道老王有那么多的病，是为了活命硬撑着做这件事情。但是，她基本上每次都麻烦老王帮她做事情，所以我觉得这是她不安的地方。

师：你认为她一直在"麻烦"老王。她内心里边内疚是吧？这是你站在杨绛的角度体会她的情怀，是吧？好，请坐。好，其他同学，你说！

生：我是站在第三者的角度看，"开始几个月，他经常到我们家，以后都是让老李传话，我觉得这话有留白。老王来找她，但是杨绛好像并没有去找过老王。就是说，如果关系很好的话，你有生病了，我肯定会去看你的，但是她没有提到去看老王，所以说她应该是不安的。

师：你看，她很好地运用了老师教的方法，留白。她抓住了空白，她发现其实他们的交往当中特别主动的是老王，杨绛显得要勉强一些。

师：在你们初读时提的问题中，有很多同学问，为什么老王都这个样了，他还要去送香油和鸡蛋。两个班的同学都提这个问题。你怎么看，他为什么要去送？

生：老王觉得杨绛平时对他比别人好，所以他要回报杨绛。

师：孩子们，你们喜欢吃鸡蛋么？我知道你们看不懂这个细节在于，包括我儿子在内的大部分小孩现在一提到要吃鸡蛋了就要被吓得逃跑。但同学们，你们要知道啊，在老王那个年代，鸡蛋是极其珍贵的。王老师那个时候，一年只有在生日的时候，才能够吃两枚鸡蛋。香油呢，太油腻了哦是不是？同学们，在那个年代，香油是最珍贵的东西啊！在临死之前，连活命都艰难的老王把香油和鸡蛋送到杨绛的家里，他在表达深深的谢意啊！我们看一个细节。最后老王死了，杨绛还不知道。

（投影展示）

过了十多天，我碰见老王同院的老李。我问："老王怎么了？好些没有？"

"早埋了。"

"呀，他什么时候……"

"什么时候死的？就是到您那儿的第二天。"

他还讲老王身上缠了多少尺全新的白布——因为老王是回民，埋在什么沟里。我也不懂，没多问。

我也不懂，没多问。

（没兴趣多问？没忍心多问？没敢多问？没脸多问？没功夫多问？没心情多问？没勇气多问……）

师：我要问的是，他们是那么关系亲近的朋友，为什么"我"居然不问？你认为呢？

生（小声地）：没敢多问。

师：你怎么看的？你认为是没敢多问？请回答。

生：我之所以觉得没敢多问，可能是因为别人看着他们像朋友……（学生说不下去了）。

师：再组织一下语言，请坐。好，你说的是没想多问，你怎么会这样认为呢？

生：我觉得从文章的多个角度看，都是老王更关心作者一些。从这个角度讲，是没想多问。

师：好，你认为是她本来就没有那么关心老王。其他同学呢，说说你的观点。

生：我觉得是没有心情多问。因为杨绛听说老王第二天就死了，她心情肯定很坏。回家又看到老王送她的香油和鸡蛋，心情更坏，所以她没心情多问。

师：没有心情，好，你在努力触摸杨绛的内心深处。请坐。你说呢？

生：我觉得是没有勇气问。因为老王死了，不想接受这个事实。活生生一个人，他怎么会突然死了呢？她可能回想认识老王以后，让他做的事情，很不安。首先阶级不同，老王蹬，她坐着。她想着我要帮助老王，但是她不想伤害他的自尊心。她认为老王是知道的，但是老王没有说破。

师：你的意思是说觉得杨绛没有勇气问，这很深刻。

第三部分：总结——活出生命的高贵

师：现在，我们站在杨绛的角度，她当时没有问，也许，有很多原因。也许没有勇气问，也许没有时间问，也许没有胆量问，也许没有心情问，甚至没有体力问……孩子们，杨绛该不该心安？同学们在特殊的岁月里，老王在去世前，把极其珍贵的香油和鸡蛋，也把更珍贵的信任和感恩要送给了杨绛。但是，同学们，所有这些都不能够安抚杨绛的心。86岁的杨绛回顾那段岁月，她是怎么样剖析自己的呢？看大屏幕，预备读！

（投影展示）

几年过去了，我渐渐明白：那是一个幸运的人对一个不幸者的愧怍。

师：孩子们，杨绛是幸运的人吗？她也是一个活命的人啊。当我们读到这个句子的时候，你看到一个什么样的女子？为什么她也活命，她却说自己是幸运的？为什么她还愧怍？你们现在也许还不会太懂。但有一天，你们会懂。请看投影。这是一篇读后感。王老师写的，最后送给同学们。作为你们读懂这篇文章的一个起点。请一个同学……我放音乐，请你做好准备。

（投影展示）

老王和杨绛

王君

你只有一只眼

但你把这世界　看得多么明白

你的房屋荒僻塌败

但你的心里却充满了温暖

你的三轮车都拉不动那破破落落的日子了

但你还是伸出双手　捧出了

你的大冰块

还有大鸡蛋

你呢

你不安　一直不安

他蹬　你坐　你不安

他只有一只眼 你不安

他要半价收费 你不安

他送人看病不要钱 你不安

他的香油和鸡蛋让你不安

他的悄悄去世让你不安

……

真的 真的

你已经做得够好了

但你还是觉得自己不够慷慨

于是在被命运流放的日子里

你又把自己送上了灵魂的祭坛

你们啊 活命的你们啊

在那个时代

一样卑微 一样艰难

但你们彼此的牵挂好像那大瓶的鱼肝油

是疯狂岁月里的 热血和肝胆

而这个世界

也因为一位百岁老人的愧怍

让多少曾被嘲笑遗忘的珍贵

涅槃

……

师：孩子们，我们有时候会无可奈何地处于"活命"的状态，但是我们可以通过我们高贵的内心，进入生命的高贵的状态。老王是如此，杨绛也是如此。

（投影展示）

越是被剥夺，越是懂感恩；

越是被伤害，越是懂悲悯；

越是缺得多，越是要得少。

爱得越多，隐忍就越多；

爱得越多，愧疚也就越多。

……

卑微的生命即使在尘土中也依旧开出了花来……。

师：同学们，我们要用一生去体会。记住"愧怍"这个词语，永远心怀"愧怍"，不断内省，于是我们就会走向高贵。好，下课。

第五章　程少堂语文课堂教学艺术

　　程少堂，广东特级语文教师，"语文味"教学流派创立者和核心人物，"语文味"注重思想性和文化性，在教学中注重对学生进行"文化关照"，因此学术界称为"文化语文"。程少堂在 2001 年上半年正式提出"语文味儿"理念，受到我国语文教育学术界和实践界的广泛关注，"语文味"的影响遍及全国，成为评价语文课堂教学的重要指标，甚至影响到其他学科，派生出了"数学味""英语味"等说法。程少堂著有《语文教学法》《程少堂讲语文》《语文味教育理论与实践探索》等。

第一节　程少堂语文教育理念

一、"文化语文"提出背景

　　"语文味理念的提出，是对异化的语文教育进行改造的必然。"[①] 语文课常常成为政治思想的载体，学习其他学科的工具，标准化考试的奴仆，而近年来，在种种新兴教育流派和高新技术手段的冲击下，语文课堂又逐渐沦为大杂烩，变得五味杂陈，却单单缺少"语文味"。学生的个性发展需要"语文味"，语文学科是基础教育的基础，在中考和高考指挥棒的功利性指引下，多年来，尤其在高中阶段，人们更重视语文学科的工具性，教师更多的是扮演"传道授业解惑"的角色，但作为人文学科语文应是给予学生人文情怀的熏陶。语文是文化的载体，记录着民族生命发展的过程，语文课堂要让学生感受生命的活动、心灵的颤动。语文教学体现语文独有的语文味，使学生在语文学习过程中，不仅获得语感还要获得情感

---

① 程少堂."语文味"的成长史 [J].语文教学通讯，2008（05）：10-12.

和美感，这样的语文教学才是真正的语文教学。凸显语文味是语文教学的应有之义。基于此提出"语文味"即"文化语文"。

二、"文化语文"内涵解读

2001 年，程老师在论文《语文课要教出"语文味"》中，第一次使用了"语文味"这个概念，并对其进行了初步阐释。2003 年在对"语文味"定义解说中，出现了"语文味"即"文化味"的说法。经过多次修改和提炼，程老师在 2008 年出版的《程少堂讲语文》中，给出了较成熟的定义。

语文味即"在语文教学过程中，在主张语文教学要返璞归真以臻美境的思想指导下，以激发学生学习语文的兴趣、提高学生的语文素养、丰富学生的生存智慧、提升学生的人生境界为宗旨，以共生互学（互享）的师生关系和渗透师生的生命体验为前提，主要通过情感激发、语言品味、意理阐发和幽默点染等手段，让人体验到既富有教学个性与文化气息，又生发思想之快乐与精神之解放的，令人陶醉的诗意美感与自由境界。"①

"文化语文"中的"文化"是一种精神、一种积淀、一种濡染、一种智慧，引导学生沐浴传统、丰富涵养、提升悟性。"文化语文"就是要在丰富的文化熏陶、传承、感染和构建中进行全方位的精神塑造，感受善美，培养高尚的人生情怀和高雅的审美情趣。②

三、"文化语文"教学理念

（一）返璞归真，以臻美境

只有在语文的本质中进行探寻，才有可能发掘语文的真味。从语文学科的基本性质看，工具性和人文性两者缺一不可，因此在语文教学中必须坚持两者的和谐统一，才能回归语文的本质。"语文味"特别重视挖掘人文性，但并不意味着忽视工具性。从语言运用的基本功能上讲，工具性是人文性的基础，如果没有语言和文字，人类就无法准确地表达和理解思想，更无法将世代累积的信息和智慧流传下去，人文性也就无从谈起。"语文味"重视对学生语感的培养，要让学生会听、会读、能解、能用，这就要求教师在教学过程中特别注重对不同文体和语体特征的把握和展示，并且引导学生在理解字、词、句的表面含义的同时，进一步

---

① 程少堂 . 程少堂讲语文 [M]. 语文出版社，2008.

② 祝禧 . 论"文化语文"与"教育回归"[J]. 资治文摘（管理版），2009（9）：123.

地探索其中的深层含义。发展语感不应靠理性分析，而应从感性认知入手，通过反复朗读，打通视觉与听觉、书面语与口语之间的阻隔，从而提升学生的语言敏感度，使其能充分感受到语言的实用性。当学生的语言感受力增强时，语言运用能力也会相应地提升。如果在语文课堂的审美过程中，学生能够充分感受、理解语言的美，又能够充分描述自己的美感体验，表达自己对美的认知和判断，语文课堂的美就已经渗透到学生的感官与思维之中，逐渐带领学生走向美的境界。

（二）创造乐趣，激发兴趣

程老师提出："语文味教学法，主张语文教学过程要做到真、善、美、乐相统一。"[①] 乐趣在"语文味"中具有重要的地位，传统的"语言品味"因为乐趣的加入而变身为"语言玩味"。"玩"字为品读过程注入了更多趣味和变化，对激发学生的学习兴趣，提升他们的思维灵活度有积极的作用。

"语言玩味"在实际教学中表现为对比感知、语序调整、文体转换、语体转换、标题更改等多种形式。例如，在《虽有佳肴》公开课中，程老师引导学生通过"弗"和"不"两个否定副词的对比朗读，感受在语义分析之外的韵律美和错综美。教师可以借助活泼多样的形式和幽默风趣的言辞，让学生们在兴趣盎然之中体味语言的魅力。在这一过程中，教学激情与学习兴趣互相促进，情趣、意趣、理趣彼此调和，使语文课堂呈现出和谐统一的美感。

（三）共生互学，富有个性

"语文味"生成的基础是师生之间"共生互学"的关系，这与中国古典教育美学中"教学相长"的理念相呼应。如果教师与学生的关系具有"统治"色彩，那么教学方式必然是填鸭式的，课堂氛围必然是枯燥乏味的，教出的学生必然是缺乏独立思考能力的。当代教育的追求是塑造自由的、平等的、独立的人，因此，教师的"权威"形象应当发生转变。当师生之间建立起真正的"共生互学"的关系时，"语文味"的萌发就指日可待了。"语文味"以情感激发和语言品味为基本手段，将语言学习和情感体验并举，能够让学生的语言能力和思想观念共同发展，不会因表达落后于情感而舌拙口涩，或者因情感落后于表达而虚与委蛇。

"个性"二字在"语文味"诞生之初，就已经成为核心词汇之一。人的个性来自不同的生命体验，每个人都在用自己的经验解读这个世界。在语文教学中，学生往往对最贴近自己生活的文本感兴趣，可是在高中语文教材中，极其贴近学生

---

① 程少堂.建构一种新的教学法：语文味教学法 [J].中学语文教学，2014（02）：15.

现实生活的文本并不多见，大部分文本涉及更加广泛的社会层面和更加丰富的生活体验，但这些内容对于学生来说是相对陌生的。如何引导学生在陌生的世界中找到熟悉的感觉是语文教师面临的重要课题。想要做到这一点，语文教师首先要自己沉浸于文本之中，用自己的生命体验寻找与文本的契合点，对文本做出个性化的解读。在这一过程中，教师会发现文本与学生的人生经验之间可能存在的联结点，由此选择合适的切入方式并做出预设。

（四）提高素养，丰富智慧

提高学生的语文素养，应提升他们的文化涵养和人生境界。如果个性解读代表每个阅读者的个体特征，属于个体的"小文化"，那么每一个个体是群体的有机组成部分，他们的共性又构成群体的文化特征，可以被称为"大文化"。每个人在阅读中发现着自己的个性，同时发掘着整个民族的共同特征。例如，学生可以透过《荷花淀》发现中华民族含蓄蕴藉的表达习惯，通过《祝福》看到迷信与舆论对普通人的无形压力和迫害等。在中外文本的对照阅读中，学生还可以发现东西方文化传统的不同特征，并且在自己的实际生活中得到印证，这对学生是一种潜移默化的文化浸润。在语文教学中，帮助学生从阅读中发现更加丰富、复杂的内涵，理解世界的复杂性和多样性，使学生学会从不同的角度看问题，成长为拥有哲学思考能力的、成熟的人。

四、文化课堂的基本特征

"语文味"教学旨在提高学生的语文素养、丰富学生的生存智慧、提升学生的人生境界和激发学生学习语文的兴趣，使学生体验到教学个性与文化气息，以及令人陶醉的诗意美感与自由境界，因此其课堂具有鲜明的特征。

（一）课堂教学氛围具有明显的感性特征

感性的课堂氛围与理科课堂的理性氛围相比较，是用情绪感染人，以情感打动人的氛围。在这种氛围中，学生因为受到情感的触动更容易产生参与审美活动的内驱力，学生的感官和思维得到充分的调动，这堂课不仅是他们"愿意听"的课，而且是他们"听得懂"的课。与此同时，教师也是这种氛围的受益者。当情感得到充分的调动和抒发，自我得到充分的展现时，不仅学生会产生强烈地"学"的意愿，教师也会产生强烈地"教"的意愿。师生双方会在课堂交流中形成良好的互动氛围，在互相了解、互相激发的过程中，使精神得到释放，思想彼此碰撞，生成更多有效、有益的内容。

（二）课堂教学内容具有审美和文化意蕴

在古典诗词教学中，语文学科的工具性一直处于比较尴尬的地位，大多数教师把与古诗词有关的文体常识传授给学生，但只停留在"文体知识"的层面，一笔带过。工具性中富有"语文味"在于它的生命力。尽管经历了几千年的风雨洗礼，古典诗词的某些语言形式、思维方式依旧活跃在现代汉语之中，依然作为汉语言的底色，潜移默化地影响着当代中国人。因此，让学生从看似枯燥的语文知识中感受到跨越千年的生命力，是"语文味"的另一个使命。当一堂语文课呈现滋味浓厚、韵味有致时，"语文味"也就水到渠成了。

（三）课堂教学手段充满情感激发和幽默点染

情感激发和幽默点染是"语文味"教学的重要手段。情感本身是作品的主要特点，如何在文本的基础上进行再创造，让读者与作者的情感得到共鸣是语文教学的难点。"语文味"的课堂强调注重学生情感的激发，教师要有幽默感，使语文课堂有欢笑也有眼泪。

在讲到中西文化差异时，程老师举了一个很鲜明的例子。在西方国家一个男子在街上对一位漂亮的女子说她很漂亮，这位女子一定会说"谢谢"。但是在中国发生同样的事，得到的答案可能是"你是神经病"。学生在轻松幽默的环境下很好地理解了中西方文化的差异。例如，在讲到朱自清的《背影》或老舍的《我的母亲》时，老师是完全可以凭借自己丰富的情感创设情境，让学生走进父亲或母亲，动之以情。

（四）课堂教学情感散发人性美和人情魅力

语文是最有感情的学科，语文课堂尤其是高中的语文课堂更应该充满人情味。如果学生在生物课上因解剖青蛙而恐惧，在化学课上因实验而冰冷，在数学课上面对纷繁的数字与公式而烦躁时，最该回归的就是语文课堂，在这里能找到情感的依托和思想的共鸣。即便是一篇严格意义上非文学作品的文章，依然能找到情感的触发点。例如，学习马丁·路德·金的演讲稿《我有一个梦想》，都会被他的精神和勇气赞叹折服，会激发学生为民族、为人类贡献的情怀。

语文课的美不是多媒体课件上图画的美，也不是教室装扮的美，而是文字、文章本身的美和其中传递出的浓浓感情。诗歌有美的意象、美的意境，散文有美的语言和情感，小说戏剧有美的人物、美的心灵。"语文味"教学就是"让语文教学美起来"，在不知不觉中渗透美育。总之，具有"语文味"的课堂是培养学生情感的沃土。

第二节 程少堂语文课堂教学艺术

一、导入与结课的艺术

程少堂的课追求大格局大气象，他的课堂导入也常氤氲着文化气息，使学生不知不觉地置身于浓浓的文化熏陶之中。

（一）文化切入

文化是"语文味"教学中不容忽视的组成部分，程老师的代表课中始终贯穿着文化要素，并且经常以文化作为切入点导入文本，引出问题。例如，在《荷花淀》一课中，程老师以"中西方文化表情达意方式的差异"为引题导入新课，学生回顾自己所接触的书刊和影视作品，发现西方人更喜欢直白、豁达的表达方式，而中国人倾向于含蓄地抒情。由此开始，《荷花淀》的解读和赏味都离不开"文化"命题，不熟悉民族文化特征对课文感到不解的学生，逐渐走进人物的心灵世界，也走进了熟悉又陌生的中国文化。再如，在《子衿》一文的教学中，程少堂以"风"字为导入展开，进而介绍《诗经》的文化，并联系当前的社会文化使学生有整体把握，一下子拉近了学生与文本的距离，扎根于传统文化中。

（二）朗读导入

语文课堂要求人们要多朗诵，从朗读中体味文章的意趣。程老师的课堂导入中也常让学生朗读，尤其是诗歌的学习。比如，在教学《你是我的同类》《锦瑟》《听陈蕾士的琴筝》等诗歌时，程老师都会让学生反复吟诵诗歌以探讨诗意。

除以上之外，程老师也常用故事导入、作业预习导入、开门见山式导入等方法。程少堂导入的形式不固定，根据不同的课例、不同的学生。选择不同的导入。每一种导入都激起了学生学习的兴趣，充满了趣味性。

程少堂的结课形式是多样的，或首尾呼应，与导入结合形成完整结构；或拓展阅读，使课内外活动有机结合。

1. 提纲挈领——归结式结课

教学《荷花淀》一文时，程少堂是这样结课的。

师：我们把这节课小结一下。（打出字幕："小结：中和（适中和谐）精神与中和之美，是中国文化的基本精神和基本审美观念，它的基本思想是教人处理好人与自然、人和人、人与自我之间的关系，使之处于协调状态，即教人学会诗意地生活，诗意地栖居。"）

……

最后，给大家留一道研究性的题，今天不是提到研究性学习吗？请大家记一下。……（打出字幕："作业：《老人与海》与西方文化精神"）有一句话，我提供给大家。

（打出字幕："人不是生来要被打败的，你可以消灭他，但就是打不败他。——海明威《老人与海》"）

……

一节课结束，学生大多已经有些疲劳，此时概括出课堂教学知识的主要内容，有利于学生牢固地掌握所学知识。

2. 举一反三——延伸式结课

教学《你是我的同类》一文时，程少堂这样结课的。

师：最后，我把大家小时候都背过的一首李白的诗写出来。（板书："床前明月光"）我就不写后面了，你们肯定背得下来。我的意思就是说，这诗大家都背得下来："床前明月光，疑是地上霜，举头望明月，低头思故乡。"有时候啊，我们可以把它变一变。

床前

明

明

明

月光

月光

师：也可以是吧？它也是一句诗啊！（示意并指挥同学一起）来，接着来（在老师带领下，师生齐诵）。

疑是

地上

师：（示意并指挥同学）再重复一下，

（师生声情并茂地齐声背下去）

地上

霜

师：（示意并指挥同学）再重复一下吧，（在全场情绪高涨的学生和老师齐诵）

霜

霜

举头

望

望

望

明

明

明

月

低头

思

思

思

故

故

乡

乡

故乡

师：（面对高度兴奋的同学）这好玩是吧？它也是诗啊！而且是不错的诗！好，这节课就上到这里，下课，谢谢同学们啊！

《你是我的同类》是一首诗歌，结课时程老师以《静夜思》为例，变诗玩诗，既让学生再次体会到诗歌的可把玩性，又使学生产生兴趣，自觉地尝试把玩诗歌。

3. 调动情绪——激励式结课

教学《人民英雄永垂不朽——瞻仰首都人民英雄纪念碑》一文时，程少堂是这样结课的。

师：我们在回头看这节课的这个标题——《在"反英雄"的时代，呼唤英雄》。我想通过这一节课，不但让同学们学了一篇说明文，而且从小就有一种英雄意识。

我们齐读普希金的诗，来。特别是开头一段。看不看得清？（增大字号）来，《纪念碑》，普希金，预备——读！（学生齐读。教师同读。）

同学：（齐读）

……

师："珍爱的竖琴"这一句，有的翻译成：我的灵魂在"圣洁的诗歌"中比遗骸存在得更长久。

让我们再齐读一遍结束本课。来，让我们站起来，同学们站起来，好不好？（学生起立）《纪念碑》，普希金，预备——读！

师生：（齐读）

……

程老师以感情激昂的朗诵结束一节课，调动了学生情绪，激发了学生的热情，进一步体会到"英雄意识"，达到发人深省的教学作用。

二、课堂评价的艺术

（一）注重对学生的赞美，拿捏适度

以程少堂执教的《人民英雄纪念碑》一课为例。

生：根本原因是……

师：……你在找一个问题的原因时，会找根本原因，会找次要原因。在你这个年龄能这样就相当不容易了，答案的准确性那还在其次……

……

生：因为人民英雄纪念碑的主题是人民英雄永垂不朽，上面有"人民英雄永垂不朽"八个金字。

师：哦——（笑声）毛主席写了八个字，所以作者就写八件事。呵呵，你这种思维还有点意思！

学生在回答老师提出的问题时不可能非常完满，程老师的评价方式鼓励了学生的发散性思维。这种鼓励和赞美有利于学生尽情地表达出自己的思想，可以让不同的观点相互碰撞，使多种思维在相互的摩擦和交流中产生智慧。

（二）耐心、无条件地尊重学生既有的知识储备

以程老师执教《听陈蕾士的琴筝》的片段为例。

师：接着读，从"他左手一扬"一直读到课文结尾。注意力集中一点！"他左手一扬"，预备读。

（生齐读课文）

师：声音大一点！高一点！……

师：读得还不错，尽管声音越来越小，力气越来越小……我上午在旺角那间

学校讲这篇课文就让他们读了十五分钟，现在我们才读了一次。我听说香港同学不太喜欢朗读。其实学好语文，就应该多朗读……

师：读书要放开来读，要体会进去。

从中可以看出，程老师对学生们很不理想的朗读情况充满了耐心，他很坦然地、真诚地评价学生的表现并指导学生大声朗读，直到把学生引入课堂，使学生轻松自然地投入到学习中。

（三）评价内容具有针对性

程老师的课堂评价有针对性地回应学生的作答内容，及时纠正、补充、解释、归纳学生的答案，对发言内容进行优化和深化。例如，在教学《人民英雄永垂不朽》一文时，程老师的课堂评价很有针对性，如"不错不错。就地取材，说得很好。把课文的内容加以整合，用自己的话说出来，很好啊！""不错不错。这个同学讲得有一点深度，啊，有点深度。尽管有个别的用词不一定很准确，但是很有深度，还有全球眼光，啊哈，你把中国历史放在整个全球文明中看，是吧？所以在你这个年龄当然是相当不容易的。""很好很好啊！这位同学把说明文的三大顺序都很准确地说出来了，而且结合课文。她说有时间顺序、空间顺序，还有逻辑顺序。说得非常好，啊，像这样综合运用的说明文，还是不少见，还是不少见。"等，评价及时、适当，以鼓励为主，适当纠错，同时在评价中既有对学生回答的总结又有引导。

三、引导的艺术

在教学过程中要努力在教材的情感点、学生的情感点和教师的情感点之间架起一道畅通无阻的桥梁，引导和促成三者之间产生和谐共振。程少堂善于通过不同的方式引导并促成三者之间的和谐共振。

（一）笑话引导

程少堂喜欢讲笑话，他认为："一般说来，如果课堂没有笑声，那就算不上成功；如果笑声太少，那就不能算很成功。"[1] 有人做过统计，说他"状况好时，基本上是五六分钟一小笑，七八分钟一大笑。"[2] 程少堂的公开课上一个小时，学生和全场听课教师哄堂大笑三十多次，因此有的教师说听程少堂讲课笑得比听相声还多。

① 程少堂.程少堂讲语文 [M].语文出版社，2008：138.

② 程少堂.程少堂讲语文 [M].语文出版社，2008：139.

例如，教学《世说·咏雪》，为了让学生更深入地了解谢安、谢道韫两个人的性格特点，他引用了大量《世说新语》中的文段，一边朗读一边翻译，课堂上笑声不断："这么大的喜讯，他还那么地镇静！当然后来他去朝廷报喜讯的时候，把他的高跟鞋跑掉了。"（笑声）"爱看婢女表演。夫人不让看，说再看说明你花心了。"（笑声）"我估计这是王羲之他设计好的，可能是他早就看上那家的女孩子，别人都去争，他在旁边故意要搞另类、个性化的动作，吸引大家的注意力。（笑声）这男同学也要学学。"（哄堂大笑）"看来中国文化有个特点，有时候好事不要做，坏事也不要做。什么也不做为好！可现在不行，不然四个现代化谁搞啊？"（笑声）"王郎这么差劲呢？"（笑声）"谢道韫是很有才华的，琴棋书画样样精通，又会跳舞。晚上想唱卡拉 OK，王郎他又不陪她。（笑声）王郎一点情趣都没有，整天就会打坐。所以谢道韫觉得精神生活很枯燥。"

由于引用的是古籍，如果采用直译，会受到文风的制约，意译又会少了情趣，因此程老师用风趣的大白话进行解读，有故事情节和人物，引导学生直接与之对话，使学生理解内容，激发学习情趣。

（二）废话引导

程少堂提出，我曾专门研究过经典相声和著名特级教师的经典好课实录，发现所谓的"现场气氛"和"生动活泼"，大都表现在有意无意的"废话"之中。"废话"是程氏教学风格不可或缺的要素，也是他进行课堂引导的重要方法。

例如，教学《世说·咏雪》，导入用的是刘禹锡的《乌衣巷》，当学生当堂背诵后，教师赞扬："没学过也能背下来，不错！你年纪这么小就可将这首诗背下来。我小时候只能背《毛主席语录》的。"（笑声）后面引发笑声的话语就是无准备的"废话"，是教师即兴发挥的，既营造了现场气氛，又引入了新课，在笑声中引导学生关注新课。

在介绍《世说新语》时，又说了一番有意无意的"废话"："记得我曾经买过一本书《千古文人侠客梦》，作者是北京大学的陈平原，内容是研究金庸小说。实际上自魏晋以来，中国文人有一个梦，就是"世说新语"这个梦。一直到现在，中国人特别是知识分子非常羡慕《世说新语》里面描绘的生活——精神境界。有些行为方式在当今的知识分子中还存在。"（生听得入神）

话说到此，本可以进入正题了，但教师又啰唆地讲起一个人——华中师范大学校长章开源，并让学生区别"中国著名大学的校长"与"中国著名的大学校长"的不同之处。之后，讲章开源外出参加会议的故事。通知九点钟开会，八点五十分章开源就到了，结果九点十分部长没到，于是章开源就走了。一会儿，部长来了没见到章开源很生气。但是，晚上给章开源打电话，因迟到道歉。

　　显然，"中国著名大学的校长"的区别是无准备的"废话"，而章开源准时赴会的故事是有准备的"废话"。用今人与古人的故事暗喻并强调做人讲诚信是中国传统文化中的重要内容。这一番"废话"既引导了学生关注课堂内容，激发学习情趣，又为课堂的"生动活泼"做了铺垫。

（三）变化引导

　　"变化"是指品味课文的语言形式变化。程少堂把这种"变化"称作"玩"。程少堂认为，语文教师要会"玩教材"，也要善于带领学生"玩教材"，语文的味道，很大程度上是"玩儿"出来的。"玩教材"就像玩魔方，色彩斑斓，令人眼花缭乱。

　　例如，《你是我的同类》上课伊始，程老师不同寻常地回答"什么是诗意"——"诗或诗意就是曾经使我们的内心得到感动的，使我们的精神境界得到提升的情感。"这种不同于严肃的科学定义的解读，不仅让学生明白了什么是"诗"或"诗意"，而且激发了学生的情感，吸引他们自觉地回顾生活中让自己感动的细节，进而感受诗歌中的细节。接着，教师充满激情地带领学生变"标题""点睛句""句子顺序"，在把玩中揣摩、辨析、理解、审美……以独特的方法点燃学生的探究之情、赏美之心。

　　例如，在香港教学《子衿》时，程老师让学生用广东话读这首诗，课堂氛围变得愉快起来。讲解"佻兮达兮"一句时，教师想法新奇，将这一句说成主人公在城楼徘徊时鞋子在楼板上发出的声音。这让生活在现代都市的香港学生顿时产生了亲近感，让学生自然地进入了对诗歌的赏析氛围之中。学习最后一个环节，他要求将诗歌改编成一首歌词，学生纷纷动笔，情绪很高。

　　例如，《听陈蕾士的琴筝》中对"西湖"的讨论，教师引导学生用香港的"维多利亚湾"，和他们熟悉的"长江"、武汉的"东湖"替换"西湖"这一意象。教师将诗歌内容与学生的生活相结合，激发了学生探究的热情，意识到西湖不但具有美好的自然风光，而且具有深厚的文化积淀。

　　程少堂的课堂引导是有方向、有内涵的，在他的引导下，学生的热情在瞬间被点燃了，学生的思路顺着他的设计而延伸。他引导的方式很丰富，善于因地制宜，利用教材的特点结合学生的实际。

（四）因势利导

　　程少堂在教学《听陈蕾士的琴筝》时有这么一幕。

师：学过《明湖居听书》吗？写王小玉唱歌的。

生：学过，记得一点点。

师：哦，记得一点点。古今中外写音乐的文章不少，但是音乐不好写。因为音乐听得到，但看不见摸不着，很抽象。要把很抽象的事物写得很形象，应该怎么办呢？只能借助很多其他意象。在艺术创作当中，有时候写一种事物，一种情感，要吸引读者，不能原本照搬，如一个小女孩长得很漂亮，总是说她很漂亮就没意思了。如果换句话说："她长得很甜。"这个"甜"字就把味觉的感受转化成写视觉"漂亮"。今天这首诗最大的特点就是这个。例如，说你长得很漂亮，就很熟悉；如果说你长得很甜，就有一点儿陌生。艺术就经常用陌生化的手段制造艺术效果。这是艺术的规律。这首诗同学们之所以觉得摸不着头脑，关键在于对它的很多意象不清楚。

从这里可以看出，程少堂在教学过程中具有极强地灵活应变"突发状况"的能力和高超的教学智慧。

四、课堂讲授的艺术

语文课要讲出"语文味"，就必须坚持幽默，幽默是教学中的"硬道理"。因为语文味的关键是要让上课的氛围变得轻松，学生对话题感兴趣，上课才有效率。程老师的课堂讲授最突出的就是"幽默点染"艺术。

"点染"原指书画家挥笔作书作画。画家挥毫作画，有时用点，有时渲染，两法交互运用，构出一幅幅意境精美的画图。程少堂在授课中借用"幽默点染"，即用幽默点题并渲染、烘托，营造出现场的学习氛围，激发学生的学习情绪和兴趣。

（一）先让人发笑，再让人思考

程少堂认为，除了特殊的教学内容之外，语文教学要让学生在学有所得的同时，轻松愉快、笑声不断。缺乏幽默感的语文老师是最缺乏人文精神、自己最痛苦又痛苦他人的人。他推荐美国的"搞笑诺贝尔奖"宗旨——"先让人发笑，再让人思考"。

教学《荷花淀》时，他讲到水生嫂的含蓄时说："含蓄是中华民族传统文化的一个特点。"有这样一个民歌："世上狮子爱麒麟，阿哥阿妹结同心。哪个先上黄泉路，望乡台上喊三声。"麒麟是传说中的一种动物，美丽的动物，比喻小伙子追求漂亮姑娘；"阿哥阿妹结同心"就是两人很要好了。"哪个先上黄泉路，望乡台上喊三声"，这表示海枯石烂永不变心。这四句可以改成："我们两个下决心，马上登记去结婚。结婚以后不变心，哪个变心不是人。"意思一样，味道差了很多。

含蓄、蕴藉、有味道，这是中华民族艺术的追求。含蓄也是适中和谐。

整个过程中听课师生笑声不断，全场沸腾，学生情绪高涨。幽默的原料是"狮子爱麒麟"的中国民歌，用浅显易懂的大俗话做点染。通过美与丑的强烈对比唤起在场师生强烈的幽默感，在笑声中领悟到含蓄的好处。俗是形式，雅是实质。

（二）说好"废话"

"废话"有适境（烘托气氛）、造境（营造气氛）的作用。程少堂认为，没有"废话"的语文课不一定是好课；语文教师要学会说"废话"；好的语文课需要许多"废话"才生动丰满。[①] 如何在课堂上讲好"废话"是一门艺术。

程少堂说："在我的课中，有准备和没准备的'废话'大约一半对一半；在实践中，精心准备的'废话'更多些。"[②]

1. 无准备的"废话"

无准备的"废话"是指在教学过程中伴着教学灵感率性生发的即时话语。

在教学《诗经·子衿》时，谈到主人公的爱情，教师即兴发挥说："在爱情方面，先秦时期的人们是很开放的。中国，特别是以汉族为代表的中华民族，早期比较浪漫，《诗经》中也有很多大胆描写爱情的。《国风》中就有很多。也有像刚才这位女生说的：你不来，你不来拉倒！（众生笑）东方不亮西方亮，西方不亮北方亮，北方不亮南方亮。（众生笑）天涯何处无芳草？缺了你，就没人啊？是不是？《诗经》里有好多首。这位女主人公，像刚才这位女生这样理解行不行？她是一种什么样的形象？"

在这里，点明中华民族在谈情说爱方面是比较浪漫的，概括地用《诗经》中大胆的爱情作品进行渲染。紧接着，瞬间拉回现场，联系女同学的现代爱情诀别，伴着灵性生发出两组"废话"，用浅显通俗的语言，加深了学生对诗中女主人公爱情的理解。

2. 有准备的"废话"

程少堂说："我的课'废话'多，但那是我精心准备的。我备课有一个环节是"备废话"——用新名词说就是准备'有价值的冗余信息'"。[③]

---

① 程少堂.程少堂讲语文 [M].语文出版社，2008：35.

② 程少堂.程少堂讲语文 [M].语文出版社，2008：153.

③ 程少堂，程少堂讲语文 [M].语文出版社，2008：153.

在理解《世说·咏雪》中谢太傅、谢道韫两个人物性格特点时，教师不惜用有准备的"废话"进行点染："那以后我们要常大笑，那是乐观！（笑声）这个问题比较难，因为文章没写性格特点，要发挥我们的想象力揣摩。我们要了解谢家的背景。"先"点出"笑是一种乐观性格的表现，并说明需要"想象力"和了解谢家的"背景"。然后引经据典进行铺叙渲染：①用诗句渲染"大小谢"的文学才华及被李白所推崇；②用《世说·雅量》中的文段渲染谢安"气量大，很镇静，较多情"；③用王羲之被招女婿的故事说明当时文人的淡定风气；④用《世说·贤媛》中赵母嫁女临行前的叮嘱说明做人的标准；⑤用《世说·贤媛》中太傅与王郎的对话说明王郎这个人少情趣且狭隘。

这些"废话"充分铺叙渲染，既有拓宽知识面的效果，又达到强化的目的，使学生对人物个性及背景加深了印象。有准备的"废话"是程少堂充分备课的创造性发挥，是他人格魅力的语言外化。正如他自己所说，我课中的"废话"是我课的有机组成部分，删去这些"废话"，对我的课，也许形式上更"简洁"了，更"规范"了，但破坏了我课堂教学的整体性、有机性和生动性。[①] 比如，《咏雪》这堂课的开头，较详细地讲到了原华中师范大学校长章开源准时赴会，却临时退会的故事，结课时再照应这个故事，显然这也是"有准备的废话"，不能删去。

把"废话"区分成有准备和无准备，强调语文教师平时的积累和修养，说明"预设"对上一堂好课的重要性；同时，强调教学要"目中有人"，富有智慧的临场应变是"课堂生成"的重要保证。

（三）改变语言形式

"语文味"在课堂上的体现，一是真情点染铺叙，二是改变语言形式。程式幽默的方法艺术，主要是通过这两种手段实现的。如果说有意无意的"废话"属于前者，那么再看看改变语言形式后发生的幽默点染。

教学《荷花淀》1～3段，学生朗读后，教师说："你们什么都不要思考，仔细体会一下它的韵味，品味它怎么像诗。"让学生起来朗读并指导，播放投影说："这是《荷花淀》的第一段，我一个字也没有加，把它编成诗。"学生逐句读诗体会。这时教师的幽默自然发生了："孙犁的这篇小说开头是非常有名的，我读了大学以后还不知道它怎么好，别人说好，我也跟着说好，我怕我不说好，别人说我没水平。（笑声）你们再读，看它好在哪里（它没有华丽的辞藻，纯粹是白描，像铅笔画的素描，但有内在的诗情和韵味）……""特别是水生和他媳妇之间的对话，

---

① 程少堂，程少堂讲语文 [M].语文出版社，2008：153.

非常简洁，但是又情意绵绵。女人低着头说：'你总是很积极的。'这句话，我有两种改法，丈夫要上前线去了，我这么改，女人说（撒娇地）：'不嘛，你不要走嘛！'（笑声）这样可不可以？（学生答：不可以）那为什么不可以？那是个什么形象？小女人，不关心国家大事，这是现代概念，过去是不明大义。我再改一改，女人这么说（耍泼地）：'行啊！你走，我搬回我妈妈家！'（笑声）可不可以？也不可以呀，耍泼也不行。水生说：'不要让敌人汉奸捉活的。捉住了要和他们拼命。这是那最重要的一句。女人流着眼泪答应了他。'这表现了妻子对丈夫的忠贞。我觉得现在的人要学习这些传统美德。这句话，我把它这样改一改。水生说：'我走了，很可能回不来，因为要打仗了。要是我回不来，你看着办吧。你也不要太死心眼，你看着办吧。'（哄堂）这样也可以，也不是不可以。或者说：'要是被日本鬼子抓住了，也不要跟他拼命，好死不如歹活。'（哄堂）这行不行？不行。中华民族文化不是这样。"

"点染"，有时"点"在前，有时"染"在前，两者还可以交错接连发生。程少堂的《荷花淀》是最能体现"文化味"的教例。程少堂通过改变语言形式，把他的"幽默点染"发挥到了极致。课堂上都弥漫着其乐融融的氛围。在这种氛围中，师生双方都处于一种充满活力的游戏状态（即自娱娱人的审美状态），教师教得神采飞扬，学生学得兴致高涨，师生双方都全身心投入，这时课堂上就会出现"庄周梦蝶"般的现象：学生没有意识到自己是学生，教师没有意识到自己是教师，不知道是学生变成了教师，还是教师变成了学生，教师、学生、教材、教法、教学环境之间融为一体。

五、学法指导的艺术

课堂是教师与学生的互动活动，除了有教师的教，还应有学生的学。因此在教学中，教师要教给学生学习的方法，让学生学有所得。程少堂的课堂，广征博引，视野开阔，知识性强，体现出浓浓的文化味，同时在课堂中渗透着对学法的指导。

（一）把玩文字

把玩就是仔细欣赏，变着花样欣赏。这个玩不是不严肃的，而是一种审美。程少堂老师在课堂上经常指导学生把玩文字，既锻炼了学生的动手能力，又提高了学生的欣赏能力，一旦遇到诗歌、文章都可以使用通用的"改"字法。

1. 改字

在教学《诗经·子衿》时教给学生改字法。

师："其"是常见的，还有"之"啊，"彼"啊——彼此的"彼"。假如改成第三人称，我们改成"其"字来读一遍。"青青其衿，悠悠我心，纵我不往，其宁不嗣音？"都改成"其"字，读一下好不好？

通过指导学生将课文中代词"子"，换成第三人称"其"，让学生在朗读中体味情感的表达与变化。对"子"的改用和仔细揣摩，使学生对文本运用语言传情达意有了深刻的理解。

2. 改词

在教学《你是我的同类》时教给学生改词法。

师：我们把这句话："不是吗，孩子"，把"孩子"换成其他的词行不行？大家现在默读一下这首诗，根据诗的内容看，你认为"孩子"一词可以换成哪些词？道理何在？

程老师通过指导学生改词引导学生用心感悟文本，从揣摩表层文字直到倾听人类高层次的情感体验。在潜移默化中，扩大了诗歌内蕴，教给了学生读诗的方法，拓宽了学生的阅读视野，提升了学生的阅读敏感力。

3. 改写

在教学《诗经·子衿》时，指导学生将《诗经·子衿》改成歌词，通过改变感受原文的意蕴，并理解内容。

（二）知识启发

程少堂在课堂上对学生的知识性启发，或称为启发的知识性，具有突出的文学性、文化性和情感性特点。

教学《世说·咏雪》时，为了帮助学生理解谢安和谢道韫两人的性格特点，程老师将中西小说进行比较。《世说新语》写的是真人真事，但可以当作小说看，这篇课文是短篇小说。中国古代小说跟西方不一样，西方注重心理描写，浓彩重墨地写心理活动，而我国小说如《红楼梦》很少有直接的心理描写，常常通过人物的语言、行动暗示心理。比如，贾宝玉挨打了，薛宝钗看他的时候就说："要好好读书。"林黛玉从后门进去眼睛肿得像核桃，说明她哭了。当贾宝玉屁股挨打时，她是很心痛的，最后千言万语都化作一句话："你可都改了吧。"如此复杂的心理就通过这一句话表现出来了。

通过知识启发，学生加深了对《世说新语》中人物描写方法的感受，对《世说·咏雪》人物的性格刻画、人物心理揣摩，起到了化繁为简的作用。

（三）知识类比

知识类比就是用同类的知识相互联系比较，让问题得以顺利解决。例如，《诗经·子衿》的教学片段：

师："青青子衿"是说衣领是青的。我今天专门穿了一个青衣服，"青青子衣"不行吗？

生：可能是衣领最吸引那个女孩子吧。

师：她对那个男孩子的衣领……可能那个男孩子的衣领不是很脏，很脏也不会被吸引住。（笑）肯定是那个衣领很有特点，把她吸引住了，她就记住了。

为了加深学生对知识的理解，教师运用知识类比："曹禺的《雷雨》中，鲁侍萍走了以后，周朴园的情人走了以后，周朴园老记得……不对，我说错了，是他的那个情人鲁侍萍还老记得他的衣服上有什么？"学生："梅花。"教师："对对！你说得对！周朴园的一件衣服上绣有一朵梅花，鲁侍萍人虽然离开了周朴园，但是老记得周朴园的一件衣服上有一朵梅花。"

为了强化这个知识，教师又举了《安娜·卡列尼娜》的例子。她和丈夫生活了很多年，她以前没有注意到她丈夫耳朵后面有一个痣。后来她碰到渥伦斯基以后，就开始讨厌她老公了，再回家看到她老公耳朵后面那颗痣，就觉得特别讨厌。

这里的知识性类比很精彩。周朴园的衣服没有给人留下印象，上面绣的"梅花"却让人记忆深刻。相同的情形，如果写"青青子衣"，那只会让人记住一件衣服，但衣服奇特的"衣领"让人记忆犹新。安娜·卡列尼娜讨厌她老公，特别讨厌他耳朵后面那颗痣。两个案例说明"细节都有着情感因素"，细节可以放大感情。现在再来理解"青青子衿，悠悠我心"，其中蕴含的感情就不难理解了。

第三节　程少堂经典课堂赏析

用另一种眼光读孙犁：从《荷花淀》看中国文化——《荷花淀》课堂实录[①]

师：上课！同学们好！

生：老师好！

师：请坐。请同学们根据自己读过的书刊、看过的电影电视思考一下，中国人和以美国人为代表的西方人，在感情表达方式上有什么不同，特别是在亲人离别和亲人久别重逢的时候。哪位同学说说看？

---

① 《语文建设》，2004 年 05 期，P15-17

167

第五章　程少堂语文课堂教学艺术

生：我认为中国人久别重逢时一定会哭得稀里哗啦，这是挺难过的感觉。如果是美国人再次见面时，首先会拥抱，然后再互相询问一番；在离别时绝对不会拖泥带水，说走就走。我感觉美国人比较豁达，但中国人就比较含蓄。

师：你后面概括得太好了！文化不同，表达感情的方式也不同。如果在美国，一位男士看见前面有一位小姐很漂亮，他会直接对小姐说："Beautiful!"（笑声）这位小姐往往会怎么说？

生：Thank you!

师：但是在中国大街上，如在深圳大街上，你看见一个小姐很漂亮，若对她说："小姐，你很漂亮！"她往往会有两种反应：要是碰到胆子大一点的，她可能会反手给你一耳光；如果是文雅一点的小姐，会怎么样呢？（学生说：跑了）不是跑。她会对你说："你走不走？你不走我就叫警察！"（笑声）在奥斯卡颁奖典礼上，美国的女演员拿到金像奖后说："我是最好的！"台下掌声雷动。但是，在中国有一个演员，曾经说过"我是最好的中国演员"，是谁呀？（有学生回答：刘晓庆）这句话被骂了 20 年，还在骂。这是为什么呢？文化不同。有些话在美国可以说，在中国不能说。

大家读过《西游记》吧？我的小孩比你们大一点，她上高二。有一次在吃饭的时候，我说跟你讨论一下《西游记》，唐僧带领几个徒弟到西天取经，假设唐僧在路途上得了重病，因为没有药病治不好，你说他会选谁当接班人，去完成西天取经的重任？

生：（众说纷纭，说沙僧，孙悟空的都有。）

师：我女儿跟你一样也是说"孙悟空"，我说，不是；她说"猪八戒"，我说，还不是；她说"是沙僧哪？"我说，很可能是他。我解释说，中国文化讲究共性文化，太个性化的人，哪怕能力再强，也不受欢迎。你说这种文化不好吗？不能那么讲。讲究共性的文化有它的好处，讲究个性的文化也有它的好处。

孙犁是一位非常著名的作家，他的作品在文学界影响非常大，20 世纪 50 ～ 60 年代曾经有一个流派叫荷花淀派。中国的文学青年及文学界都很喜欢他的作品，艺术品位很高。但是，很多在中国学习的西方留学生，不喜欢孙犁的小说，甚至觉得他描写的细节不可思议。

曾经调研高二的学生，问他们学过《荷花淀》没有？他们说学过。问他们喜不喜欢？他们说："不喜欢。"老师讲《药》的时候就是买药、吃药、什么药什么药；讲《项链》就是借项链、丢项链、赔项链；讲《荷花淀》，就是夫妻话别、送夫出征、助夫杀敌。丈夫和妻子分别的时候说："我走了，你要不断进步，识字，生产。"他们觉得很搞笑，他说："男人都走了，女人还怎么生产？"（哄堂）我说这个小孩儿有点调皮哟！他知道"生产"有两个意思。我说你们不喜欢的原因是：你们对中国文化不了解，有时代的隔膜。因此，今天就跟大家用一种新的眼光学习《荷花淀》，我教给大家用新的方法读《荷花淀》，乃至来读其他的文化色彩、民族色彩很浓郁的小说，我今天最主要的目的就在这里。

（老师板书，用另一种眼光读：从《荷花淀》看中国文化）

师：中国文化源远流长、博大精深，是世界文明文化中唯一没有中断的文化。因此，说这种文化不好，是一种无知的表现。西方人读不懂或者不喜欢孙犁的小说，重要的原因就是对中国文化不了解。

这篇小说没有复杂的情节，人物也不是很多，但它在中国当代文学史上是一个著名的作品，被《亚洲周刊》评选为"二十世纪中文小说100强"（长篇中篇放在一起），其中，孙犁的另一篇是《铁木前传》。描写土地改革时期的一个铁匠和木匠。一个作家被选两篇作品在"二十世纪中文小说100强"中，这是很不容易的。

请大家看课题，"用另一种眼光读孙犁"。以前用政治学和社会学的眼光读得比较多，也就是人们平时所说的通过什么描写，刻画了什么人物，反映了什么现实，歌颂了什么精神，鞭笞了什么丑恶现象等；或者说，情节、人物形象是怎么样等。但是，今天将用另外一种眼光，在文化视野的关照下读这篇小说。希望同学们通过这节课，要学会用这样的眼光读小说，既要钻进小说读小说，同时要跳出小说读小说。

首先请同学们打开书，看第1段到第3段写自然风光的部分，齐读一下。预备读。

（学生齐读）

师：同学们读得很好。因为我听了很多公开课，有时同学们都不肯读。深圳中学的同学读得很好。下面请一位朗读能力好的同学读一读第1段。昨天我了解到张晶同学读得不错。请你来读一下第1段，教学参考资料已经印给了大家，这篇小说诗情画意，是诗化小说。张晶，把诗的味道读出来。

（张晶音质柔美、充满深情地读第1段）

老师：你的朗诵水平很高。你是哪里人啊？

张晶：祖籍天津，也算是深圳人吧。

师：但稍快了一点，如果你节奏稍慢一点，那就更好了。你再读一遍。

（张晶放慢节奏，充满深情地又读了一遍。听课师生鼓掌）

师：很好很好！听说前几年龙岗区教研员钱老师的女儿从深中考到北京广播学院了。你的素质很好，可以考广播学院，当播音员或主持人。（笑声）

下面同学们自由地朗读1~3自然段，你们什么都不要思考，仔细体会一下韵味。是否像诗一样美。

生：（自由朗读）

师：好的，大部分同学读完了。昨天晚上，我在家把第一段编排了一下。一个字也没有加，把它编排成诗的样子。（老师放投影，第1段被改写成了诗歌）张晶啊，你带领大家读一下，领读。

张晶：（带学生逐句读诗）

月亮

升起来

院子里

凉爽得很

干净得很

白天

破好的

苇眉子，湿润润的

正好编席

女人

坐在

小院当中

手指上

缠绞着

柔滑修长的

苇眉子

苇眉子

又薄又细

在她怀里

跳跃着

师：孙犁的这篇小说开头是非常有名的，我读了大学以后仍不知道它怎么好，我怕说不好，别人说我没水平。（笑声）后来慢慢地读多了，就发现，它没有华丽的词藻，纯粹是白描，像铅笔画的素描，但有内在的诗情和韵味，要慢慢地品味，要多读才能体会，所以我不讲它，你们多读它。有人说前面这些景物描写没有必要，我认为不能不要。这三段集中写什么内容呢？我认为写的是两个大的问题。

（老师板书）人与环境（风光）

一是人——水生嫂，二是自然风光，写得很美。写这种美的用意何在？有什么特点？请大家简单地说一下。抗日战争这么艰苦，有这么恬静优美的环境吗？作家是不是违反了现实呢？如果不是违反现实，作者用意何在？你们可以互相交流一下，或者思考一下。好，这位同学请讲一讲。

　　生：作者把景色写得这么美好，让我联想起艾青的一首诗，其中有一句是："为什么我眼里常含着泪水？"

　　师：（充满激情地衔接）"因为我爱这土地爱得深沉"。嘿，很好！

　　生：（深受鼓舞）我觉得孙犁把这个土地写得这么美好，就会让人觉得这么美好的土地会有谁不爱？生长在这片土地上人们，理所当然会对她有很深的感情。（老师插话：地灵人杰）我觉得这应该是所有抗日战士战斗的动力所在。

　　师：嗨！说得好，说得非常好！（充满激情地）我们的祖国、我们的山河如此多娇，岂容日寇践踏蹂躏？就是这个用意嘛！她说得太好了，所以作家不是违反现实，这几段不能不要！

　　在这里，我再提个问题，这里写到美丽的环境，其中有水生嫂，这里人和环境之间是什么关系？请用一个词概括人和自然之间的关系？这个问题，对高一的同学来说，深了一点。（学生议论纷纷）好，你说。

　　生1：和谐。

　　生2：融洽。

　　张晶：我觉得有很多种，有一种是互相渗透。这里的女人与环境相衬托，给人甜美、平静的感觉。不只是人影响环境，环境会给人一种很特别的气氛。

　　师：张晶太优秀了！（笑声）我觉得一般的中学生答不出来。她说人和环境之间是渗透关系，渗透关系在中国古典哲学里面叫什么呢？（板书）天人合一，"天"是什么呢？"天"是自然，"合一"就是她刚才说的渗透关系，她没有说到这个词，但意思表达出来了。人和自然的关系大体上有两种，一是融合渗透的关系，二是对抗的关系。高尔基的《海燕》，哪位同学记得？请背几句。（学生杂言背诵）海燕是俄国革命者的象征，背一句也行，不会背乱背一句也可以好。（笑声）好，你来背。

　　生：我只记得最后一句："让暴风雨来得更猛烈些吧！"（笑声）

　　师："让暴风雨来得更猛烈些吧"——这在孙犁的小说中是喊不出来的。海燕和乌云是一种对抗对立关系。在传统的中国文学中，典型的中国意境强调融合的关系。我改改，"乌云翻滚，电闪雷鸣，忽然一声炸雷，女人慌慌张张跑到屋子里"，（笑声）或者，写女人很坚强也可以，"一声炸雷，几个雨点敲打在女人的脖子上，女人仍然在屋檐下编着她的席子，席子在闪电的照耀下就像刺向日本鬼子胸膛的刺刀。"（哄堂）孙犁的小说民族色彩浓郁，他不喜欢写和大自然急剧对立的环境，他所有的作品，基本上都是这种风格。我们用一个词概括人和大自然的关系，就是同学们讲的和谐。（老师板书：和谐）这是中国文化的一个基本特点。人是大自然的一部分，人是大自然的产儿，污染了大自然，糟蹋了大自然，就是污染糟蹋了人类的生存环境，污染糟蹋了人类自己。

这里，我穿插一下，写芦苇，中国自古以来是个很典型的意象。大家知道，写杨柳，代表什么？

生：送别。

师：杨柳依依，随风起舞，好像缠绕着你，不让你走哇！写水的时候，水的柔情也是一种意象；另外，水也载舟，水也覆舟，势不可当，也是一种意象。中国古典文学当中，有许多基本定型的意象。芦苇在古代叫蒹葭，《诗经》中有一首《蒹葭》。

生1（主动站起）：蒹葭苍苍，白露为霜，所谓伊人，在水一方。（学生鼓掌，笑声）

师：哎呀，太好了，太好了！深中的学生，就是不一样！（学生欢呼）后来琼瑶写了一本小说叫什么？

生：（齐答）《在水一方》。

师：《在水一方》的电视剧主题歌，琼瑶是根据《蒹葭》意境改编的，有两句，我会唱，唱给你们听听。我唱得不好。（老师深情唱道："绿草苍苍，白雾茫茫……"，学生高兴，鼓掌，欢呼）

（充满激情地）从《诗经》到琼瑶，芦花在中国文化中象征着爱情。芦花的圣洁，芦花的凄幽，在芦花荡，发生了多少动人心弦的爱情故事。在这篇小说中，孙犁写了芦花荡、荷花淀，通过飘落在、跳动在女人怀中洁白的苇眉子，飘落在发际之间的芦花，我们可以看见，它交织了当时中华民族妇女们对丈夫的思念之情，对正义战争的支持，凝结成回肠荡气的战火中的爱情。

自然与环境之间的关系是和谐的。这篇小说又写了很多人，写了很多人际关系。例如，写了父子关系。水生回来说："爹哪去了？""爹已经睡了。"写了夫妻关系，还写了女人之间的关系，写了男人和男人即战士和战士之间的关系，对不对？也写了战士和他们妻子之间的关系。我现在与同学们通过语言的品味，说一说这篇小说写人和人之间关系的特点。各种人和人之间关系有一个共性，请大家先看教材，看对话。

（学生翻阅教材）

师：首先我们看一下夫妻之间，水生和他的媳妇之间的关系。大家看第2页。

水生和他媳妇之间的对话，非常简洁，但又情意绵绵。"水生笑了，女人看他笑得不平常，'怎么了，你？'"这句话很多资料上都有。我把它改一改，两种改法。一种是把"你"字去掉，改成："怎么了？"另一种是把主语"你"提到前面去，改成："你怎么了？"它有什么不同，表达的感情有什么不同？

生：少了一种夫妻之间的关怀，还有她对丈夫一种挂心的感觉。

师：比较焦急，是吧？所以她先把一种状态问出来，然后再问"你"怎么样。如果不要"你"呢——"怎么样？""怎么了？"好像不是很亲切。这样说比较温柔，而且比较急切，请同学自己体会一下。大家向老师问问题的时候，有两种问法。"老师，请问这个问题，我不大懂。"这是一种问法，这比较好。还有一种问法是："这个问题我不大懂，老师。"这也可以，强调的是问题。但不能说："这个问题我不大懂。"

再往下看，女人低着头说："你总是很积极的。"这句话，我有两种改法，丈夫要上前线去了，我这么改，女人说（撒娇地）："不嘛，你不要走嘛！"（笑声）这样可不可以？（学生答：不可以）那为什么不可以？那是个什么形象？小女人，不关心国家大事，这是现代概念，过去是不明大义。

我再改一改，女人这么说（耍泼地）："行啊！你走，我搬回我妈妈家！"（笑声）可不可以？也不可以呀，耍泼也不行。

接下来我们再改一句："女人鼻子有些酸，但是她并没有哭。"我把它这么改："女人的泪水直往下淌，她咬了咬牙。"可不可以？（笑声）中国文化有个特点，就是（学生说：忍！）忍，也是对的。孔子在编《诗经》时说："乐而不淫，哀而不伤。"意思是乐而不过度，哀伤的时候也不过度，在这个地方也是一样的，主要表现觉悟了的中华民族的女性的精神状态。

再看第3页，"水生说：'不要让敌人汉奸捉活，捉住了要和他们拼命。'这才是那最重要的一句。女人流着眼泪答应了他。"这是表现了妻子对丈夫的忠贞。我认为，现代人还是要学习传统美德。因为有时候，有些场合有的人表现得太随便了。这句话，我把它这样改一改，看行不行？是否是中国传统文化所要求的。水生说："我走了，很可能回不来，因为要打仗了。要是我回不来，你看着办吧。你也不要太死心眼，你看着办吧。"（哄堂）或者说："要是被日本鬼子抓住了，也不要跟他拼命，好死不如歹活。"（哄堂）这行不行？不行。中华民族文化不是这样。宁为——

生（齐答）：玉碎，

师：不为——

生（齐答）：瓦全。

师：宁可站着死，

生（齐答）：不可跪着生！

师：对了，说得很好！我再改一句，第3页，"全庄的男女老少出来给他送行"，改成"大部分人出来给他送行"行不行？全庄人出来说明什么？中华民族同仇敌忾，历来如此。我们是全力以赴，神州团结如一人，试看天下谁能敌！

再来看看这些女人之间的关系。有一则幽默，女同学听了不要生气。有位老师说："女同学喜欢说话，一个女同学等于500只鸭子。"第二天上课时，有位女同学报告："老师，外面有1,000只鸭子来找你。"找他的是他妈和他妻子。（笑声）三个女人一台戏，女人有时候在一起容易闹矛盾。但是，小说中的女人闹矛盾没有？（学生答：没有）她们之间的关系，用一个词概括一下，夫妻之间，人与人之间，是什么样的关系？

生：和谐的关系。

师：还是和谐。

师：非常好，非常好！同学们回答得非常好！人和自然的关系很和谐，人和人之间的关系也很和谐。但是，人有时和自己闹别扭。如果人不尊重自然规律，一味地征服大自然，会受到大自然的惩罚。和别人闹别扭，别人会害我们。有时自己还会跟自己闹别扭。这篇小说中，人和自我心灵之间的关系是什么样的？

老师板书：人和自我之间（心灵）的关系

师：人生在世，不可避免地有痛苦、有孤独、有彷徨、有空虚、有寂寞。庄子曰："吾生也有涯，而知也无涯。"解释是：我们的生命是有限的，而知识是无限的，所以要努力学习。其实，还有半句是："以有涯度无涯，殆矣！"就是说用我们有限的生命，去追求无限的知识，那太危险太蠢了的。（哄堂）庄子在这里有点消极。中华民族的文化，像所有的文化一样，有消极的一面，也有积极的一面。儒家比较积极，道家比较消极。人有时候需要一点阿Q精神，特别是在受挫折的时候。课文中妻子送丈夫上前线，丈夫不知是死是活，回来的时候可能缺条胳膊，断一条腿，那是很痛苦的事情。但是，我们是否看得出来，他们内心痛苦呢？

生（齐答）：看不出。

师：怎么看不出？举个例子说说看，在课文中找个例子证明一下。在课文中，看出她们有点舍不得，但还比较乐观。

生：第3页最后一段，"几个女人有点失望，也有些伤心，各人在心里骂自己的狠心贼。可是青年人永远朝着愉快的事情想，女人们尤其容易忘记那些不痛快。"

师：还有很多例子，由于时间关系，不一一列举。有痛苦也有孤独，但是不是呼天抢地的苦。我看电影电视时比较喜欢大悲大苦却欲哭无泪，最大的痛苦是他喊不出来。中华民族是一个多灾多难的民族，但中国人对待自己内心痛苦，有一种特殊的方式，中华民族强调的是"乐而不淫，哀而不伤"那么，我们实际上已经讲了，人和内心的关系也是和谐。

再穿插说一个例子。这里面讲女人去找她们丈夫的对话，有的比较忸怩，有的比较坦率，有的找借口，说是婆婆叫的，实际是她自己想看丈夫，很正常的，这是人之常情。正是由于日本鬼子破坏了我们的幸福生活，我们才把他们赶走。但女人说得很含蓄，包括水生和他的妻子之间。含蓄是中华民族传统文化的一个特点。我举个例子大家看一下。

（老师放投影："世上狮子爱麒麟，阿哥阿妹结同心。哪个先上黄泉路，望乡台上喊三声。"）

师：一个民歌。"世上狮子爱麒麟"，麒麟是传说中的一种美的动物，比喻小伙子追求漂亮姑娘。"阿哥阿妹结同心"就是俩人很好啦，"同心"就是要好；"哪个先上黄泉路，望乡台上喊三声"，这表示海枯石烂永不变心。我把这四句改成："我们两个下决心，马上登记去结婚。结婚以后不变心，哪个变心不是人。"（整个过程中听课师生笑声不断，全场沸腾）意思一样，味道差很多。含蓄、蕴藉、有味道，这是中华民族艺术的追求。含蓄也是适中和谐。

我们通过研读这一篇小说，带领大家从人与自然的关系看，中国文化强调的是和谐；人和人之间的关系强调的也是和谐；人与自我之间的关系也强调要注意调节，心理平和，没有大悲大喜。因此，中国古典戏剧大团圆的结局比较多。悲剧，真正的悲剧，比较少见，即使是像《窦娥冤》，最后六月愿天下大雪，惩罚了坏人。像《哈姆雷特》那样的西方那种悲剧是很少见的。这是中华民族文化的基本特点。

那么，我们现在归结一下，什么叫文化。

（打出字幕："文化的定义很多，简单地说，文化就是思维方式和行为方式，即怎样想和怎样做。"）

每位文化学家都有自己对文化的定义。但是，最基本的思想是：文化就是思维方式和行为方式，如我们看一个人有没有文化，不是看他读多少书，拿什么学位，而是看他怎么思考。行为方式，即怎么做事。比如，在西方，人们是先花钱先借贷款买房子。到老了她的贷款也还完了，她也住了一辈子房子了。而中国人先攒钱，最后，可以买房子了，她住不了了。这是两种文化的思维和行为方式不一样。再比如，吃饭本身不是文化，饮食本身不是文化，人们叫饮食文化是一种习惯的说法。怎么样吃才是文化。你看中国人吃饭，我都经常跟年轻人讲，我说有些年轻人，一上菜，他就先夹一筷子。我说你干吗要先夹呢，我说我跟你讲，这个餐桌是转的，大家都有一筷子，少不了你一筷，我说你干吗要先夹？有自己领导、有长辈，还有女士嘛（笑声）和小孩，要他们先吃然后自己吃，这就是文化。这也是行为方式，就是怎样想怎样做。

我们讲了三个关系：人和自然的关系、人和人之间的关系、人和自我之间的关系，都是讲怎么样思考，怎么样做的问题，它都是文化的问题。

（打出字幕：小结：中和（适中和谐）精神与中和之美，是中国文化的基本精神和基本审美观念，它的基本思想是教人处理好人与自然、人和人、人与自我之间的关系，使之处于协调状态，即教人学会诗意地生活，诗意地栖居。）

中和就是适中和谐，就是做什么事情要恰如其分。各种关系都要处理得恰如其分。中和之美是中国文化的基本精神和基本审美观念，教人处理好人与自然、人和人、人与自我之间的关系，使之处于协调状态，也就是教人学会诗意地生活。

今天，我提出一种新的视角读小说，从文化学的角度读小说。从孙犁的小说看中国文化的基本的精神。

最后，给大家留一道题，研究性的题目。（打出字幕）作业：《老人与海》与西方文化精神。书中，有一句话，我提供给大家。

（打出字幕）人不是生来要被打败的，你可以消灭他，但就是打不败他。——海明威《老人与海》

这句话是我最喜欢的，我在 20 年前背下来了，到现在还背得。我写文章用这一句，我女儿说："你怎么就记得呢？"我说："喜欢的话，就要记得。"（充满激情地朗诵）："人不是生来要被打败的，你可以消灭他，但就是打不败他。"一种硬骨头精神！

现在，同学们，一起站起来，跟我读读这几句话：

师（充满激情地领读）："人不是生来要被打败的，"

生（齐跟读）："人不是生来要被打败的，"

师（领读）："你可以消灭他，但就是打不败他！"

生（齐跟读）："你可以消灭他，但就是打不败他！"

师：好，谢谢同学们，下课。

生：谢谢老师！

（全场热烈掌声）

第六章　王开东语文课堂教学艺术

　　王开东，江苏特级语文教师，倡导"深度语文"。他的"深度语文的研究和实践"，获得"江苏省十年首届基础教育成果一等奖"。首创"三有六让"式的课堂教学方式："三有"即"有趣、有情、有理"；"六让"即"目标让学生清楚，疑问让学生讨论，过程让学生经历，结论让学生得出，方法让学生总结，练习让学生自选"，在全国产生较大反响。主张以理想的教育实现教育的理想。在不断探索与学习中，逐步形成和发展了"非常语文课堂""深度语文""未来课堂"的教学方式。著有《教育：突破重围》《深度语文》《教育：非常痛，非常爱》《教育：谈何容易》《非常语文课堂》等著作。

第一节　王开东语文教育理念

一、"深度语文"提出背景

　　课程改革后，语文教育理念和教学方法有了很大进步，为国家培养了众多人才，这是值得肯定的。但是，语文教学显然还不尽如人意，主要表现在如下几个方面。

　　第一，语文教学目标浅，把应对考试当成语文教育的目标，忽视了语文教育的本质。第二，语文课堂浅，在训练中学语文，在测试中学语文，没有在语言运用中学语文。第三，语文阅读"浅"，重理解，轻迁移、运用。特别是对经典篇目的阅读教学比较浅，没有发展学生的迁移、运用能力，没有发展学生的高阶思维。第四，语文写作浅，重虚情假意，轻真情实感；重应试模式，轻生活运用。第五，语文评价浅，以高考语文成绩作为唯一评价标准，轻视语文生活的运用能力。第六，语文思想熏陶浅，课堂教学中随意拔高思想，或者二元对立，忽视语文学科潜移默化的特点。因此，提出了"深度语文"。

二、"深度语文"内涵解读

"深度语文"指发展学生语言运用能力，培育高阶思维和能力，培养创新精神，直达学生灵魂深处的语文教育。"深度语文"主要包括深度学习语言，培育学生高层次读写能力和高阶思维能力，提升学生的人生境界，促成学生的语文创造四个方面。概括而言就是：学用语言，培育思维，提升境界，促成创造。

"深度语文的'深度'表现主要在课堂理解之深，文本剖析之透和课堂把握之精到上。"① 在教学上，这又体现在教师知识的广度和思想的深度，学生需要思维的深度，在课堂上得以拓展和延伸。"深度语文"强调将语文视为存在的方式与本质，将存在视为语言性生存，将语言视为存在的唯一实体；强调诗与思在语文中的重要地位，追求诗与思结合，"经由思抵达诗"。② 总之，王开东的深度语文是具有深度性、人文性与情感性的一种全新的教育理念。

三、"深度语文"教学理念

（一）重视内容挖掘

深度语文关注内容的挖掘。王开东对"深度语文"中的"深度"阐释是："深度"表现在课堂理解之深，文本剖析之透，课堂把握之精到。在品读王开东的课案时，我们会发现，王开东的"深度"是具有"文化深度"和"认识高度"，是师生思想的合作、碰撞和交流。由于读者反映的介入，原先的文本在师生的对话中生成为一个新的立体的文本，一个经过师生创造性感知后赋予了新意义的文本。学生、教师、作者成了文本意义的生成者和创造者，课堂因此走向了多元主题，多元视角的解读和生成，成了知识的重新经历和复活。

王开东对文本的深入挖掘主要是通过四种方式：一是通过对文本中的某一点进行深入细致地挖掘；二是对学生的问题进行深入挖掘；三是对文本整体构思后再层层挖掘；四是对文本的主题进行挖掘。所以，在王开东的教学中，我们能够深深感受到，老师不是在增加知识数量与难度，更不是离开文本的肆意拓展——而是在"最近发展区"内着力，寻找最佳的一个"度"，不断进行智力挑战和思维训练。也可以这样说，这种深度是基于学生的年龄特征、心理发展水平、文章体裁特点、课时安排上的适度把握。深度不是难度，"深度"甚至只是揭示文本的

---

① 王开东.深度语文 [M].桂林：漓江出版社，2009.

② 王开东.深度语文：重拾母语教育的尊严 [J].人民教育，2015（06）：45-48.

内在逻辑的一种智慧。很多时候，文本的内在结构是稳定的，外在表现是变化的。那种内在的心理和文化密码是不会随意变化的，而深度就是把这种文化密码和集体无意识揭示出来。

（二）重视"对话"质量

王开东在其专著《深度语文》中认为："对话不是海阔天空、东拉西扯；也不是证明谁对谁错；更不是彼此妥协，互相让步，搞一个折中的结果。在具体的对话中，教师引导学生在关注文本创作的背景中，用语言文字作为媒介，与作者对话、与文本对话、与作品中的人物对话。课堂上的对话具有很多的特殊性，首先是编者的挑选，其实编选也是一种解读，因为只有当编选者们认真地研究和解读后，认为适合于当下教育的文本，才可能被编入教材；其次是教师的指导，指导也是一种解读，教师的正确指导是学生理解文本的关键；再次就是学生的解读和交流。因此，这种对话是多边的、多重的、互动和立体的，是思想碰撞和心灵交流的动态过程。"①

"深度语文"中的这三层对话，使学生已有的知识经验与教师提出的问题产生了联系，从而实现新知识的建构。在对话中，教师处于组织者和引导者的地位，学生是学习的主体，学生是在自主探究知识的过程中学习、成长。"深度语文"就是以对话的方式引导学生实现方法目标、情感目标的过程。"对话"是以学生思维方式得到训练，学生对文本的创造性理解和情感的升华为标志的。

（三）重视文本的深层解读

与传统语文教学中的文本解读相比，"深度语文"的文本解读具有鲜明的特点：一是"深度语文"以读者为中心的文本解读。文本解读理论有三种，即作者中心论、文本中心论、读者中心论。读者中心论认为"作者创作的文本如果不经过读者解读就是一些白纸黑字，作品本身的意义和价值只有读者在阅读过程中才能产生，并关注读者和文本进行对话，进而创造性的解读。"深度语文的文本解读就是读者中心论价值取向下的文本解读，它不仅关注文本的"言内之意"，而且注重通过文本的解读，使学生情感、态度、价值观等方面得到启示。王开东深度语文的文本解读不是教师主观臆断地对文本进行自以为是的解读，而是借助一些理论依据，结合自身的经验和社会背景对文本哲理的理解和分析。二是深度语文的文本解读具有创造性和生成性的特点，纵观王开东的教学实录，我们可以看到，

---

① 王开东 . 深度语文 [M]. 桂林：漓江教育出版社，2009： 23.

王开东在教学中是在把握学生"最近发展区"的基础上，对文本进行解读。

（四）重视深层思维训练

新课程标准指出："不但要使学生获得语言能力，而且要使学生获得思维能力，学习其中蕴含的思想和方法，让学生进一步养成实事求是的科学态度。"然而，在目前的部分语文教学中思维训练却停留在语言文字的本身上，或者是文本本身而言的思维训练上。例如，对文本中心思想的分析、对文本段落的分析，仅仅关注该文本写了什么，并不去探究作者为什么写、写了什么、怎么写等。更不会用专业的视角，去分析文本或者从语文作为一门具有深厚文化底蕴的学科的角度，去引导学生进行思维训练。深度语文深层的思维训练始终贯彻于深度语文课堂的整个过程中，深度语文的思维训练致力于培养学生以"文化人"的立场解读文本、分析文本，因而具有浓浓的"文化性"。深度语文的训练还通过借助理论工具去分析文本，用独特的、批判的视角与作者对话，所以是一种理论化的思维训练过程。

（五）经由思抵达诗

王开东认为课堂首先是审美的，其次是让孩子变得智慧，最后还要深入到精神的层面，让孩子的灵魂充盈。审美—审智—审心，这是语文教学"术与道"相结合的三个境界。关注审美到审智，就是要以对话、实践和创新为抓手，强调学生的思维暴露，展示学生学习过程，引导学生由审美向审智转化，把课堂变成审美的灵性的智性的，从而激发学生的创造力。感性认识—理性认识—心灵体会，从语文教学的层面来看，还可以把它分为三个阶段：感性—理性—诗性。一切知识必须要用心灵去拥抱，才能真正融入血脉。当知识不再是外在于我们的他者，而内化为我们生命的一部分，我们就会成为丰富、明亮、脱离低级趣味的人。

四、深度课堂的基本特征

"深度语文"强调将语文视为存在的方式与本质，将存在视为语言性生存，将语言视为存在的唯一实体；强调诗与思在语文中的重要地位，追求诗与思结合，"经由思抵达诗"。这种导向下的课堂有几个显著的特征。

第一，深入的文本解读。解读有四种方法。一是知人论世，二是纯作品解读，三是原型结构解读，四是通过读者反应理论来解读。实际中，常常是各种方法交替使用。

譬如《愚公移山》，可以读出"主流观点"，歌颂迎难而上的大无畏精神；可以"逆向思维"，肯定智叟实事求是的态度；可以"辩证认识"，一分为二地看待愚公和智叟；也可以借助"历史视角"看待愚公移山；还可以提炼出愚公移山的"原型结构"，即"一个平凡的主人公—面临不可能解决的困难—明知不可为而为之—悲壮的精神"；还有"民族心理"，《愚公移山》呈现的实质上是远古人们对勤劳和智慧的态度，因为生产力水平低下，整个社会具有"重勤抑智"的文化传统。

第二，深层的教学设计。教学设计是一种结构重建，是教学智慧的集中体现，应由浅入深、由低向高、由单一而多元。"深度语文"注重文本与"我"的互动，强调"从生活中来，向生命里去"。

第三，深厚的语言习得。"深度语文"将语言视为存在的唯一实体，通过替换、删减、变形等多种方式，引导学生涵泳语言文字之美，风物人情之盛，思想和生命之阔大。

第四，深切的情感体验。情感积淀也是一种文化积淀。在语言文字中"出生入死"，努力把"我"代入，入境入情入心。

第五，深刻的思维训练。没有智力挑战和思维训练，语文就会逐渐走向肤浅和平庸。深刻的思维训练，不仅能保持语文的新鲜度和挑战性，其本身就是一种重要的语文素养。

第六，深远的人文关怀。语文不仅是一种符号系统，更是智慧文化、民族精神的结晶。语文教育应该在物质产品和精神产品的生产上，培养学生宽广的精神视界，远大的文化理想和对人类命运的终极关怀。

第二节　王开东语文课堂教学艺术

一、导入的艺术

教师在进入新课题时，总会运用有效的方法引起学生注意，激发学生兴趣和学习动机，明确学习目的并建立知识间联系的教学行为方式。

王开东导入最突出的特点是富含文化性和哲理性。生活中的新闻、趣事，历史中的人物、事件都可作为深度语文课堂中的导入问题，透过事件的表象，抓住事物的深层本质，将文化意蕴赋予到事件本身，从这个意义上说，事件、典故只是一个载体，内涵才是教师的文化修养底蕴与对教学目的理解。此外，导课的内容与所教课文需产生有意义的联系，即导入的话题具有顺迁移性。

（一）生活中的新闻

例1：王老师在执教苏教版八年级下册第四单元《窗》时的导入如下。

师：2003 年高考作文，陕西有个考生写了一首诗歌，在网上传得很火，同学们知道吗？

生：不知道。

师：高考作文明确规定，不容许写诗歌，可他写了；明确规定不少于 1000字，可他只写了 209 字，然而这首诗却被评为满分。他也因此改变了中国考试的历史——把高考作文不容许写诗歌的历史送进了坟墓。

（学生发出了赞叹声）

师：同学们非常敬佩他的创新精神。确实是这样：创新，是一个人发展的基石，是一个民族进步的灵魂。他的这首诗的题目是——《打开窗帘，阳光只有一种颜色》。

生：（小声地）多美的名字！

师：可我要问的是，打开窗帘，阳光真的只有一种颜色吗？我以为，在有的人眼里，打开窗帘，他的内心不仅阳光灿烂，而且还能把光明播撒到别人的心灵；而在有的人眼里，却永远只能面对一堵光秃秃的墙。正如北岛的一句名诗：卑鄙……

生：卑鄙是卑鄙者的通行证，高尚是高尚者的墓志铭。

师：很好。下面我们共同走进澳大利亚著名作家泰格特的《窗》，一起见证人性的光辉与黯淡！（师板书：窗）

王老师从生活中的新闻，一篇标新立异的作文说起，从其唯美的题目想到了北岛的诗，进而引出了本文的学习。在此，我们看到了他超群的文化修养，以及对文本的深度钻研。

例2：在导入《沁园春·长沙》时王老师首先以青春偶像剧《恰同学少年》引入，老师提问学生看了《恰同学少年》的感想。同学踊跃发言，有的学生说："一种很振奋、很冲动的感觉"；有的说："他们以天下为己任的远大志向，深深打动了我"；有的说："他们的友情和爱情，吸引了我"。老师总结说，他们身上的志向、青春、激情、以天下为己任的豪迈打动了我们。然后介绍这首词的写作背景。接着教师组织学生朗读课文之后，利用提问的方式，分析文中的景物，有意识地引出意象的概念，把握通过物象理解作者的思想感情。

例3：在辛弃疾的《永遇乐·京口北固亭怀古》一课中，王老师利用本诗善用典故的特点来导入。他讲了自己替别人写情书的一段经历，由于他用的典故太多，怕对方看不出，因而在末尾加了陶渊明的"此中有真意"。当晚对方把信退回来，加了句"欲辩已忘言"。他又回信"×……，÷……（唐诗）"这是一个谜语，不料对方也回了一个谜语"人……，月……（宋词）"，他们本以为是："人约黄昏后，月上柳梢头"，实则，她写的是"人有悲欢离合，月有阴晴圆缺"，隐含意思为下一句——此事古难全。因此，他俩也就没有后文了。从这里我们可以看出用好典故的重要性，这引起了学生的好奇，激发了学生的兴趣，同时也明确了本课的重点。

（二）介绍作者

例 4：在教刘亮程的《寒风吹彻》一文时，他的导入如下。

他的出现是当代中国文坛的一个奇迹。更为神奇的是，他的出现一改几千年来中国文人相轻的陋习。无数的大作家，都争先恐后、奋不顾身地赞誉他。

李锐先生认为他"获得了与天地万物的深情独处、对自己内心自由高远的开阔舒展"的体验；林贤治先生说他"活得太久了。才过而立之年，却经历了中国农村几千年的世事沧桑。多少庄稼人、牲畜、田野、小麦和树木，在他的眼中化入化出，生死衰荣。"李陀则说"他能把文字放到清亮透明的小河里淘洗一番，洗得每个字都干干净净。但洗尽铅华的文字里又有一种厚重，捧在手里掂一掂，每个字都重得要脱手。"

而他自己却这样说："有时候我都觉得自己用了那么漫长的岁月，去经历的那么一点点东西，怎么忍心写出来，写出一句话都觉得心疼。"

他珍惜自己的文字，他用生命写作，用审慎的态度和灵魂写作。比如，他写的《先父》，他说："我好些年前就想为父亲写一篇东西，一直没写。一直在等待。写作就是这样一场等待。从 30 岁，等到 40 岁，等到 42 岁，那些文字终于到来了。"

他就是 20 世纪最后的一个散文家——刘亮程。而我们今天要学习的《寒风吹彻》，就是他等候了 20 多年之后才姗姗而来的一部伟大作品。

这一导入以别人的评论为切入点，打破了平常利用作者导入课文时只谈作者简历的做法，新颖独特，能够引起学生学习本课的兴趣。

例 5：《蛮子大妈》一课的导入如下。

他是世界短篇小说巨匠，只活了 43 岁就英年早逝。他在短暂的生命里，共写了 6 部长篇，350 多篇中短篇。他是我们中学时代所选作品最多的外国作家。世界文豪屠格涅夫认为他是 19 世纪末法国文坛上"最卓越的天才"。托尔斯泰认为他的小说既有"形式的美感"又有"鲜明的爱憎"。左拉，对，伟大的左拉，用一个伟大的病句来表达对他的崇敬，他的作品"无限地丰富多彩，无不精彩绝妙，令人叹为观止"。甚至连伟大的革命导师恩格斯也不例外，"对于他，我们应该脱帽向他致敬"。他就是法国一代文豪——莫泊桑。我常常感到奇怪，不是说文人相轻吗？莫泊桑凭什么赢得这么多文豪众口一词的夸赞？他的作品到底具有什么样的特色？

他将作者设疑，不仅激发了学生浓厚的学习兴趣，还扩充了学生的知识面。

例6：郑愁予的《错误》一文，他的导入如下。

师：读诗，知人论世永远是一个好方法。进入《错误》之前，我们先来熟悉一下诗人，谁来说说郑愁予？

生1：我知道他是一名台湾诗人，印象中好像和余光中有点儿相似。

师：说得不错。郑愁予确实和余光中有点儿相似：他们都有深厚的古典诗词功底，在风格上都含蓄蕴藉，而且作品中都洇漫着浅浅的乡愁。从郑愁予名字的由来就可窥见一斑。"愁予"出自屈原的《湘夫人》："帝子降兮北渚，目眇眇兮愁予。"中国很多作家的得名有类似的情形，同学们千万不要轻视这些琐事，它们对我们理解作家的作品常常有意想不到的价值。

生2：我知道"鸳鸯蝴蝶派"代表作家张恨水名字的来历。因为他很喜欢李煜的诗词，又特别钟爱"自是人生长恨水长东"一句，故取名"恨水"。由此看来，了解了李煜的诗词特点，就大致把握了"鸳鸯蝴蝶派"的风格特色。

生3：著名作家冰心的笔名，蕴涵着冰清玉洁、自然童心、不含杂质等寓意，这和她的创作主题大有关系。冰心文学创作的主题就是"童心、母爱、自然"。她有一首很著名的小诗："我在母亲怀里，母亲在小舟里，小舟在月明的大海里。"在这里，童心、母爱、自然和谐地交融在一起。

师：说得很好。现在，我们共同进入文本，希望同学们就像刚才一样，不放过任何一个小小的细节，深入诗歌的骨子里去。下面，请同学们自由地把诗歌吟咏几遍。

王开东首先交代郑愁予名字的由来，并进一步指出：作家的笔名常常隐含着作者的品格追求、价值追求，而明白作者的价值取向对于理解作品的确有着意想不到的作用。之后延伸开来地对张恨水、冰心笔名出处及含义的讨论则强化了这一理解。接着自由吟咏诗歌，这是走进文本、鉴赏诗歌的必要前提。吟咏越自由，感受越真切；品味越充分，体验越深刻。此处看似无为而治的自由吟咏，为下文的精彩展现提供了一个生发的平台。

二、结课的艺术

（一）诗意的语言总结

在《合欢树》一课的结尾，他说道：一节课已经死亡了，我不希望给这节课竖起墓碑，我希望在每个同学的心里都能种植起一棵树。这棵树与母爱有关，与苦难有关，与生命有关，也许生命就像这样生生不息，而我们对生命的体验和认识也必将永无止境。

这样言虽尽意无穷的结尾，不仅总结了这堂课的主要内容，还引发了学生的深度思考，这种充满智慧的语言给我们以无尽的享受。

又如，《寒风吹彻》的结尾：《寒风吹彻》是一篇极富张力的散文，也是一篇独具审美体验的散文。作者在寒冷的冬天，在光线暗淡的屋内围抱火炉，散漫地回想一些人和事，传递了关于生命的抽象体验。文章反复在双重含义上使用"雪""冬天"和"寒冷"这些字眼，既是对真实情境的描绘，也蕴含了作者对生命孤独、冷漠、脆弱、绝望的哀鸣。面对这样的困顿与孤独无助，也许我们需要一点温暖，只是，这温暖必须来自我们自己。任何人都走不出生命的冬天，任何人的双脚都将踏踏实实地走向虚无之途，但每个人都可以走出精神的冬天！

这样的结尾不仅以诗意的语言总结了这节课所学的内容，而且将学生的思想认识提到了一个新的高度。

（二）引用经典

在执教《窗》一课时，他的结课是这样的。

师：同学们今天的表现真的非常优秀。现在，我们来共同挑战最后一个难题：如果让你为文章续写一个结尾，要求有创意，切合主旨，符合人物性格，你有哪些好的想法，请同学们思考一下，然后说出来，让我们共同分享。

生17：我想引用顾城的一首诗。

师：顾城的诗，我也很喜欢，你说。

生17：天是灰色的

路是灰色的

楼是灰色的

雨是灰色的

在一片死灰中

走过两个孩子

一个鲜红

一个淡绿

师：这个结尾，非常别致，对比的色彩很鲜明。

生18：我想平淡一点。

师：好，平平淡淡才是真！

生18：他，无力地躺了下去，窗外，更加安静了……

师：这个结尾很有意思，静中有动，表面的安静恰恰烘托出人物内心的波动。

（下课了，响起了萨克斯乐曲《回家》）

师：从好的方面，谁来说一说。

生19：于是近窗边，又多了一个重症病人，继续为病友们编造窗外的美景……

师：回答得很好，感觉近窗的人使我们的心灵受到了一次洗礼。人确实就是这样，比如说我，每次听到《回家》这首乐曲，都深有感触。"回家"，我认为它呼唤的不仅是回到我们身体栖息的场所，更重要的是呼唤我们回归灵魂升华的家园——那就是人类要永远求真、求善、求美。最后，我也想用顾城的一首诗来结束我们今天的这堂课。

"我要在大地上，

画满窗户。

让所有习惯黑暗的眼睛，

都习惯光明。"

这个结尾是很精彩的。这个精彩，不是来自教师的独舞，也不是来自教师和几个学生的合舞，而是来自全班同学和老师间的合舞。正是由于老师在问题探究时的循循善诱、在教学环节上的层层铺垫，才一步步激发起了学生的主动参与意识，让课堂真正变成了学生活动的主阵地。

（三）小练笔

在《永遇乐·京口北固亭怀古》一课的结尾，教师用辛弃疾词中的典故写了一首词，让全班吟诵，以向辛弃疾致敬。这样的课堂收束不仅帮助学生回忆了本文所学的典故，而且将学生的思想认识提高了一个新的高度，词如下所述。

满江红·咏辛弃疾

千古江山，北固楼，最难将息。几人念，孙权寄奴，旧时英烈？

坐断东南赤壁火，马作的卢焉支血。仰天啸，往事堪回首，山河缺！

栏杆拍，情何切？壮士心，犹未灭！曾记否，挑灯看剑，几多激烈？

可怜万字平戎策，东家种树音尘绝。平生憾，君王事未了，发如雪。

《林教头风雪山神庙》一课收束如下。

师：林冲这个"逼上梁山"的英雄在我们的眼里和心里活起来了，假如你是一个编剧，能不能在电视中为林冲写一首歌，一首礼赞英雄的歌，我相信你们的才华！

生34：

漫天风雪，无尽悲伤，

一壶浊酒，十分惆怅。

正义已死，

问苍天，路在何方？

熊熊烈火，长天茫茫，

壮士心，英雄泪，空飞扬！

一把刀，

一杆枪，

把江湖走尽，

不再彷徨！

生35：

也曾做狗，凄凄惶惶。

壮志雄心都付与校马场。

忍千古奇冤，

只为那名利红颜，

怎知我魂断肠？

巾帼聚首，英雄一堂！

从此后，我去也，

换一方天地，

轰轰烈烈干一场，

好男儿，

就应该志四方！

师：两个才子，写的歌精彩绝伦，很好地突出了林冲内心的挣扎和逼上梁山的真实心态，课后容我修改一下，交给胡明老师谱曲，下次放给同学们欣赏，这是我们高二（4）的《好汉歌》！

王开东采用让学生写歌词的方式让学生深刻认识林冲这一形象，不仅学以致用锻炼了学生写作能力，也总结了这堂课的学习内容。

三、提问的艺术

袁振国在《反思科学教育》中说："中国的教育非常重视问题的解决，但是忽视学生提问题。而西方的教育却是注重提出问题，教育是看学生能提出多少问题。所以，中国教育问题会越来越大。"在王开东的《非常语文课堂》中，他特别注重学生的问题。他说："他上课时常常要缴疑，然后由大家一起探讨，在整个过程中，丰富学生的学习经验。"在这里所谓的"缴疑"，就是要求学生在认真阅读课文、主动思考后，提出自己的问题。问题可以是自己不懂的东西，可以是对文本的质疑等。

深度语文的课堂提问充分体现了启发性的原则，较多的采用"连环式"提问，问题在逻辑上环环相扣，引导学生由浅入深理解文本的深层意蕴。相比较传统的语文教学，深度语文课堂提问具有以下特点。

首先，问题具有开放性和延展性的特点。教师提出的问题一般没有单一的答案，给予学生自由发挥的空间，学生可以根据自己的理解自由回答，教师亦不对学生的答案给出对或不对的判断，只是给出一种启示，具体的结论由学生自己得出。学生在思考问题时，可以不拘泥于"标准答案"，有利于充分发挥思维的创造性，自主探究问题的答案。

其次，问题具有逻辑性和渐进性。深度语文课堂教学的目标重点在于教材文本的精神层面，课堂问题的设置也是围绕这个目标，环环相扣，逐渐深入文本的核心内容和思想精神层面。因此，所有课堂问题形成一个教师预设的整体，一个对学生进行思维训练的问题链。

譬如，在《活了100万次的猫》中，王开东是围绕"猫为什么不再起死回生""这其实是一个关于什么的故事""这个故事与我们何关"这三个问题来展开的。特别是最后一个问题的探究，最终让学生感同身受，"我们都是那一只猫，我们如此不同，但又如此相似"，这些问题并没有唯一答案，学生完全可以在立足文本的基础上解读出自己的认识，同时这些问题也有逻辑性和渐进性，我们每个人都是猫，猫就是我们每个人，我们都在探索生命的价值和意义。所有的故事都曾经发生过，所有的故事都是同一个故事，所有的故事都是我的故事。

又如，在肖洛霍夫《一个人的遭遇》讲析中，他提出了以下四个问题：①"一个人的遭遇"主要指谁的遭遇？②索克洛夫到底遭遇了什么？③在索克洛夫的遭遇中，他做了哪些梦，为什么做这些梦？"梦"在文中有何作用？④索克洛夫的"三次梦"醒后，他又几次流泪，他为何而哭？也就是说，教师用"梦"

和"泪"两个关键词，不仅将故事情节串联了起来，同时也解决了文本细微之处的细节问题，这个教学设计是相当精彩的。

在此，王开东先抓住一个核心问题，为了解决核心问题，不断牵扯出其他问题。一个问题套着一个问题，串联成一个问题链，这样牵一发而动全身，使得所有的问题迎刃而解。

四、课堂讲授的艺术

首先，王开东的教学语言具有研讨性。教师用平等交流的语言，与学生一起探讨文本，教师更多的是提出一种观点，供学生参考，学生可以质疑教师的观点，并提出自己的见解，课堂中充满学术研讨的氛围，师生之间围绕着一定的"话题"展开一种学术性的讨论。

其次，王开东的教学语言具有学术性。深度语文课堂中教学语言的学术性体现在教师对文本进行分析时运用相关学术理论作为指导的随意性、学术术语的频繁使用性。深度语文课堂中教师语言的学术性与教师的专业素养有很大关系，是教师学识涵养的自然流露。

王开东的课不仅精彩而且诗意，从他的课堂中我们感受到了文学之光在熠熠生辉，在思维的碰撞中表现出深厚的语文味。

在教学《我与地坛》一课时，当分析到史铁生从残疾后的心理阴影中走出来经历了生命的历练而坚强起来时，他讲述如下。

记得原野在《人生》一诗中这样写道：

人生，从自己的哭声中开始，

在别人的泪水中结束。

这中间的时光，

就叫作幸福；

人活着，

当哭则哭，

声音不悲不苦，

为国为民啼出血路。

人死了，让别人洒下诚实的泪，

数一数，那是人生价值的珍珠。

诗人用了朴实的言辞道出了生命的真谛。人这一辈子说长不长，说短也不短。或长或短，自有论道，而贯穿其中的生命的意义却是每个人毕生的追求。史铁生在这里提出一个重要的论题，人应该怎样战胜自己的苦难，开始对生命意义的探求。史铁生的个人问题，演变成众生的共同问题——"一切不幸命运的救赎之路在哪里呢？"复旦大学的陈思和从"平常心和非常心"的关系来看史铁生的写作，所谓的"平常心"的根基所在，是指"他把内在的痛苦外化，把具体的遭遇抽象化，把不能忍受的一切都扔给命运，然后再设法调整自我与命运的关系，力求达到一种平衡"。这种在根本上认可了苦难的命运和不幸的角色，却不是看轻生命的残酷和伤痛，而是把这生命的残酷和伤痛从自我中抽离出来，去融入一个更大也更恢宏的所在之中。这个"所在"就关系到了"非常心"。它是指"以最真实的人生境界和最深入的内心痛苦为基础，将一己的生命放在天地宇宙之间而不觉其小，反而因背景的恢宏和深邃更显生命之大"。正是在这种情况下，史铁生表现出了自我形象：他静静坐在园子的一角，融合了过去现在和未来，融合了死生的时间里，看到了包容任何孤独个体的生命在内的更大的生命本相。关于怎样活着和怎样自我救赎的困扰，也终于为生命的永恒欲望而洗涤。

王开东的思想如涓涓流水，加上其诗一样的语言，使得学生对史铁生的认识更加的深刻，从而有助于他们理解课文的主旨意蕴。

五、情境创设的艺术

（一）创设问题情境——提携全文

有价值的问题总能诱发思考，激发求知欲。因此，在整体感知课文阶段，设计能提携全文的一组问题，形成问题情境，这样有利于引导学生把注意力集中到文章的主旨上，有利于把握要点，深入探究。

例如，《老王》一课，王开东在明确了本课的教学目标后，就给学生提了一个问题：很多年以后，杨绛写这一篇文章，他想对老王表达一种什么样的情感？整堂课都是围绕这个问题展开讨论的。

又如，《永遇乐·京口北固亭怀古》整堂课都在围绕（①这些典故与京口何关？②作者用典的意图何在？）这两个问题展开。

（二）创设活动情境——突破重点

例如，在《蝶恋花》一课，第一环节：浪漫阶段，见山是山，见水是水。老师提出让学生以"一个诗人的某段时间"描述这首诗。这个活动不仅锻炼了学生的组织概括能力，同时也明确了这首诗的意境。

创设想象情境——体会感情

在《冬天之美》教学中，王老师通过移情，创设想象情境："乡村的冬天夜晚，非常寒冷，一家人围着火炉，闲聊。同学们，你们有没有这样的经历，这样的经历仅仅让你们感到冬天的美好吗？"学生情绪高涨，得出了"冬天之美，尤美在人情之美。"

（三）创设迁移情境——举一反三

阅读的效果，需经迁移训练，才能得到验证。而举一反三的迁移情境，就会再次点燃学生思维的火花，使得学生再接再厉，完成迁移训练。

如在教《林教头风雪山神庙》之后，让学生比较《水浒传》与《三国演义》描写人物谁更出色？学生很自然地得出《水浒传》更出色，因为林冲的性格是一步步地发展起来的，人物性格是立体的。而《三国演义》中关羽的义、曹操的奸、诸葛亮的智、刘备的厚都是平面的。二者在这点上根本不能同日而语。

在探究课《红楼梦》的讲析中，王开东首先展示了前几课布置的话题（如果你是宝玉，让你选择宝钗或黛玉做女朋友，你会如何选择？说明理由。作为女生，你对宝玉的评价如何？理由何在？）。接着展示《红楼梦》中薛宝钗写《咏雪》时的场景，背景音乐是范晓萱的《雪人》，让选择宝钗的同学见解交流，如宝钗有钱、有貌、有才、人缘好等。接下来老师播放了《红楼梦》中《黛玉葬花》片段，背景音乐是孟庭苇的《谁的眼泪在飞》，然后喜欢林妹妹的男同学进行了一场思辨。在这里王开东借助视频和歌曲，将学生带到了大观园中，让大家产生身临其境之感，便于学生更直观地把握人物形象。

六、生成与应变的艺术

王开东的语文课堂真正做到了与学生之间的生命对话，促进学生本质的"自我生成"。课堂上，师生处于平等位置，互相了解对方，互相学习，互相把对方的存在作为自己存在的前提。

例如，王开东在教苏教版八年级下册第四单元的《窗》时出现了如下状况。

刚才我们一起熟悉了小说的情节。高尔基曾经说过："情节的发展史就是人物性格的发展史。"现在，我们在把握情节的基础上来分析人物的性格。同学们看导读题4～6小题，先思考，后交流。

（没有同学主动回答）

师：今天是几日？

生："3月15日"。

师："3·15"是消费者维权日。现在有一些老师在课堂上剥夺了同学们的话语权，今天我特别希望同学们能大胆地维护自己的话语权。

文本解读说到底是学生的事情，而在常规阅读教学中，教师却过分地"导"，结果是学生学习的主动性日趋渐失。王开东不愿学生在课堂上沉默，因此他借3·15将话语权还给学生，希望学生能像消费者维权一样维护自己的话语权。

七、组织与调控的艺术

在执教《雷雨》时，王开东设计了四个环节：①从故事情节入手，看矛盾冲突；②从矛盾冲突入手，看人物性格；③从人物性格入手，分析悲剧原因；④从悲剧原因入手，看主题表达。在这四个环节的交流探究中，师生一起将《雷雨》这颗戏剧王冠上的明珠中的人性解析得淋漓尽致。在第一个环节中，学生理出了很多矛盾，但关于矛盾冲突的主线，王开东并没有给出定论，而是在总结时，呈现了学术界的四种观点，即周朴园和繁漪；周朴园和侍萍；繁漪和侍萍；复合式的冲突。最终大家达成一致，将重点放在周朴园身上。在第二环节中，他先和学生一起交流讨论了周朴园和繁漪的矛盾（吃药），接着他将学生分成六组，讨论周朴园和侍萍的矛盾（波折的相认过程）。在此，学生理清了两家人的爱恨情仇。接着分析了其悲剧和主题。整堂课在老师的点拨与启发下，处处绽放出智慧的火花，从他们的对话中，我们看出了王开东高超的组织和调控能力。

王开东在执教《项脊轩志》谈到母亲对归有光疼爱有加时，援引《先妣事略》中两段文字让学生来读，让学生认识到归有光的母亲是可怜的母亲，也是伟大的母亲。更难能可贵的是王开东还谈到归有光母亲是吃生田螺避孕而中毒死亡，同苏轼、李商隐的妻子一样都是中国古代女子的悲剧。通过这些课外资源的开发利用，让学生更为深刻地认识了《项脊轩志》中母亲的形象乃至女性的悲歌。在谈到归有光形象时，他把教材删掉的结尾补充出来，让学生诵读，认识到作者在文末运用秦地一个名"清"寡妇的典故和诸葛孔明起于陇中的旧事来抒写对伟大女性的歌颂，对自己建功立业的期许。这些资源的适时调遣，丰富了课堂教学，深入解读了文本。

八、学法指导的艺术

在诗歌鉴赏中，可以通过还原诗歌的情境，重新经历诗人原初创作的冲动和战栗，深刻地读懂一首诗，进而据此读懂其他诗。

譬如，在执教苏教版必修四《蝶恋花》一课时，王开东运用符码分析法，来穿越一首诗歌。整堂课由三个环节构成。

（一）读通一首诗歌

浪漫阶段：见山是山，见水是水。

请以"一个诗人的某段时间"描述这首诗。

方法：注意"时间顺序、空间顺序和逻辑顺序"。

（二）读透一首诗歌

精确阶段：见山不是山，见水不是水。

自主选择自己喜欢的句子，鉴赏品味诗句。

方法：符码的选择、表达、质地、组合。

师：西方语言学家索绪尔在《语言学概论》中指出：词语的质地、组合和表达，构成了词语的符号意义。这个有点拗口，我们不妨通过李白的一首诗，加深对符码的认识。便于我们更深地进入诗歌的内核，读透一首诗。齐读一遍。

生：（学生齐读）

玉阶怨

李白

玉阶生白露，夜久侵罗袜。

却下水晶帘，玲珑望秋月。

……

师：有意思。玲珑之人，望玲珑秋月。盼望是望，期望是望，失望也是望，绝望，还是望。一个"望"字，意味深长。秋月，是明亮的，皎洁的，光明的，女子所思念的那个人，因为也染上了这样的色彩，显得光彩熠熠。这就是意象的选择、质地、表达、组合产生的奇效。而一个意象不断使用，就会产生很多叠加的联想意，这个意象就会成为符码。符码最大的特点就是"联想轴"的作用。

每一个符码，都有和它相近似的一系列的词语，形成一种谱系。你创造诗歌的时候如何选择？它们表达在文学诗歌之中的时候，那种很细微感觉的质地是不同的。在你选择的时候，就已经有作用了。而在你选择以后，每一个不同的符号，引起人们不同的联想。你可以有很丰富的联想，可以由这种联想，把种种的意思加到诗歌里面去。这就是我们今天说的符码分析方法。

（三）读活一首诗歌

综合阶段：见山还是山，见水还是水。

模拟这首词的下半阕，写半阕词。不求工整，但求把自己的兴发感动形之于言。目的：以己证诗，重新经历和创造。借诗人之酒杯，浇自己之块垒。

师：同学们，今天我们穿越了一首诗歌，重新经历了一个"离别之苦"的诗人，他生命中的一个清晨，独上高楼眺望，心中充满迷惘和挣扎。这样的情感，我们也曾有过。现在，你拿起笔，把你的兴发感动，付之于诗。

（学生在赏析完这首诗之后的一些诗作）

当然，诗歌在创作中充满着逃脱和互补，正因为此，才让诗歌有了张力。抓住诗歌的特点，找出始终具有张力的两个关键词，以此为骨架，建构对诗歌的整体把握和深入理解，这也是诗歌鉴赏的一条探索路。

在讲析郑愁予的《错误》时，王开东采用了让同学们在自己通读全诗的基础上提炼出两个关键词，并且据此拟好发言提纲进行全班交流。

"常式"与"变式"；"美丽"与"错误"；"游子"和"思妇"……整堂课都是在师生的互动探究与质疑中进行的，学生大胆的发散思维，使得他们从《错误》中读出了真实的自己，读出了心灵的悸动，读出了生命的丰美。

在解析中王开东先抓住一个核心问题，为了解决核心问题，不断牵扯出其他问题。一个问题套着一个问题，不断串联成一个问题链，这样牵一发而动全身，使得所有的问题迎刃而解。

在散文教学中王开东的教学环节如下：导入文本—梳理文本—探究文本—追究主旨—课堂总结。

王开东在教刘亮程的《寒风吹彻》一文时采用抓住文本中的人、事、物之间的关系，用鱼骨法梳理文本。对于复杂的文本，有一种很好的梳理办法，叫作"鱼骨图分析法"。

鱼骨图分析法是由日本管理大师石川馨发展出来的，又名石川法。它是一种发现问题"根本原因"的分析法。这种分析法来源于一种假想。问题的特性总是会受到一些因素的影响，当我们找出这些因素，就能按照它们的相互关联性整理出一种特性要因图。因其图形状如鱼骨，所以又叫鱼骨图，它是一种透过现象看本质的分析方法。

鱼骨图的鱼头和鱼尾总是有所呼应的，其余的则由鱼骨组成，鱼骨即为特性要因，具体排列如下。

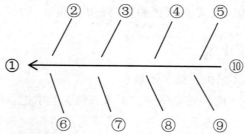

①是鱼头，是文章的重要描写对象，可以看成是"寒风"。根据首尾呼应的结果，⑩是"吹彻"。整个文章就是写"寒风吹彻"，以及因"寒风吹彻"所产生

的生命感悟。那么，我们就可以发问，寒风吹彻了"谁"？明确：②③④⑤鱼骨很自然呼之欲出。寒风吹彻了②我，③路人，④姑妈，⑤母亲。这就是散文中的形象，也就是作者在第二段中所说的"人和事情"。"许久以后我还记起我在这样的一个雪天，围抱火炉，吃咸菜啃馍馍想着一些人和事情，想得深远而入神。"寒风吹彻的"彻"，表明程度。吹"彻"即吹得"彻底、彻骨、透彻、无所不至"。

这时候，再具体问：寒风吹"彻"得"怎么样"？于是，⑥⑦⑧⑨完全浮出水面。

明确：⑥寒风吹彻了"我"，使得我的一块骨头被彻底冻坏；⑦寒风吹彻了"路人"，使得这个为生计奔波的路人活活冻死；⑧寒风吹彻了"姑妈"，使得姑妈终于没有等到春天；⑨寒风吹彻了"母亲"，使得母亲双鬓斑白，透心寒冷。

当然，鱼骨图分析法并非只有唯一的一种。当我们换一个新的视角，那么又会有新的因素互相编织，伟大的作品都具备这样的特质。

在作文方面，课上王开东注重口头作文，每次课让学生轮流自主命题，然后一分钟准备。所有学生围绕一个话题，畅所欲言，老师及时归纳和总结。课下，采用轮流随笔法。四个笔记本，四组之间，每天一人，流水作业，全班同学互相鉴赏、评改、学习。

第三节　王开东经典课堂赏析

让暴风雪来得更猛烈些吧——《林教头风雪山神庙》课堂实录如下[①]

师：首先，我想问同学们一个很愚笨的问题，小说何以叫小说？

生1：老师，是不是小说刚开始不能登大雅之堂，不能和诗赋等正统文学相提并论？

师：说得好，小说一开始就是一个平头百姓，寒门女子。因此，小说作者为了吸引眼球，在创作上大多设置虚构的、新奇的故事情节；主题上则更多寄托了下层百姓的愿望和理想。从这个角度，我不妨发一通谬论。当小百姓被侮辱被损害时，他们凭借自己的力量摆脱不了，于是借助美好的愿望。有时寄托神仙鬼怪，因此诞生了神魔小说；有时寄托现实中的英雄豪杰，于是出现了英雄侠义小说，如《三侠五义》《七侠五义》《小五义》等；有时寄幻想于封建统治者中的清官，于是出现了公案小说，如《包龙图》《彭公案》《狄公案》等。古典四大名著代表了中

①　《非常语文课堂》，华东师范大学出版社，2006年12月，P22-30

国小说创作的最高峰。《三国演义》和《水浒传》，你们更喜欢哪一部？说说理由。

生2：我特喜欢《三国演义》，其中有很多真实的英雄人物，而《水浒传》中大多是草寇。

师：喔，你还有点封建思想，认为草寇不上档次，是吧，还有吗？

生3：我喜欢《三国演义》，主要是喜欢那种历史的风云和纵横捭阖的权谋斗争。

师：透过历史的烟云，看到惊心动魄的斗争，确实有味道。

生4：《三国演义》中的人物也很有意思。

师：哦，说来听听。

生4：你看刘备那么忠厚，甚至显得愚笨，但是诸葛亮却死心塌地辅佐他。所以，我读出了刘备才是一个真正的智者。

师：有意思，还有哪些新颖的见解，说出来我们分享。

生4：我还发现刘禅并非扶不起来的阿斗，他对诸葛亮很倚重，就是一种聪明的表现；而乐不思蜀更是他全身而退的一种大智慧。

师：说得很精彩！这就是一种创造性阅读，希望今天同学们也要保持这种阅读的姿态。还有吗？

生5：我不喜欢《三国演义》中的人物，感觉他们的性格很单调，特别不鲜明。而《水浒传》就不一样了，很多人物血肉丰满。比如，林冲的性格就经历了一个不断发展的过程。

师：就是说，你发现《三国演义》中的人物性格是平面的，缺乏变化；而《水浒传》中的人物性格是立体的，流动的。是这样吗？

生5：是的。

师：同学们，你们评评他说的如何？

（很多同学点头认同）

师：这就是说，她说出了大家心中都有，口中都无的话。老师很高兴，这个观点也是鲁迅的观点。鲁迅认为"欲显刘备之忠厚而似伪，欲状诸葛之多智而近妖"，就是对《三国演义》塑造人物的批评。刚才同学们说，《水浒传》中人物，尤其是林冲的性格，经历了一个发展变化的过程，下面我们就来研究这个过程。高尔基说，情节的发展史就是人物性格的发展史，谁先来说说这篇小说的情节。

生6：情节可以划分为"林教头沧州遇故友、陆虞候设计害林冲、林教头接管草料场、豹子头山神庙复仇"。

师：这个概括如何，谁来说说？

生7：概括得不错，但是不够简洁、不够统一。

师：你来试试。

生7：我的概括是"沧州遇旧、买刀寻仇、接管草场、杀仇上山"

师：我觉得这两个概括各有千秋。前者具体明确，一目了然，但角度不够统一；后者角度一致，简洁明快，但内容上稍有疏漏。根据刚才的情节概括，我们来探讨林冲性格的发展变化，谁先来？

生8：沧州遇旧是"忍"，买刀寻仇是"不忍"，接管草场又是"忍"，杀仇上山是"忍无可忍"，林冲的性格原本忍辱负重、忍气吞声、委曲求全，然后从懦弱到坚强，从屈辱到反抗。

师：好，下面我们来做一个游戏，男生列举林冲"忍"的具体表现，女生列举林冲"不忍"的具体表现，可以结合你们看过的《水浒传》来谈，女士优先。

生9：林冲沧州遇旧这个情节很重要。第一，小二在整个故事中有很大的作用；第二，遇旧交代了林冲性格中的两个方面。林冲帮小二，说明林冲扶危济困，有侠义精神；林冲说"我因恶了高太尉，生事陷害，受了一场官司，刺配到这里。"一个"恶"字，一个"高太尉"，袒露了林冲软弱的内心，他善良安分、严守等级、忍辱负重，是林冲"忍"的一面。

生10：陆虞候来了之后，林冲买了一把解腕尖刀到街上寻了三五日，不见消耗，也自心下慢了。也就是说，林冲好不容易燃起的反抗怒火，又慢慢熄灭，幻想得过且过，委曲求全。

生11：当后来管营让林冲接管草料场时，林冲虽然心有疑虑，但还是听从安排，并做了长远打算。

师：我来插一句，为什么林冲听从安排就是软弱呢？难道林冲还有其他的选择吗？

生11：林冲是没有其他的选择，但林冲如此小心谨慎的一个人，绝对不应该如此大意。

师：你怎么看出林冲小心谨慎？说来听听。

生11：从情理上推断，林冲因为屈居下僚，肯定处处留心，时时在意，这是林冲小心谨慎性格形成的根源。

师：你说的是林冲怕丢了饭碗，是吧，还有呢？

生11：文中还两次具体写林冲防火，特别是两次锁门，而房子里实在没有什么好偷的，这些都说明了林冲的小心谨慎。

师：如此小心谨慎的林冲，为什么在小二简单的劝说中，就放弃了警惕呢？

生11：因为……

生12：还是因为林冲性格中的懦弱，因为他不敢和统治者决裂，所以用幻想来麻醉自己。明知危险，却不敢承认，不敢面对。

师：说得好，你们看，林冲都忍到这个份上了！有没有其他的旁证，来证明林冲确实是充满幻想，不敢面对。

生12：有，林冲在山神庙里顶礼说"神明庇佑！改日来烧纸钱。"他把希望寄托在神灵的庇佑上，说明他还是认识到了危险，只是不敢面对。甚至草料场烧掉了，已经是死罪，还想着要去救火。

师：就是说，我们的林冲不是真的猛士，因为鲁迅先生曾经说："真的猛士，敢于直面惨淡的人生，敢于正视淋漓的鲜血！"而林冲就不敢正视。

生12：不是，作者在这里反复"抑"，一方面是为了后文的"扬"；另一方面也突出了林冲的善良，而如此善良软弱的林冲最后走上反抗道路，更能说明当时社会的黑暗和官逼民反的道理。

师：说得好，这更能够衬托林冲以后革命的坚定，无论是火并王伦，还是反对释放高俅，林冲都是梁山中斗争最坚决的人之一。刚才的女生说得很好，现在，我想看看男生的表现怎么样？

生13：林冲的反抗其实在此之前就有了，当陆虞候为高衙内骗林冲的娘子到自己家去，林冲就开始反抗了，不过，反抗的对象不是高衙内而是陆虞候，这种反抗的程度很有限。

师：但这种反抗毕竟如星星之火，可以燎原。而且这样写，还有什么好处？

生14：这样写，符合人物性格的发展过程和逻辑。

师：继续！

生14：当小二告诉林冲陆虞候来到沧州时，林冲又一次怒从心头起，买刀寻凶，但最终一无所获，于是反抗的怒火慢慢熄灭，委曲求全又占了上风。

生15：林冲在山神庙听到陆虞候等人的自供状，终于忍无可忍，复仇的怒火熊熊燃烧，就像那边燃烧的草料场。终于手刃仇敌，一个有血有肉的英雄诞生了。

师：林冲的杀人，写得很讲究，谁来说说。

生16：林冲杀死其他的人，都是用花枪，而杀陆虞候却是用解腕尖刀，因为这把尖刀就是为他准备的。林冲杀陆虞候，其实不是在杀人，而是借杀人来控诉，控诉陆虞候的不义，控诉社会的不公，显示林冲革命造反的正义性，读来痛快淋漓。

生17：我也觉得林冲结尾的杀人，既是杀自己的结义兄弟，也是在杀"自己"，杀那个软弱屈辱的自己，一个新的林冲从血腥和烈火中涅槃。

师：刚才同学们谈到雪与火，让我很受启发。文章中哪几次写到雪，作用是什么？

生18：从林冲接管草料场开始，大雪初起"彤云密布，朔风渐起，却早纷纷扬扬卷下一天大雪来。"林冲沽酒时，背着北风而行"那雪正下得紧。"回来时，迎着朔风回来"看那雪，到晚越下得紧了。"还有，林冲进庙"把身上雪抖了"，雪地杀仇，把陆虞候"丢翻在雪地里"，最后，雪夜上梁山。

师：风雪写得很有层次，很讲究，谁来说说？

生19：直接写雪，如卷起大雪，雪下得紧，雪越下得紧了；还有侧面写雪，如林冲沽酒背风迤逦而行，回来迎着朔风，风雪压倒草厅；人物行动描写也时时不忘风雪。

师：风雪描写的作用，有何作用？

生20：雪越来越大，预示情况越来越危急，矛盾冲突越来越尖锐！

生21：阴冷的雪还是林冲孤苦命运的一种象征。

师：有意思，我看《水浒传》电视剧时，发现导演把雪和火结合得很好！你看，在冰天雪地里，草料场熊熊的烈火，一个孤寂、阴冷，一个迸发、暴烈。草料场的大火终于点燃了林冲复仇的烈焰！同学们接着说。

生22：渲染了悲凉的气氛。风雪无情天有情！

生23：推动故事情节发展。如果不是风雪，林冲就不会沽酒御寒，不沽酒御寒就见不到山神庙。见不到山神庙后来就不会到那里栖息。如果没有风雪，草厅就不会倒塌，林冲也不会逃过一劫。另外，如果不是风大雪紧，林冲可能不会用大石头抵住庙门，那就听不到仇人的自供，林冲由懦弱到坚强，由屈辱到反抗，也就失去了依据。

生24：烘托人物心理。当林冲在风雪中大踏步走上反抗道路时，风雪衬托了一个孤独、悲壮、坚定、勇敢的英雄形象。

师：你刚才说的那个画面，让我想起了一首唐诗。"去年今日此门中，人面桃花相映红。人面不知何处去，桃花依旧笑春风。"那个美人究竟长得如何，作者并未告诉我们，但借助娇艳鲜嫩的桃花，烘托出了一个美丽的女子形象。还有《荷花淀》中开头的景物描写，干净、清爽、清灵，能够很好映衬水生嫂的美丽心灵；而且能够为下文的温馨夫妻话别渲染气氛。在主题表达上，如此美好的家园，岂容敌人来践踏！这就是水生嫂深明大义的原因。好了，现在谁来总结一下，刚才我们的探究成果？

生25：我们通过情节的发展，研究了林冲从妥协忍让到奋起反抗的性格转变。

师：归纳得很到位！那么，林冲如此妥协忍让的原因是什么？后来奋起反抗的基础又是什么？通过林冲这个典型形象塑造，作者要反映一个什么样的社会生活？大家不妨讨论讨论。

生26：林冲妥协忍让的性格，是和他的家庭出身、社会地位、生活状况各个方面联系在一起的，林冲出身武术世家，而且还是一个中层干部，家有娇妻，丰衣足食，只要不杀到他床上去，他是不会起来反抗的。比如，李逵上山是最简单的，因为不造反他连裤子都没得穿！而杨志是金刀令公杨业的后人，家庭出身使得他有忠君思想，总是幻想光耀门楣、重振家业、封妻荫子，一开始也和林冲一样，对统治者抱有幻想，失了生辰纲之后，无路可走了，才不得不上梁山。

生27：我觉得家庭出身、社会地位等只是形成性格的一个因素，不能过分夸大！个人的气质因素也不可忽略。比如，鲁智深就没人欺负他，他是主动出击，军官做不成就做和尚，和尚做不成就上山，他的头脑里很少有提辖职位，有的只是疾恶如仇、拔刀相助！

师：说得好！能够用联系的观点、比较的观点、全面的观点来看问题了。鲁智深和林冲除了个人气质上的因素外，家庭出身、社会地位还是有一些差别的。鲁智深毕竟是下层军官，从最底层民众中出来，斗大字不识一筐，光棍一条，赤条条来去无牵挂。他老是担心坐牢时没人送饭，就说明了这一点。

生27：老师说得对。

师：后来，林冲在高俅的步步紧逼下，终于奋起反抗。高俅的步步紧逼是外因，林冲反抗的内因是什么？

生28：林冲不得志，感觉到很压抑。

师：何以见得？

生28：两个方面可以看出。一个是正面交代，林冲曾经对陆虞候说"贤弟不知，男子汉空有一身本事，不遇明主，屈沉在小人之下，受这般腌臜的气。"这就是说林冲虽然是一个中级官吏。但在受压迫上与下层人民有相通之处。林冲帮小二和陆谦，可能就是看到他们落魄，看到他们尴尬，才挺身而出的。这也可以理解成同病相怜。

师：就是说，林冲也是被压迫者，也感到不平，而不平则鸣，是吗？

生28：对，这是个火种，虽然沉寂，但始终在顽强地生根发芽。

师：还有哪些基础？

生29：林冲特别讲究"义"，如帮助李小二，扶助陆虞候，这都是林冲"义"的一面。李小二能够豁出生命危险，帮助林冲，既是报恩，也有"义"的因素在支撑。林冲特别愤恨陆虞候，就是因为他不讲义气，恩将仇报。可见讲义气是林冲性格中最美好最宝贵的东西，这是林冲能够奋起反抗最重要的一个因素。

师：就是说，林冲的讲义气，在某些时候代表的就是正义，而正义与邪恶是势不两立的，所以这就是林冲最后"不忍"，奋起反抗的内在原因。作者塑造林冲这个典型形象，对我们认识当时的社会有什么意义呢？

生30：能够认识到那个社会的腐朽和黑暗，林冲是八十万禁军教头，是有一定地位的人，而且他自己又是那么小心谨慎、委曲求全，尚且被逼得无路可走。可见小老百姓的处境更为艰难。

师：这种以一当十的说法，能否举例说明。

生31：比如，杜甫的《江南逢李龟年》，"岐王宅里寻常见，崔九堂前几度闻。正是江南好风景，落花时节又逢君。"就以乐景写哀情，写出了安史之乱之后，唐王朝的衰落和百姓的颠沛流离。

师：百姓的颠沛流离，你们是怎么看出来的？

生32：杜甫和李龟年，一个是才华横溢的大诗人，一个是如日中天的大音乐家，他们是岐王宅里的常客，崔九堂前的红人，但如今连他们都流亡江湖，狼狈不堪。那么，那些百姓的生活可以想见是怎么一番光景了。

师：解得好！还有呢？

生32：还有就是百姓反抗的必然性。林冲性格的转变，关键在一个"逼"字，正是高俅一伙的步步紧逼，使林冲走上反抗道路。所以说林冲性格的转变，还揭示了《水浒传》的主题——官逼民反。

师：《水浒传》的主题是"官逼民反"，有没有不同见解？

生33：基本上差不多，但最好是写成"逼上梁山"。

师：理由何在？

生33：首先，林冲等人是不是"民"，这一点值得推敲；还有，就是有的"人"上梁山，不是"官逼"，而是"民逼"。比如，金枪将徐陵、玉麒麟卢俊义等，就是被梁山上的"民"逼上山的。所以我的观点是"逼上梁山"比较好，而且民间也有"逼上梁山"这种说法。

师：说的有道理，林冲这个"逼上梁山"的英雄在我们的眼里和心里活起来了，假如你们是一个编剧，能不能在电视剧中，为林冲写一首歌，一首礼赞英雄的歌，我相信你们的才华！……

生34："漫天风雪，无尽悲伤，一壶浊酒，十分惆怅。正义已死，问苍天，路在何方？熊熊烈火，长天茫茫，壮士心，英雄泪，空飞扬！一把刀，一杆枪，把江湖走尽，不再彷徨！

生35："也曾做狗，凄凄惶惶，壮志雄心都付与校马场。忍千古奇冤，只为那名利红颜，怎知我魂断肠？巾帼聚首，英雄一堂！从此后，我去也换一方天地，轰轰烈烈干一场，好男儿，就应该志四方！

师：两个才子，写的歌精彩绝伦，很好地突出了林冲内心的挣扎和逼上梁山的真实心态，课后容我修改一下，交给胡明老师谱曲，下次放给同学们欣赏，这是我们高二四班的《好汉歌》！

第七章　程翔语文课堂教学艺术

程翔，北京语文特级教师。他提出了由"原始阅读""原始理解""后续理解"和"基本理解"构成的课堂阅读教学基本模式，并针对"课文"的性质，提出区别"自然文本"与"教学文本"的不同，注重"类文本"共性与个性的结合。他主张语文教学要有"学理依据"；引导学生从"作者意"走向"读者意"，通过阶梯状问题导学模式促进学生思维的发展。针对目前写作教学存在的问题，他倡导写作独立设课。他认为写作教学应在语言本位的基础上注重表现人性，强化逻辑意识和实用价值，并尝试构建"内容、文体、技法"三维写作教学体系。主要的著作有《语文教改探索集》《语文课堂教学的研究与实践》《程翔与语文教学》等。

第一节　程翔语文教育理念

一、重视母语承载的文化教育使命

2011版《义务教育语文课程标准》指出，"语文课程是一门学习语言文字运用的综合性、实践性课程""语文课对继承和弘扬民族文化，加强民族认同感有不可替换的优势"。

这是工具性和人文性的统一。于漪认为："文化内涵本是语文的固有根基，教材中的任何课文都是思想内容和语言形式的统一体，不可分割。"[①] 对此，程翔也在多年的理论研究和教学实践中提出了自己的观点。他认为：语文教学应该注重母语教育，重视文化的传递。"不能从文化学的角度来理解、建设语文教育，就难从根本上把握语文教育的本质，就难以真正地提高语文教育质量，更难从全球一

---

① 于漪.弘扬人文，改革弊端——关于语文教育性质观的反思[J].语文学习,1995(06):2-5.

体化的高度上审视汉语教育。"①

文化是人类文明的标志，语言产生使远古文化得以在口耳相传中传递、发展，文字的出现更是象征着高级文明的发端。人类文化在语言与文字中传承与进步。"语言文化说"认为，语文不仅是一种工具，还是人的一部分，是人的本身。语文教育不只训练学生的语言技能，它还注重学生的个性发展，对于"人的形成"发挥着至关重要的作用。程翔文化学的语文教育观正是基于这样的认识提出的，它顺应了新时代的发展，也符合新课改对教师语文教育思想转变的要求。

程翔的语文教育文化观并没有走向另一个极端，即将语文课上成了思想政治课而忽视了基本的语言文字技能训练。语文活动与人们的生活息息相关，它是人类精神生活的重要组成部分，体现着人类的生命意识。在源远流长的人类文化长河中，语文活动肩负着主要的文明传承与进步活动。语言文字作为记录工具，精神思想作为传承内容共同构成了语文的文化教育使命。了解了汉语的实用性与人文性的特点，也就把握了语文作为人类教育根基的内涵。

程翔指出："语文教育就要从语言与文字的角度，给学生奠定一个文化的底子。汉语教育即是从汉语言与汉字的角度给学生奠定汉文化的底子。"② 他认为语文教育应当具备两个主要功能，一要培养学生的表达技能，二要培育健康的心灵。作为语文教育的主要对象，中学生的语文教育目的又是怎样的呢？对此，叶圣陶曾说："国文，在学校里是一项基本科目，在生活上，是必要工具中的一种。"③ 这里，叶圣陶不仅将语文看作是工具，还强调了语文与生活的关系，即语文是应对生活的工具，也说明语文与塑造健全的人格有着密切的联系。程翔认为，语文教育一是掌握运用母语表达与交际的能力，二是熏陶培育学生的情感和心灵。程翔反对将工具训练与精神熏陶割裂开的语文教育。他认为中学语文的教育任务就是使学生熟练地掌握语言文字工具，并塑造一个健全的人格，这也是语文教育的文化使命。

程翔注重综合地发展中学生各方面的语文能力。关于从哪些方面培养发展学生的语文能力，如何培养发展学生的语文能力等问题，是程翔几十年来孜孜探求、思索的。为此，他在语文教学内容、教师定位、教师队伍培养和教材建设各方面都提出了具体的要求。

在语文教学内容方面，程翔特别注重给学生打下坚实稳固的语言基础。基础

---

① 程翔.一个语文教师的心路历程 [M].北京：清华大学出版社，2009：16.

② 程翔.一个语文教师的心路历程 [M].北京：清华大学出版社，2009：19.

③ 叶圣陶.语文教育论集 [M].北京：教育科学出版社，1980：86.

教育阶段是一个人打下语文素养根基的阶段，对于建设其语言文化大厦具有极其重要的意义。强化汉字的学习是基础教育刻不容缓的任务。这首先表现在汉字的认读和书写上。字和词语是语文能力的核心，学生只有过了字、词关，才能有进一步的语文素养发展。程翔指出，中学生的汉字学习问题首先要明确字量和字词的使用标准。这样教学就可免于盲目混乱，避免造成差距悬殊的学生文字应用水平。在当下这个以电脑代笔的信息化社会，人们的汉字书写能力普遍下滑，书法这一艺术形式更是成了一小部分人的专利。程翔认为汉字的书写是语文教育的一个特殊任务，是"语文教育的命根子"。字形是汉字的三要素之一，书法则在最大程度上体现了汉字的字形之美。只有在动手书写的过程中，学生才能够感受到汉字的间架结构美、线条流动美、音形义结合美、和谐美、布局美等。为此，程翔提倡在小学阶段开设"硬笔写字课"，在初中阶段开设"软笔写字课"，在高中阶段开设"书法欣赏选修课"。如此，学生就可全面系统地了解汉字的审美意义，加深对汉字汉语的理解，从而培养起自身的汉语学习兴趣。

中学阶段是人的生理和心理迅速发展的时期，学生的人生观和价值观开始形成，中学生的精神、情感的发展对学校教育提出了更高的要求。语文教育当仁不让地承担起"人格塑造"的教育任务。因此，片面地强调语文作为工具的学习就会导致语文课偏离学生的需求，违背语文教育的本质。在注重学生积累和吸收语言养料的基础上，程翔主张通过对作品的研磨、品味，"为构建个人的精神文化大厦积累丰厚的建筑材料，即塑造学生的'文化人格'。"这一观点紧贴着语文教育"人文性"的本质，是程翔紧紧把握语文教育实质的重要体现。

程翔反对大而空的文化说教和灌输，力避超越文本而空谈真善美。他说"语文教育的人格塑造重在熏陶与感染。"比如，读诸葛亮的《出师表》，可以体会到诸葛亮的拳拳赤子之心；读史铁生是《我与地坛》，能够启发我们对生命的思考；读朱自清的《背影》，可以感受到一种淡淡的而又催人泪下的父爱之情。由此可以看出，程翔主张的语文教育的这种人格熏陶，是"通过语言文字的品读、涵泳、揣摩和感悟来实现的"。这样，学生自能在潜移默化中汲取各民族的精神文化营养，形成健康阳光的精神面貌。"民族文化"也就渐深渐远地渗透到每个中学生的心灵当中，从而实现语文教育的文化使命。

二、教师的现代化是语文教学现代化的"第一要著"

语文教师是先进教学理念的执行者，语文教改能否最终实现既定目标，关键在于教师的素质。因此，语文教师队伍的建设便成了实现语文教育任务的重要保障之一。

语文教师水平高低的标准是语文教师队伍建设的指挥棒，正确的评价标准是优秀教师队伍形成的保证。我们常常将知识量作为评判教师水平的标准，也常看到一个学识渊博的老师在讲台上讲得有声有色、滔滔不绝，而台下端坐的学生却一脸茫然。我们不得不说这是不懂教学的表现。程翔认为教师不能只注重自身的发展提高，而忽视了教书育人能力的进步。衡量语文教师的水平主要是看他用什么样的方法使学生从不知到知，从不会到会，从不能到能，而不只是看他有多丰富的知识，多扎实的基本功，多能讲。程翔的这种教育思想是他深入地把握教育本质的表现。他要求语文教师，尤其是刚入行的青年教师，在不断丰富自己专业知识过程中，还要掌握语文教学艺术，边干边学，在教学实践中提升自己的教学水平。

同时，程翔还反对语文教师在教学中只按照自身的知识水平和教课方式使学生被动地接受。教师在教学中占有主导地位，但这并不是要教师以"讲"代替一切，让学生配合老师。学生非一张空白纸，他们具有一定的自学能力和知识基础。所以，程翔认为教师应当有正确的教学思想，深入地了解学生，把握他们的心理特点，力求讲得生动、精彩，"让教师适应学生。"

新世纪的社会发展变革要求中国教育深化教改，积极地面对现代化的挑战。程翔身处教学和教改一线，敏锐地觉察到了语文教学改革的紧迫性。他认为语文教学的现代化，首先应该是教师的现代化。应该从哪些方面着手实现这一目标呢？对此，程翔提出了三个要点：第一，教师的现代化主要是指教师思想的现代化。程翔的这一观点直指要害，揭示了影响教学水平的本质原因。传统的课堂多有沉闷、板滞、毫无生气的弊端，究其原因，除了教学设备教学环境的落后，最主要的还是教师教学理念的陈旧。很多老师沿袭旧的教学方法，以同样的方式分析课文，灌输知识。这势必限制了语文教学质量的提高。对此，程翔指出"教学方法的现代化，是随着教学思想的发展而变化的。正确、先进、深刻的教学思想能够产生良好的教学方法"。教师所持有的教学理念直接关系着教师的教学行为。具体说来，程翔认为语文教学应该发展学生、丰富学生并塑造学生。语文教师在课堂上应该尊重学生富有创造性的行为，努力创设一个生动活跃、高效优质的课堂。第二，教师的知识结构是教师素质的核心内容。程翔认为现代化的教师要具备合理的知识与能力的结构。他说"一个语文老师知识与能力的配合、组织的优良与否，都直接决定着其教学的成败。"的确如此，由于语文老师是教师队伍中一个庞大的群体，所以语文教师队伍的现代化程度，直接影响着教师队伍的现代化程度。所谓合理的知识与能力结构，是指一名合格的语文教师不仅要有先进的教育理念和教育思想，还要具备多种素质，尤其要有丰富的"'语文'学科知识素养"，扎实的"教育科学和语文教育专业的知识素养"，以及具备"从事语文教育的能力"。"语文"学科知识浩瀚广泛，一名优秀的语文教师必须具备广博的文化知识素养，这就要求语文教师教与学并重，不断地提升自身的学科知识水平。同时，合格的语文教师还要掌握扎实的教育学与心理学的基本理论知识，并且能够运用这些理论切实地解决在教育教学中遇到的各种实际问题。第三，"语文教育的能力"要求语文教师熟练而灵活地运用教育科学理论、语文学科知识来完成教学任务。程翔特别指出语文教师的"传授之术"直接决定着学生的学习效率。因此，他指出教师的心理素质是教师素质结构的核心成分，是教师职业功能的具体体现。良好的心理素质是教师形成其理想人格的重要因素，关系到教师的教学质量。因此，程翔提出"健康的心理素质是教师现代化的一个重要方面"。这一观点顺应了当下我国教师队伍建设所面临的问题。随着教改的不断深化、教师专业化进程的日益推进，教师的问题日益凸现——社会期望太高、升学压力过重、工作强度太大。在这种背景下，我国的教师心理素质存在着不少缺失和问题，如缺少情绪调控力、挫折承受力、心理健康水平低等。程翔认为教师的职业性质要求教师具备良好的心理素质，因为教师心理的优劣直接影响着学生的学习情绪，对于他们的学习质量会产生很大的影响。

三、阅读教学收放须有"度"

不管在原有的还是新的语文课程标准中，阅读教学在语文教学中都占据着举足轻重的地位。阅读教学是语文教学的关键，具有决定性的作用。通过语文阅读教学，学生不仅能够了解到我们光辉灿烂的文学文化知识，而且能够提高他们自身的综合素养。因此，阅读教学改革一直占据着语文教学改革的重要地位。程翔对阅读教学的重要性深有体会，在阅读教学方面，经过长期的探索实践，逐步形成了传统教育与现代教育相结合的先进的阅读教学理念，对当前的教育改革和教学实践具有重要的指导意义。

关于阅读教学，程翔十分明确地提出"课堂教学中，阅读教学的基本任务就是要做到'基本理解'"。[1] 叶圣陶也曾全面地论述过阅读教学的目的。他说："阅读教学自有它的目的，主要是真正地理解所读的东西。"[2] 语文阅读能力是衡量中学生语文素养高低的重要指标，提升学生的语文阅读能力是阅读教学价值和作用最根本的体现，也是阅读教学的出发点与归宿。程翔的语文教育理念正是抓住了

---

① 程翔.一个语文教师的心路历程 [M].北京：清华大学出版社，2009：48.

② 叶圣陶.语文教育论集 [M].北京：教育科学出版社，1980：552.

语文教学这一核心的问题，围绕着"提升学生的阅读能力"这一问题，提出了一系列主张和见解。

（一）阅读教学目标

程翔全面论述了中学语文课堂阅读教学的目标。根据教学内容的难易程度，他将阅读教学目标分为初、中、高三个等级。其中初级目标是"习惯、积累和了解"，中级目标是"体验、感悟和揣摩"，高级目标是"评价、鉴赏和探究"。这是他深刻认识了阅读教学的规律，把握了中学生阅读心理的结果。

任何先进的理念只有落实到具体的教学实践中，才算真正促进了我们的教学。至于如何实现这三个级别的目标，程翔在长期的教改实践中探索出了具体的路径。阅读之初，首先要求学生养成良好的阅读习惯，并在老师的指导下积累、了解语文知识。古今中外的教育家都注重培养学生良好的阅读习惯。叶圣陶说："阅读教学之目的，我以为首先在养成读书的良好习惯。"① 在语文课堂阅读教学中，程翔从细节抓起，注意培养学生的"诵读、查阅工具书、圈点勾画、看注释、看笔记、看'说明'和'目录'、保持良好的阅读姿势"等基本的阅读习惯。好的习惯使人受益一生，坏的习惯也能贻害终生。良好的阅读习惯是提高学生综合素养，开发、培养学生的创造性思维的有效途径。然而好的习惯并非一朝一夕可成，这需要在长期复杂的环境中，反复练习才能形成。在这个过程中，语文教师要不断地给学生讲解、示范、纠正，当中辛苦、烦琐不胜枚举，教师在其中发挥着举足轻重的指引作用，也极大地考验着老师的职业道德水平。至于积累了解部分，程翔主要从"字词、语文常识、篇章"等方面予以重视。积累与了解的目的，不仅要让学生掌握扎实的语文知识，更要使学生扩大视野、活跃思维。程翔一向反对死记硬背的传统学习方法，即使是需要积累与了解的语文知识，他也要求学生在具体的运用中加深理解，经由训练熟能生巧。

《全日制义务教育语文课程标准》（实验）指出："阅读是学生的个性化行为，不应以教师的分析来替代学生的阅读实践。而应让学生在积极主动的思维和情感活动中，加强理解与体验，有所感悟和思考，受到情感的熏陶，获得思想的启迪，享受审美的乐趣。"这就要求教师把阅读的主动权交给学生，让每一位学生都能够主动地阅读课文，深入思考，体验、感悟，从而真正调动学生阅读的积极性、主动性。程翔关于阅读的中级目标"体验、感悟和揣摩"符合新课标对语文阅读教学的要求。其中阅读体验要求学生没有任何外加干扰地读课文，不要一上来就由

---

① 叶圣陶. 语文教育论集 [M]. 北京：教育科学出版社，1980：726.

老师朗读或者播放录音带，让学生受到先入为主的影响，而失去了最初的阅读感受。学生亲身体验的初始阅读是最纯真、最个性的，确保学生最初阅读的这种自主性，他的阅读才有深刻的印象。关于阅读体验，程翔认为还应当包括情感体验、审美体验，应该加强学生之间的互助交流。这样不仅使学生加深对文章人物、情节、事物等的切身体验感受，还能够让学生相互交流、启发，尽情地体验阅读的乐趣。体验与感悟是语文阅读教学新的着力点，也将成为提高语文阅读教学有效性的新的增长点。

程翔认为学生在阅读体验之后，紧接着就会产生感触，并不断地感悟。阅读中的感悟是指有所感触而领悟，是学生从对课文的表层意义的把握，深入到对深层内涵认识的一条重要途径。在中学语文教学中，学生感悟能力的高低直接影响着教学质量与学习效果。因此，重视对学生感悟能力的培养具有重要的意义。程翔认识到了这一点，他说中学生的阅读感悟包含多个方面，如"明白了其中包含的道理，认识到艺术上的巧妙之处，或者领悟到人生的真谛"。学生的思维发展尚未成熟，需要老师参与到学生的阅读感悟中。对此，程翔提出"引导、启发、点拨"三点具体的教学方式。注重学生自主地体验感悟，强化老师的指引作用，就充分地激发了学生的主动性、创造性，对他们的思维能力与创造能力起着不可估量的作用。

语文阅读课上，应该从哪些方面揣摩、体会呢？程翔认为揣摩的主要内容有：字词的精妙、句子的隐含意义、含蓄深刻的题旨，以及独具匠心的表现手法。这些内容基本上涵盖了一篇课文的精华之处。当然，中级阶段的阅读揣摩，首先是指对语言的揣摩。所谓的揣摩语言，就是通过字面意义，结合一定的语境，甚至是作品的写作背景、作家的经历与风格等，领会语言中蕴含的深意和表达的情感，并逐渐形成良好的语感，充分提高阅读鉴赏的能力。语文学习中，扎扎实实地训练、强化学生揣摩语言的能力，能够切实地提高学生的阅读能力。程翔进一步指出，体验、感悟和揣摩三者是相辅相成的，三者既联系又独立，灵活巧妙地处理三者的关系可使语文阅读课堂臻入佳境。

达到初、中级目标之后，语文阅读教学必然指向更高级的目标。程翔认为这包括"评价、鉴赏和探究"三个方面。高级目标是建立在阅读体验、感悟和揣摩基础上的。培养学生的评价能力，是社会和时代对教育、人才提出的要求，也是素质教育重要的组成部分。所谓评价，就是对语文阅读内容优劣是非的评价，它是阅读能力与判断能力的结合。《全日制义务教育语文课程标准（实验稿）》明确要求学生"对作品的思想感情倾向，能够联系文化背景做出自己的评价。"这就要求教师充分相信学生的评价能力，并且老师自身要具备渊博的评价理论知识，并有针对性地训练学生。在这里教师充当的是领航者的角色，要积极地引导学生参与到阅读评价中，适当地激励学生，增加他们的评价内驱力，最重要的是要使学生充分地相信其自身的判断、评价能力，建立起自己的评价标准。程翔提出中学语文阅读评价的内容可分为"语言运用"和"观点态度"两大类。其中，"观点态度"是主要的评价内容，它要求学生能够站在广阔的历史背景中，评价作者的思想观点、态度以及情感。如此，学生的判断能力以及更重要的思维品质就在阅读教学中不断地提高、加强了。

有了对阅读材料评价的基础，教师就可以引导学生进行鉴赏、探究的训练了。学生的文学鉴赏水平反映其语文素养，也是一个人综合能力的体现。中学语文阅读教学，尤其是文学作品的教学长期处在高耗低效的状态中。因此，《普通高中语文课程标准（实验稿）》将全面提高学生的语文素养作为一个核心理念。对此，程翔基于对阅读教学的认识和对学生阅读水平的了解提出了鉴赏阅读的三种基本方式：情境创设、联想、对比。如何切实提高中学生的文学鉴赏能力，已成为课程改革的关注点。文学鉴赏教学便成了当前语文教改的重头戏。

探究性学习已经成为新课改的又一重点，在中学语文阅读教学中有着广阔的运用空间和很强的教学实效。探究性学习要求学生作为一个探究实践者，深入文本世界中感悟、品味和探究，以形成和发展自己的语文素养。探究性学习也向课堂教学提出了新的挑战，如探究需要较长的时间，而课堂时间有限。如何探究就成了探究教学实施的大问题。针对这一问题，程翔有自己的见解。他认为学生的探究性学习，有别于专家学者的科学性研究。探究是一种阅读类型，它要求教师在课堂上应该积极地鼓励学生发现、提出并解决问题。教师也可以将这些问题分门别类，然后在适当的时机组织学生进行课堂探讨交流。同时，他认为教师在学生的探究性学习中主要担当着引导启发的任务。尤其重要的是，教师一定要转变教育观念，深入教改，不断地提升自身的教学能力，促进学生的提高与发展。

（二）阅读教学内容

在阅读教学内容方面，程翔改变了传统研究的方法。他从学生在阅读过程中的心理活动这一特殊的视角立论，提出了三个连续的阅读阶段：原始理解、后续理解、创新理解。同时他还提及"荒谬理解"和"阅读障碍"这两种普遍存在的现象。这些观点充分地展示出学生在阅读过程中的心理动态，这就要求语文教师在阅读教学中应该时时注意学生主体的心理发展，并要在动态的阅读过程中不断地提升学生的阅读能力。

程翔提出，在课堂教学中，阅读理解的基本任务是要做到"基本理解"。他说："基本理解，就是在课堂上，学生在教师的引导启发下对文章的字、词、句、主题思想以及写作技巧做出的客观的、具有一定认同度的理解。""基本理解"有其成立的客观条件。程翔指出，教材选编的文章无一不可解读，而且也不存在不表达思想感情的文章。这就避免了老师和学生在文本解读时出现天马行空，脱离文本的荒谬理解。"基本理解"应该理解哪些内容呢？对此，程翔进一步明确了"基本理解"的三个层次：对字、词、句的理解；对课文写作技巧的理解；对课文主题思想的理解。这些层次不仅涵盖了阅读教学的主要内容，而且为纷繁复杂的教学内容作了层次性的梳理。其中字、词、句的含义是客观的，学生可有统一的"基本理解"。课文的写作技巧相对复杂些，对同一篇课文的写作技巧，学生会持不同的意见。对此，程翔认为教师不必统一答案，限制学生的思维空间。最高层次的对课文主题思想的理解是最复杂、最易产生分歧的部分。比如，许多经典的文章、著作可以从多个角度获得多方面的解读，教师若是囿于教参的观点，并将其强加给学生，必定会限制学生独立的思考空间，且不一定得到学生的认同。面对这一难题，程翔并没有避难就易，而是深入问题，结合理论与实践向老师提出了基本要求。综合起来就是要求老师从课文的实际出发，结合具体的语言文字与文本规律来理解，要辨别出作者的观点与读者的观点，并联系作者所处的时代，将作品放入具体的文化历史背景中进行理解。"基本理解"的标准就是要在作者原意与读者之意中寻求一个平衡点，它必须"来自学生对课文的客观理解，必须具有一定的认同度"。同时基本理解必须收放有度，任何超越中学生心智水平的理解都是无意义的。程翔的"基本理解"，其目的在于培养学生的阅读能力，适度才是最好的教学。

（三）阅读教学原则

当前，随着课改的步步深入，新的教育思想不断涌现，信息技术迅猛发展，基础教育在深刻的变革中大步前进，同时也引发了新的教学问题。比如，新的教材灵活性较大，但有的老师在教学中没有体现出教材使用的创造性与灵活性；一部分老师的文本解读能力较差，直接影响着阅读教学效果；在一些地方，教学观念、教课方式陈旧落后，难以适应现代化的语文教学形势等。针对当前中学语文课堂阅读存在的问题，程翔提出了具体的语文阅读教学的原则，这包括：文本教学的原则，尊重文本规律的原则，亲身体验的原则，能力培养的原则，注重过程的原则，以及讲、练结合的原则。程翔提出的这些原则，充分体现了他对一定的教学目的、教学规律，以及学生阅读学习心理的认识与把握。程翔长期站在教学实践前沿，深谙一线语文教师面对社会变革与课改所面临的挑战，他的阅读教学原则是对他教学实践经验的总结，是帮助语文教师处理阅读教学过程中各种矛盾的依据。他所提出的每一条原则，对每一条原则所做出的分析与概括，都建立在自己的或者他人的大量的有说服力的、甚至是感人肺腑的课堂实例基础之上。

第二节　程翔语文课堂教学艺术

一、导入的艺术

上好语文课，导入设计至关重要。一个成功的导入设计如同一把开启学生兴趣大门的金钥匙，能营造一种浓郁的学习氛围，并能充分调动学生的学习积极性，使学生进入一种良好的学习状态，从而为整节课的学习打下良好的开端。因此，教师精心设计课堂导入是非常必要的。

（一）导入视角一针见血

所谓"一针见血"，是指教师在阅读教学设计中的导入一定要具有针对性，主要是针对教学实际的两个方面：一方面是要针对教学内容，即教师在充分阅读与了解教材内容的基础上，将导入的视角关注于教材内容的核心部分，并将导入和教材内容之间建立起有机内在的联系；另一方面是要基于学情的视角，其中包括学生所处的年段特点、个体的心理状态、知识的储备等多个方面的学情。阅读教育所追求的教育意义，要依靠这样一针见血的导入方式才能得以实现。例如，邓小平的《讲讲实事求是》是一篇比较抽象，不易于学生理解的议论文，为了在学生与教材内容之间建立内在联系，程翔是这样导入的。

师：同学们，邓小平是实事求是的典范。大家知道，香港问题是腐败的清王朝造成的，也是列强瓜分中国的证据。香港是祖国的神圣领土，必须回到祖国怀抱。1997 年 7 月 1 日香港回归后，如何治理香港呢？如何保持香港的繁荣呢？这是举世瞩目的问题。邓小平提出了"一国两制"的方针政策，这就是实事求是的典范。邓小平同志不仅在实践上实事求是，而且在理论上一贯倡导实事求是的原则。今天，我们来学习他写的一篇文章《讲讲实事求是》。

在中学的语文教材中，除了有文学作品，还有大量的非文学作品。包括说明文、议论文、应用文，这些非文学作品没有文学作品生动的故事、有趣的插曲，相对来说比较干巴枯燥。无论是文学作品，还是非文学作品，它们都有一个共同点，就是具有其特定的历史文化背景。因此，在设计非文学作品的导入方式时，不一定非要用生动的故事导入，要根据非文学作品的内容特点，将抽象、枯燥的理论转化为具象、便于学生理解的内容。在《讲讲实事求是》这一阅读教学中，程翔将导入的视角锁定在如何建立学生与抽象性较强的教材内容之间的联系上。将抽象的"实事求是"的理论转化为"香港问题"这一实际的具体案例，便于学生在实践中认识理论。

又如，《机器人》这一课，程翔的导入视角如下所述。

师：哪位同学知道机器人已经发展到第几代了？

生：第三代。

生：第四代。

师：有一种观点认为，机器人早晚有一天会代替人类，并且控制人类。你们同意这种观点吗？

（生纷纷议论）

师：今天，我们来学习一篇介绍机器人的说明文——《机器人》。

（师板书：机器人）

说明文严格的行文要求和准确的语言标准，让其缺乏趣味性和生动性，学生阅读起来难免觉得枯燥乏味。因此，程翔在导入设计时，将导入的视角放在学生的内在需要上。结合学生的生活实际，找准学生的兴趣点，让学生感到亲切，以此调动学生的阅读兴趣。

再如，《核舟记》阅读教学中，程翔的导入视角如下。

师：哪位同学能说出手艺特别巧的人制造出的杰出作品？

生：有一个人能在大头针上画画。

生：还有一个人能在头发上画画、写字。

师：同学们说得好。今天我们就来学习一篇关于微雕技术的文章——《核舟记》。

程翔在这一课的教学中紧紧抓住了中学生一个很显著的心理特点。运用珍闻逸事挑起学生的胃口，满足学生的好奇心，为学生营造了一种探索的学习氛围，激发学生的阅读兴趣，调动学生探索未知世界的欲望。

（二）导入设计引而不发

阅读教学中的导入环节是整个阅读教学中的"准备动作"，为师生即将进入快节奏、复杂多样的思维活动提供充足的心理准备。因此，导入环节一定要有响锣效应。程翔的导入设计就具有引而不发的效果。俄国教育家苏霍姆林斯基认为，如果教师的心中没有学生，他在教学设计和安排时就不会考虑到学生的认知基础和心理准备，那么他一上课就会急于告诉学生他所要传授的知识，而不是学生想要接受的知识，这样的阅读教学会给学生带来消极的负面情绪。因此，在阅读教学的一开始就需要运用启发性强的导入设计去激发学生积极的思维活动，有效地引起学生对新知识、新内容的求知欲和探索欲。

例如，程翔在教学《散步》这一课时，有如下导入设计。

师：我问同学们一个小问题：咱们班的同学有经常和父母一起散步的吗？请举手。

（生举手）

师：请一位同学谈谈和父母一起散步有什么感受？

生：没有什么感受。

师：都没有吗？

生：我觉得和父母一起散步可以谈谈心，一家人有说有笑，即使父母批评自己，也不像在家中那么严肃。

师：很好。散步是家庭生活的一项内容，它是一种温馨幸福的家庭生活。

今天我们来学习一篇叙事散文——《散步》。

散文的阅读是一种美的享受，需要学生全情投入。程翔在这篇叙事散文的阅读教学伊始，便将学生的生活实际引入课堂，让学生从生活中首先体会散步的感受，不管学生是否能感受到散步的乐趣和美，但学生通过这样的一个导入的问题开始有意识地思考散步带给人的体验。程翔在导入时先让学生自己体悟，将学生的关注点都集中到课文中去。再引导出"温馨幸福"的感受，但却没有告诉学生为什么会有这样的感受，给学生的想象留下了适当的余地，收到启发思维的教学效果。

再如，程翔这样引导学生阅读朱自清的《春》。

师：同学们，我写一个字，你们看后能想起哪些诗句？

（师写下"春"字）

生：春眠不觉晓，处处闻啼鸟。

生：野火烧不尽，春风吹又生。

生：好雨知时节，当春乃发生。

师：同学们一下子说出了这么多描写春的诗句。那么，有没有描写春的散文呢？有，今天我们就来学习朱自清的著名散文《春》。

程翔以一个字，启发学生联想相关诗句，再由诗句引导学生进入相关散文的学习。由字到句再到文，层层递进引导学生进入学习的氛围。程翔这样极具启发性的导入设计，让学生能够由此及彼、从因到果、由表及里、从个别到一般进行阅读活动，从而收到良好的思维启发的效果。

《在马克思墓前的讲话》程翔是引而不发的导入的。

师：同学们，友谊是人与人交往中非常珍贵的感情。李白和杜甫"醉眠秋共被，携手日同行"的友谊在文学史上被传为佳话。鲁迅曾用"一生得一知己足矣，斯世当以同怀视之"表达与瞿秋白之间的真挚友情。在人类历史上，有两个人的友谊被列宁称为"超过了古人关于人类友谊的一切最动人的传说"，这两个人就是马克思和恩格斯。今天，我们来学习恩格斯安葬马克思时所写的一篇悼词，看看恩格斯是怎样评价他最亲密的战友的。

这是一篇译文，将俄语翻译为汉语后有许多语法需要做适当的修改，但修改过后的译文在表情达意上会有一些难以读懂的地方。为了启发学生去体会恩格斯与马克思这种革命的友谊，程翔以李白和杜甫、鲁迅和瞿秋白的友谊作为导入，其目的就是让学生去思考友谊，体会不同时期、不同国度、不同历史文化背景下友谊的表现及内涵。

（三）导入过程新颖别致

苏联教育家赞可夫认为，教师教学工作的安排目的就在于激发学生对知识的欲望。作为阅读教学的导入环节来说，导入所花费的材料与课文内容之间的类比性越少，越能吸引学生的关注，激起学生的求知欲。新颖别致的导入过程能够在阅读教学中收到意想不到的效果。程翔在其阅读教学的导入过程中，不仅在内容上追求新颖别致，在形式上也是有新意的。

比如，安徒生的著名童话故事《皇帝的新装》，程翔导入视角如下。

师：同学们，我写句话，请大家记下来。

（师板书：高贵者最愚蠢，卑贱者最聪明。）

师：这句话是什么意思？谁来讲讲？

生：那些所谓高贵的人往往是愚蠢的，而那些被高贵的人瞧不起的老百姓才是最聪明的。

师：解释得好。你们相信这句话吗？请同学们打开书，今天我们学习安徒生的著名童话《皇帝的新装》，这篇课文会验证这句话的。

安徒生的童话故事学生自小就已经读过了，甚至可以自己讲述这个故事。但这篇幼儿时期的童话故事被安排在中学的阅读教材中，其目的并不在于让学生阅读故事本身，而是让学生去理解故事内部所包含的人生哲理。面对这个学生能自述的童话故事，程翔选择将故事所要传递的人生道理作为导入，让学生先去思考这句话的含义，再结合这个童话故事去体会这个人生道理的真谛。别出心裁的导入过程将学生的思维方向引到提炼精神内核上，再次激起学生对这个故事的阅读兴趣，找到阅读这个故事的新视角。

又如，程翔设计的激发学生阅读《藤野先生》一文兴趣的导入。

师：同学们，1936 年 11 月 17 日，在日本一个村庄诊所，一位 63 岁的老医生接过两位记者送来的报纸。报上刊登着鲁迅逝世的消息，还有举行鲁迅先生葬礼的照片。这位老人看着看着，他惊呆了，不相信这是真的。他默默地站在那里，许久没有说话，过了很长时间，他才压抑住内心的感情，抬起头来。他把报纸高高举过头顶。同学们会问，这位老人是谁？他为什么对鲁迅有如此深厚的感情？他就是鲁迅先生在日本留学期间最敬爱的老师——藤野先生。

这篇课文是鲁迅先生描写他老师藤野先生的作品。程翔一反常态，改变以往"介绍作者""介绍写作背景"的传统导入模式，而是选择从课文主人公的视角导入。由藤野先生对鲁迅的感情，引导学生去探寻鲁迅对藤野先生的感情。这样反其道而为之的导入过程，以一个故事、两个问题引领学生去阅读鲁迅笔下的藤野先生，激发学生对课文主人公的好奇心。这样新颖别致的导入过程往往能收到"出奇制胜"的效果。

（四）导入语言生动有趣

课堂阅读教学，是让学生聚集在一个固定的地点，在规定时间内进行阅读活动，其本身空间和时间的局限性不利于促进学生的阅读感受。倘若一堂课再缺乏了趣味性，那这样的阅读体验就没办法达到所要求的目标。为了使阅读教学上的认知活动变得积极化，阅读教学必须要充满趣味性。程翔的阅读教学中处处充满着笑声，总是能看到师生开怀大笑的场面，而其充满情趣的阅读教学从导入环节开始就是生动有趣的。程翔以其生动有趣的导入语言有效地激发学生的学习兴趣，调剂阅读教学的气氛和节奏，他与学生之间在会心的笑声中达到交流的默契、心灵的契合。

例如，程翔在执教《我的老师》这一课时，其导入如下。

师：同学们，从你们有作文课以来，凡是写过"我的老师"这个题目的同学请举手。

（生全部举手）

师：全都写过。每一个人都有自己的老师，上至国家领导人，下至平民百姓，都是在老师的教育下成长起来的。当人们回忆老师的时候，有的老师被淡忘了，甚至连他们的名字也被忘记了。但有的老师留给人们的印象却非常深刻，使人至死不忘。这样的老师所产生的影响是巨大的，值得用笔写下来。我国著名作家魏巍写的《我的老师》就是许多同题散文中的一篇优秀之作。

程翔选择这样的导入设计，不仅将学生生活实际与教材内容联系起来，更是以一个具有趣味性的话题引起学生的思考。当问到以"我的老师"为题写过作文的人时，唤起学生的回忆："我写过哪位老师？""这位老师给我留下的最深刻的印象是什么？""我是怎么描写他的？"许多与老师之间的趣事从回忆中被唤醒，课堂上学生们纷纷发言，充满了欢声笑语。进而引入魏巍的同题散文《我的老师》，让学生有强烈的共鸣感，并试图去了解著名作家遇到过怎样一位老师，这位老师和自己遇到的老师有什么异同，魏巍是怎样评价他的老师的。这一切都通过程翔一个有趣的话题引发了学生一连串的思考。

又如，面对屈原的《涉江》这一名篇，程翔为了消除学生对古代散文晦涩难懂的陌生感，便设计了如下的导入语。

师：同学们，当我们走在大街上，看到一位身着奇装异服的人，我们对他的评价往往不高，甚至嗤之以鼻，为什么？根据我们生活经验得知，这些身着奇装异服的人常常是些心灵空虚的人，他们借奇装异服来掩盖内心的空虚。然而在两千年以前，中国出了一位大诗人，这位大诗人自称喜欢穿"奇装异服"。他说："余幼好此奇服兮，年既老而不衰。带长铗之陆离兮，冠切云之崔嵬。"这位大诗人是谁？

生：屈原。

师：对。刚才我念的诗句就出自他的名篇《涉江》。

学过《离骚》的人都知道屈原的楚辞对于我们现代人来说是比较难懂的。程翔为了拉近教材内容与学生之间的距离，消除学生对古代散文的陌生感，在导入环节抛出了一个有趣的问题，从学生身边能见到的"奇装异服"，借由生活经验引出屈原的这一名篇。不仅增加了教材内容的趣味性，还让学生有兴趣去阅读这个"喜欢奇装异服"大诗人写的文章，并积极去寻找这个大诗人是怎么"奇装异服"打扮的？又是为什么会有这样不同于常人的想法和行为，难道也是为了掩盖内心的空虚吗？这样趣味性浓烈的导入语，即使再艰涩深奥、晦涩难懂的文章也变得趣味盎然了。

程翔老师《庖丁解牛》一课设计的导语如下。

师：我先提一个小问题，请同学们回答。本文的题目"庖丁解牛"这四个字怎么解释？

生：庖丁宰牛。

师：正确吗？

生：一个姓丁的厨师宰牛。

师：是姓丁吗？

生：名丁。

师：是宰吗？

生：是肢解、分割。

师：宰和肢解的区别是什么？

生：宰是把活牛杀死，肢解是把已死的牛分割。

师：对。"庖丁解牛"就是一个叫丁的厨师肢解牛。那么，文中直接描写庖丁解牛的文字是什么？

题目是文章的眼睛，通常可以折射出文章的内容和中心。因此，教师在教学时可以先对题目中的难点进行解释，以此作为课堂导入。上面的教学实例，教师引导学生先通过提问"庖丁解牛"的意思以及在引导中解释何为"庖丁解牛"，再提出"文中直接描写庖丁解牛的文字是什么？"这样的问题就能激起学生学习新课的兴趣。

在古诗词的教学中，这种"审题解题式"的导入运用得最多。例如，教学《寻隐者不遇》时，教师只有让学生先弄懂"隐者"和"不遇"的含义，他们才能对诗题的意思大致了解，才能进行自主探究。

二、提问的艺术

教师提出的问题是教学的切入口，体现了教师对教材理解的深度，能够独立设计出好的问题是教师教学智慧和技能的集中体现。程翔熟练掌握了提问的艺术并提出了自己的见解，因此他的阅读课堂能够调动起学生的兴趣、拥有良好的师生互动，课堂效率和质量也为之提高，学生语文素养的培育也就有了保障。

教师对教材的深入了解是设计出优秀课堂提问的基础，教师在吃透教材、把握课文思路之后，再结合课文重难点和自身的理解，用教师自己的语言以提问的形式表达出来。提问能够得到学情的反馈，教师以此判定实际教学中的重难点在哪，对教学设计进行适度微调，也为课后的教学反思提供了事实依据。在提问的设计过程中应注意问题的难易和数量都应该适度，难易不当会影响学生积极性，数量过多会落入"满堂问"的窠臼。提问应尽量精炼而具体，同时着重分析课文的语言。语言的运用是中学语文的重要学习内容，在字词运用方面宜适量设置一些问题，体现作者文辞之妙。通过研究程翔的课堂教学，可以总结出程翔的提问艺术主要体现在五个方面。

（一）引导指向

提问的目的是引导学生自未知走向已知，具有指引思维延展方位的作用，是逐步完成学习目标的方向指引。缺少提问的指向作用教学会陷入盲目的状态，学生也将会无所适从。提问可以将学生引入字面之下进行更深层的思考，发掘课文蕴含的道理。提问与提问之间有着铺垫作用，几个问题之间的解决互为条件，环环相扣。提问还有着前后关联的衔接作用，使教学各个环节组成有机的整体。例如，在《爱莲说》一课中，程翔拿出文中描写莲花外貌的句子让学生分析，紧接着向学生提问这段外貌描写是否单纯的写莲花外貌。这一问便引出了作者对高洁品性的追求，将学生的思维由文字表层引向了对课文内容深层含义的理解。

（二）诱导启发

诱导启发作为教师职业中重要的教学手段，在提问艺术中体现得更加生动。喜爱想象和联想、灵动活泼是学生思考问题的特点。启发诱导的理念通过提问表现出来，可以有效调动学生的想象力、开拓思维广度。程翔在执教《天上的街市》时提问，街市里面究竟有什么珍奇异宝。此问一出学生便热情而积极地开动想象力去探索街市中的奇珍异宝了，一石激起千层浪，小组讨论热烈起来，也在无形中增加了课堂效率。

（三）激发鼓励

激发是指带动学生求知心理，提升学习动力，让学生面对课业任务时跃跃欲试；鼓励是教师在学生的课业表现中表示支持与肯定，使学生充满学习期待。虽然学生思维善于想象思考、充满活力，但缺少了教师的激发鼓励，学生也难以取得良好的学习成效。程翔充分发挥了提问的带动作用，他认为应通过激起学生的猎奇心理、怜悯之心等感情，来触发学生的探究和表现欲望，并善于肯定和欣赏学生的优点，用以提升学生的主动性。例如，《巴黎的桥》一课中，作者在众多欧洲的名胜古迹中最钟情于巴黎的桥，程翔便反问学生其余的著名古迹是否真的不如塞纳河上的桥出名。程翔的质疑将学生的注意力成功转移到了塞纳河上的桥，激发了学生活跃的思维，让学生理解了作者运用反衬手法引起读者注意，以突显自己对巴黎的桥的钟爱。由此可见，教师应在了解教材的基础上进行巧妙提问，用问题将学生带入一种积极的思维状态中。

（四）推动进程

程翔认为提问是推动教学从初始走向结尾的动力。阅读教学的关键在于及时化解读课文时遇到的疑问进而达到基本理解。李镇西认为教师应是"学生思想大海的推波助澜者"①，而借助的主要手法则是课堂提问。课堂因问题的产生和解决而有意义，缺少问题就缺少了课堂前进的动力，阅读教学中学生对于所有问题的明确和理解，意味着阅读教学目标的达成。提问艺术推动课堂教学的进程主要体现在推动学生深入理解课文的进程，课文中关于字、词、句精妙使用的提问能够让学生深入体会文章的深意，也就使课堂环节不断向前发展。例如，程翔在执教《谁是最可爱的人》一课时，重点让学生思考战士对于两次提问的回答，缘何做出不同的反应，也就是文中"笑了笑"和"想了一下"。学生通过分析可知，这两个短语的运用将战士不怕吃苦、无私奉献的精神体现了出来，让学生理解文意、受到思想教育的同时，也推动了整体教学的进程。

（五）宏微结合

问题有大小之分，提问也有宏观和微观之别。宏观提问是就课文大的方面、整体性的内容提出的问题。比如，"《在马克思墓前的讲话》一文，作者是从哪些方面评价马克思一生伟大贡献的？"这是一个关乎课文整体的提问，要想回答好，必须认真阅读全文，整体把握才行。宏观提问的好处在于提醒学生胸有全局，善于从整体上考虑问题，避免以偏概全。微观提问是就课文的局部或细部设计的提问。微观提问的好处在于，使学生养成推敲的习惯，品味语言，斟酌字词。比如，《祝福》中短工说："怎么死的？——还不是穷死的？"短工认为是穷死的，"我"也这么认为吗？这个提问可以使学生深入理解"我"和短工的区别。宏观提问和微观提问相辅相成，缺一不可。

三、课堂评价的艺术

教学评价是指采用一定的方式对参与教学活动中的学生进行价值评判的教学活动，其中包括对学生行为表现、学业成绩等方面。教学评价广泛存在于教学实践活动之中，是教师调控教学过程时最常用的、也是主要的教学手段，同时也为师生之间获取及时有效的教学反馈提供主要的途径。适时适度、科学合理的教学评价能够对学生形成积极的促进作用，更能为教师提供准确的教学效果反馈信息。为了在阅读教学中科学而艺术地运用教学评价，取得良好的教学效果，程翔不仅加强教学艺术原理、教学美学的学习和研究，不断优化自己的教学评价艺术策略，而且及时在教学实践中锤炼修改自己的教学评价艺术。因此，程翔在教学艺术理论指导下，在实践中创造性地运用了教学评价艺术理论从而使其教学评价达到最佳效果。

---

① 李镇西.教有所思[M].上海：华东师范大学出版社，2003：239.

（一）及时地肯定

程翔在阅读教学中善于使用肯定性的评价策略，对学生的行为表现和学习成果都及时给予欣赏、肯定。通过肯定性的评价，对学生产生了激励作用，引导学生产生强烈的学习欲求，从而追求更高的目标。在阅读教学实践中，程翔始终以欣赏的眼光看待每一个学生，以敏锐的眼光捕捉每一个学生身上的闪光点，并且及时地给予适度的表扬和鼓励。在程翔的阅读教学课堂上，总是可以听到这样一些及时地评价语："很好！""对。""非常好。""很正确！""回答得太好了！"虽然都只有简单的几个字，但是却贯穿阅读教学的始终。在学生的心目中教师就是"权威的象征"，是学生心中的"偶像"。学习是对未知世界的探索，学生心中有太多的不确定、不自信。不分学段，每一个学生都渴望知道自己在教师心目中的形象，教师对自己的看法和态度。他们渴望得到教师的理解、关注、肯定与赞赏。在程翔看来，教师口中一句简单的鼓励的话，在学生的心里却具有不可估量的作用。因此，肯定性的评价对学生自信心的树立、积极性的调动有着良好的影响。程翔的这种肯定的评价不仅作用于优秀学生，对后进生更是有特别的关注。他善于把握后进生的心理特点，及时发现他们的优点，并加以肯定和培塑。学习困难的学生在阅读教学中羞于表达自己的阅读理解和感受，无论学生说得是否流畅、完整，只要表达出了自己的真实感受，程翔往往会用"你的回答太精彩了！""分析得很有道理！""你的想法和我的一样！"这样的评价语给予学生肯定，学生得到肯定后对学习有了信心，就会更加积极主动地投身于阅读活动中。

下面以程翔在《琵琶行》的实际阅读教学案例中，来看看他是如何及时对学生做出肯定评价的。

（生朗读课文）

师：好。节奏、感情处理得比较好。

师：谁能来说一说自己读过这两句诗以后的感受？

生：我喜欢这两句诗因为它能引起读者的想象。"千呼万唤始出来"能使读者想象作者再三邀请琵琶女的情景，"半遮面"能使读者想象琵琶女羞答答的情态。

师：精彩的回答。

师：这些变化令人……

生：眼花缭乱，目不暇接。

师：对对对，你的回答太精彩了。请你把这些句子朗读一遍。

（生朗读）

师：很好。你朗读课文的水平很高。

师：哪位同学能说说"别有幽愁暗恨生，此时无声胜有声"这两句的含义？

生：我觉得……

师：你是作者的知音啊！分析得很好。

师：为什么写"唯见江心秋月白"呢？

生：作者看着江中的月亮想自己的心事，他看呆了。

师：太好了！同学们见解不凡，白居易在天之灵会感激你们的。

在《琵琶行》这一课的教学过程中，程翔除了运用直接的肯定性评价语，还在学生表述对句子内涵理解时借助作者的态度"知音""感激"对学生的回答进行肯定。这样巧妙地进行教学评价，让学生在阅读理解的过程中感受到自己的理解不仅得到了教师的肯定，还得到了文章作者的认同，从而收获成功的满足和喜悦。

（二）因学而评

所谓因学而评，就是指教师在教学过程中根据学生的个性特点和具体的学情进行教学评价的评价艺术。程翔在其阅读教学过程中不仅能够根据学生的气质特点，采取恰当的评价策略，还能够根据学生的实际学习状况做出适时适度的评价。我们可以从程翔众多的阅读教学案例中看到他具有针对性、有效性的因学而评艺术。在阅读教学中，学生并不满足教师简单的肯定性评价，如何更有效地调动学生的思维积极性呢？就需要结合具体教学实情的针对性评价。

例如，程翔在教学《茅屋为秋风所破歌》时，以如下的评价语来引导学生诵读，并激发学生的朗读热情。

（生读第一小节）

师：读得清楚，字音准确。缺点是没有感染力。

（生读课文）

师：很好。这位同学把重音放在"欺""忍""公然""呼不得""自叹息"上，抓得很准。

程翔结合具体的教学现状，抓住学生朗读中的特点"字音准确，但没有感染力""重音抓得准"加以肯定和指导。除此之外，程翔在评价学生朗读时抓住了学生这些特点进行评价，"还不够味。不要拘束，声音要洪亮。""很好，把人物性格特点读出来了。"等。只有教师因学而评，才能让学生感受到教师细致的观察以及对其的重视，才能更有效地调动学生的学习热情和思维积极性。

（三）爱心化育

正如德国教育家赫尔巴特说的，教学过程必须具有教育的作用。因此，作为教学活动的重要环节，教学评价活动也需要蕴含充足的教育性。教学评价艺术的教育性在于以促进学生的身心健康、全面发展为价值追求。为此，教师应该以人道主义的观点来看待学生，关注学生的发展，尊重学生的价值和尊严，把每一个学生看作是一个生龙活虎的、不断变化发展的生命个体。在教学过程中做出的教学评价要让学生感受到教师对他的热爱、期望与激励。程翔认为教育要"以人为本""以学生为本"的教育教学理念，这一点也体现在其教学评价艺术上。从他对学生的评价中能够反映出他内心对学生真诚的关爱、高度的责任感。

例如，程翔在教学《一件小事》时，有如下一段具有教育性的激励评价语。

师：请你说一说第四段是怎样具体交代的？

生：第三段只说了……

师：太好了！分析得很有道理。希望同学们都能像这位同学一样善于分析问题。

程翔在这一个问题上对学生的评价，看似是一对一的个体评价，但细想会发现程翔不但对这位同学的答案做出了肯定性的评价，还对其分析问题的能力提出了赞扬，并引导其他学生学习这种善于分析问题的能力。程翔对学生满怀期望的教学评价艺术不仅能够对回答问题的学生产生强大的激励力量，还对其他学生的行为产生导向作用，从而引导学生朝着理想的目标前进。

又如，《卖炭翁》的阅读教学中，程翔如下所述评价学生对老汉雪中卖炭情景的想象。

师：非常生动，就像演电影一样。想像是一种非常重要的思维能力，同学们要有意识地培养这种能力。

程翔赞扬学生的想像具有和电影一样的观赏性，让学生获得成功的体验。他要向学生阐明的想象的重要性就不言而喻了。他运用高超精湛的评价艺术在阅读教学中激发学生的情感体验，让学生有机会真正体验到阅读过程中智慧上升的乐趣，从而在轻松、愉悦的境界中实现身心健康发展。

再如，在教学《有的人》时，面对两位学生不同的朗读，程翔并没有评价谁对谁错，而是选择了如下的评价语。

师：不错，如果说刚才那位同学读得比较温柔的话，那么现在这位同学则读得充满了阳刚之气。

在阅读教学中，程翔总是用欣赏的眼光看待学生的阅读理解和思考，并且通过他充满爱心的教学评价艺术激起学生情感的涟漪，从而让学生对阅读活动产生浓厚的兴趣，在潜移默化中将阅读的任务转化为学生自我内在的需求，最终将这种内在需求转化为积极的外在行动力。

四、课堂讲授的艺术

（一）准确严谨

语文教师应普通话标准清晰、字正腔圆、符合语法规范，讲解文段时语言应简明扼要、层次分明、具有严密的逻辑性。面对不同的教材、课型及学生要适当转换语言与之适应，语言力求灵活多变、准确精练。执教《在马克思墓前的讲话》这一课时，程翔在学生理解马克思的理论贡献与革命实践同等重要后，适时地提问："为什么不先写马克思在实践上的贡献，后写他理论上的贡献呢？"设问不仅语言准确精练，逻辑层次分明，而且紧紧扣住了文章的节点，使学生明白了行文起伏的设置，又为学生明确马克思革命实践的重要性奠定了基础。

（二）生动形象

生动形象的语言让语文课堂的魅力为之大增。富有感染力和吸引力的言语表达，能更有效地将知识送入学生耳朵，提高课堂效率。引人入胜、扣人心弦的情节渲染和故事分析，能将学生牢牢吸引住，气势磅礴、有理有据的演讲语言，能够带动起学生激昂的学习气氛。教师吃透教材，揣摩体会文中人物的心理语言，以模仿表演式的语言将学生带入文中情景，使学生如临其境，全身心地投入到阅读理解中去。例如，《荷花淀》中水生与妻子有一个对话情景：水生对妻子说明天要去大部队，妻子对此表露出一丝不舍与嗔怪。程翔仔细揣摩水生妻子的一句"你总是很积极的"，用表演性的语言设身处地模拟人物感情，将剧中妻子对水声的责怪、关爱之情生动形象地表达了出来，为学生呈现出了文中普通人物的鲜活感情。

（三）尊重人格

以人为本的教育理念不仅体现在关注学生的主体地位上，更体现在教师对学生人格的尊重。为避免学生自尊心受到伤害而陷入尴尬的境地，教师的语言应有所回避，因此要求教师要有一颗热爱学生的心灵，了解每位学生的内心世界和家庭状况。同时，教师也应注意讲话对象的外貌、性格及生活习惯的差异，这些都反映了语文教师的道德素质和职业修养。尊重人格还体现在教师在与学生交谈时态度应平和亲切、举止大方，消除学生紧张畏惧的心理，使师生关系更加融洽。例如，程翔在执教观摩课《孔乙己》时，有位回答问题的同学由于过于紧张没有拿稳发言所需的话筒而掉落在地，场面十分尴尬。程翔在学生捡起话筒后，亲切而不失幽默地说道："看来地球的引力还是很大啊！"轻松而自然地化解了学生的紧张与尴尬，尊重了学生的人格，他心中有学生、爱护学生的品质可见一斑。

（四）审美陶冶

语文教师的语言应当融科学性和教育性为一体，力求将优美和谐的感情诉诸语言中，使学生如沐春风、受到美的熏陶，学生审美水平也随之提升。在程翔执教《梦游天姥吟留别》当中，有这样一段语言给听课专家和教师留下深刻印象，"……李白的伟大就在于他不愿为了高官厚禄低下高贵的头……他暂时失败了，却永久地成功了！这就是李白"。程翔在这段教学语言中倾注了深切的感情，仿佛他就是李白，将胸中块垒一吐为快，语言气势慷慨、节奏激越、意义深刻，极具审美价值。

五、应变的艺术

虽然教学是在预先设计好了程序之后按照程序有序进行的，但它并不是一个风平浪静的港湾，反而在其中隐藏着各种漩涡、巨浪。因为参与阅读教学的主体是学生，而学生是一个个生龙活虎的人，他们的身心发展水平、思想观念和情感态度都是迥然不同的，这一点就决定了阅读教学的过程是一个瞬息万变，随时都有可能出现各种意外的过程。这就需要教师具有高超的教学应变艺术，及时、有效地处理阅读教学中的偶发事件。所谓教学应变艺术，是指依靠教师敏锐的观察、灵活的思维、果断的意志，对教学中出现的突发事件做出妥善处理的艺术。根据具体的教学实例，可以看出程翔在阅读教学中具有高超的应变艺术。他从长期的教学实践中掌握了教学应变艺术的有效策略。

（一）养成反省自问的习惯

在阅读教学中，教师会根据教材内容和学生的基本学情进行教学设计，并且设计串联整个教学流程的问题以及预设学生的回答。但在实际的教学中，学生的回答可能会超出预设的范围。例如，有的问题教师认为学生是完全可以答出来的，但也有可能遇到学生答不上来的情况。面对这种突发事件时，程翔并不是一味指责和埋怨学生笨、不聪明，而是在自己身上找原因，养成了反省自问的习惯。

例如，在教学《济南的冬天》一课时，他是如下所述处理特殊情况的。

师：文中写松树上盖了雪，像日本的"看护妇"，有人说这个比喻很生动形象。为什么呢？

（生无人举手）

面对这样鸦雀无声的局面，程翔立刻反问自己，为什么学生答不上来，原来是不懂"看护妇"这个词的意思。于是，程翔立刻向学生解释：看护妇就是指护士。学生理解了关键词语的意思，这个问题就马上得到了解决，教学也就可以继续进行下去。

再如，程翔在教学《梦游天姥吟留别》时，要求学生齐读诗词的最后一句，但学生却无一出声，一片静默。他反思可能由于自己用自己对李白的理解程度去要求学生，使其对学生的要求过于简单化，学生的思想情感还未酝酿好，自然无法读出来。于是，程翔继而引导学生想象李白作诗时的样子、神态、表情、动作等，让学生有所感悟后再读，效果就好很多了。程翔在处理阅读教学突发事件时，所养成的反省自问的习惯，消除了阅读教学中的"卡壳"局面，使教学能够顺畅地进行。

（二）巧妙运用冷处理

阅读教学中，常常会设计学生与学生之间的讨论、教师与学生之间的讨论环节。这样的教学安排势必就会出现师生观点不一致，互相争论的场面。教师的正确观点一时半会儿说服不了学生，学生也不会轻易放弃自己的观点。阅读教学的课堂时间是有限的，不能让阅读教学陷入无休止的争论中，从而影响教学进度。程翔在阅读教学中也遇到过这类情况：在教学《项链》一课时，程翔组织学生讨论这一小说的高潮部分是哪些段落。一部分学生认为"丢项链"是故事的高潮；另一部分学生认为"项链是假的"这一结局才是高潮。持有两种不同观点的学生争执不休，程翔眼见无法在课堂上达成共识，灵机一动将这一问题变成课后思考作业，让学生将自己的观点写成文章，以书面讨论的形式阐述自己的观点。面对课堂上的争论，程翔巧妙地运用了"冷处理"的办法，将讨论搁置到课后，缓解了课堂上的紧张气氛，也使教学得以继续进行。

（三）善用幽默风趣

阅读教学中需要为学生提供一个民主、宽松的学习氛围，这样学生才能自如地参与阅读活动，并与教师默契配合完成阅读教学，取得良好的教学效果。而阅读教学中往往会出现各种意想不到的事情试图破坏这一和谐的氛围。遇到这种情况时，程翔在应变艺术的策略上体现了善用幽默风趣的特点。例如，一次阅读课上，一位学生不端正的坐姿造成了板凳的吱吱作响，影响了安静的阅读环境，扰乱了程翔的阅读指导。程翔巧妙地化用一句歌词，唱道："精美的板凳会唱歌呀！"引得全班哄堂大笑，制造出噪音的学生也停止了动作，专心听课了。在不利的教学情境中，程翔随机应变，利用歌曲提醒学生化解了这一突发现象，从容地处理了教学中的"险情"，拉近了教师与学生的距离，进而将不利的因素转化为有利的条件，维护了和谐融洽的教学氛围，从而使阅读教学得以顺利进行。

（四）以变应变

教学中突发事件即使处理得当，也会或多或少影响预定的教学进程。如果教师坚持原定的教学计划不放，必然会影响实际的教学效果。在程翔进行《散步》这一课的阅读教学中出现过如下的一幕。

师：只剩下妻子一个人啦。最喜欢妻子的举手？

（没有学生举手）

师：请你们说说为什么不举手？

生：我不喜欢这个人物。

师：同学们想一想，妻子难道必须一切听从丈夫的吗？

生：不用。

师：对呀。用现在的话说，就是妻子在外面是很尊重丈夫的，但是回家就不同了。在家里夫妻之间完全可以相互批评。这叫内外有别嘛！妻子没说一句话，那是因为她在等待丈夫的决定。妻子不说话，正说明她是一位默默奉献，更多操持家务的贤妻良母。她说得少，做得多。同学们不喜欢这样的妻子？反正我喜欢。你们同意我的观点吗？

生：同意。

（生举手）

师：看法发生变化了。这就是理解了。

程翔在教学设计时预想到学生应该会喜欢文中妻子的形象。但在实际的阅读教学中，学生并没有理解妻子"不说话"行为背后所蕴含的精神品质，因此对妻子产生了误解。面对这样的情况，程翔借助学生对妻子的误解，引导学生对文本具体语言进行解读。当学生通过思考有了新的理解时，程翔及时调整教学计划，以变应变，从而为学生阅读能力和思维能力的发展创造了空间。

六、调控的艺术

语文课堂上，教师不能随心所欲，学生也不能无所顾忌。这就需要教师具有课堂调控的能力，适时调整课堂的起伏、快慢、收放、疏密、动静的变化，具有"任凭风浪起，稳坐钓鱼船"的定力。程翔的课堂调控艺术体现在以下几方面。

（一）"放"和"收"

课堂上，教师应具有开放的胸怀，让学生成为学习的主人，积极主动地学习，消除学生紧张心理。"放"可以指时间，即在一定的时间内把时间完全放给学生。时间一到，教师就要"收"。"放"还可以指空间，即在活动空间上，教师不加限制，学生可以下位，自由讨论。时间一到，各就各位。"放"还可以指教师的讲析可以适当延展，驰骋天外，但最后要回归到教学目标上来。有放有收，有自由有纪律，有个性有共性，这样驾驭课堂就体现了一种教学艺术。程翔在教学《兰亭集序》时，抓住"每览昔人兴感之由，若合一契"这句话，联系古今中外人们对生死的论述，大"放"特"放"，尽可能让学生体会"生死亦大矣"的深刻含义。当引导学生做了一圈巡礼后，又回到课文上来，再一次认真朗读课文，适时收束。教学《项链》时，程翔让学生充分讨论玛蒂尔德这个人物形象，用了整整一节课的时间。最后，对学生的讨论分门别类，适时加以总结。

（二）因势利导

因势利导的方式方法是多种多样的，关键是善于凭借学生的"势"。"利导"则是朝着有利于教学目标的方向引导。学生的"势"往往是原始理解，是教师教学的起点，没有这个"势"，教师的教学就失去了凭借，无法对症下药。学生正确的理解可以作为教师向纵深开拓的"势"；学生的错误理解可以作为教师向正确方向引导的"势"。

一般情况下，学生的"势"会自然出现。程翔在教《在马克思墓前的讲话》时问学生："喜欢这篇课文的举手。"结果只有个别同学举手，多数同学不喜欢这篇课文。这就是一种"势"，教师抓住不放，引导学生认真体会恩格斯如何评价马克思伟大的一生，使学生改变原来的态度，转而喜欢这篇课文。但有时学生的"势"不容易表现出来，教师无"势"可借。著者看过这样一堂公开课：教师提问学生，学生无人回答，教师急得满头大汗。通常把这种现象叫作学生不配合。学生不配合教师，原因可能是多方面的，但根本原因在教师。教师要反思：自己的教学设计是否符合学生的实际？是否从学生出发？只要真正从学生出发，为学生服务，巧妙地进行激励、点拨，学生的"势"就会表现出来，教师就能因势利导。

（三）话语定向

课堂上，有的学生频繁举手发言，有的学生从不举手发言，一节课下来，发言的总是那几个学生。这样的课会失去多数学生的参与，久而久之，课堂就变成了少数学生的天下。教师要善于调动每一个学生的积极性，指定那些不举手的学生发言。教师还可以把举手发言变成小组讨论，然后选代表汇报讨论结果，代表要经常更换，不要固定。有的学生发言占用时间过长，影响其他学生的发言。对此，要有时间上的规定，表述要简洁明了。如果有的学生说起来没完，教师就要提醒，甚至请其暂时停止发言。

（四）实事求是

教学设计再精密，在实际教学中也难免出现未曾料及的"空白点"或者教师在讲解时发生疏漏等情况。程翔认为要以实事求是的态度面对这些问题，无需含糊其辞，更不用文过饰非、遮遮掩掩。曾有学生请教程翔鲁迅《野草》中几句话的含义，程翔没有事先准备因而一时无法准确回答。程翔坦然地说，等下课后他会帮这位学生查阅有关资料。在课后程翔查找了相关资料，随即为学生排除了疑惑。面对学生的疑问，程翔没有因为无法回答而强词夺理或逃避问题，而是坦然承认自己难以回答并在课后及时予以弥补，成功帮助学生解决了疑惑。

教师真实坦诚地承认自身的不足不但无损教师的权威，反而能赢得学生的尊重。

（五）幽默风趣

幽默风趣是智慧的表现，对于阅读教学中的课堂调控而言也十分有益。幽默风趣不仅能营造轻松愉快的课堂环境，还能从容得体地化解课堂中的尴尬场面。课文的阅读理解中，教师巧妙运用幽默语言解释文意往往会取得良好的效果。例如，在《伤仲永》的教学中，程翔讲到方仲永的父亲以方仲永的才能作为资本而四处炫耀得利时，他评论方仲永的父亲商品意识很强，居然在这么早的宋代就"下海"了。程翔将方仲永父亲唯利是图、耽误方仲永学业的行为幽默地比作经商下海，生动形象地化课本知识为俏皮的生活语言，促进学生理解了文意又使得授课气氛愈加轻松融洽。

第三节　程翔经典课堂赏析

程翔《再别康桥》教学实录如下 [①]

[①] 百度文库 https://wenku.baidu.com/view/ed98259131b765ce04081477.html

师：上课，同学们好！

生：老师好！

师：坐下。今天上课的格局不同于往常（学生四人一组，面对面坐），喜欢吗？

生：喜欢。

师：这叫小组交流讨论的学习方式。不是你们听老师讲，主要是小组之间交流学习，有问题提出来，我们一起研究，好吗？喜欢语文课的同学请举手。

（学生举手）

师：不喜欢的举手。

（学生没有举手的）

师：这说明你们老师语文教得好。

师：今天我们要学习的是《再别康桥》，这首诗以前知道的请举手。

（学生举手）

师：这么多同学知道呀。说说，你是什么时候知道的？

生1：有一次电视上刚好有这首诗。

师：那是在什么时候？

生1：一年以前。

师：你呢？

生2：我接触过几次。

师（惊讶地）：几次呀！最早呢？

生2：最早是小学，是一个同学在广播站朗读了这首诗。

师：以前知道这首诗的作者是徐志摩的举手。

（生3举手）

师：请你将他的名字写一遍。知道为什么要写一遍吗？这个"摩"字要注意，是吗？

（生3板演）

师：好。记住了，徐志摩。下面请同学们自由地将诗歌朗读一遍。

（学生朗读）

师：有不认识的字举手。

（学生没人举手）

师：没有不认识的字，是吗？下面请同学们推荐一个同学来读一遍。

（生4举手）

师：你推荐谁？

生 4：我推荐×××

师：你为什么推荐他？

生 4：因为他读得还可以。

师：你自己读得怎么样？

生 4：嗯……

师：那你推荐谁？

生 5：推荐我自己。

师：有勇气，同学们为她鼓掌。

（生 5 读课文）

师：好。谢谢你。读得不错吧？

（全体学生鼓掌）

师：有读错的吗？

生 6：第五段"满载一船星辉"，她读成了"满载一城星辉"。

师：嗯。还有吗？

生 7："向青草更青处漫溯"，她读成"青枣"。

师：嗯。还有一个地方，"沉淀着彩虹似的梦"，我们看应该读"似（shì）的"，还是"似（sì）的"？

生 8：是"似（shì）的"。

师：对，彩虹似（shì）的。什么时候读"似"？

生 8：相似（sì）。

师：下面小组交流一下。喜欢这首诗吗？为什么喜欢？

（学生小组交流）

师：好。这个问题比较简单，我们简单地交流一下。喜欢这首诗的举手。

（学生举手）

师：不喜欢的举手。

（学生没有举手的）

师：没有不喜欢的。为什么喜欢？

生 9：我喜欢是因为这是抒情的诗，更喜欢二三四段，把景物写活了。

生 10：我觉得这首诗给人一种做梦的感觉。

师：做梦的感觉，很好。还有这种感觉的同学举手。

生 11：我觉得有音乐感。

师：还有这种感觉的同学举手。

生 12：我喜欢这首诗，前后呼应，中间运用了比喻等修辞手法。

生13：这首诗很缓慢，读的时候很享受，给人一种轻松的感觉。

师：我们对于这首诗的初步感受很好。接下来要做什么呢？你读了这首诗，有什么问题要问吗？小组交流一下。

（学生小组讨论）

师：好，同学们都写了很多问题，有的同学写了三个问题。请同学们提问题。

生14："在星辉斑斓里放歌"的"星辉斑斓"是什么意思？有什么意境？

师：你是不理解"星辉斑斓"的意思，还是不理解这个意境？

生14：意境。

师：这是怎样的意境？在这个意境里怎么想到要放歌呢？这个问题好，继续提。

生15：前面说"在星辉斑斓里放歌"，后面又说"但我不能放歌"，这不矛盾吗？

师：哦，矛盾，问得好。

生16：第三段，"在康河的柔波里"，我们知道大海的波浪是汹涌澎湃的，为什么这里说是柔波？

师：大海的波浪是汹涌的，是吧？小河里的波浪会是什么样？是不是柔波？

生17：为什么说榆荫下不是清泉？

生18：为什么是再别康桥？

师：以前来过，离开了；这次又来了，又要离开了。

生19：第五段的"寻梦"，寻的什么梦？

生20：第六段的最后一句"沉默是今晚的康桥"，不懂。

生21：我想提两个问题，一个是，徐志摩写这首诗的背景；第二个是，第一段和最后一段为什么要重复地用"轻轻的、悄悄的"？

生22：青荇为什么是油油的？是光亮的意思吗？

师：还有新问题吗？

生23：为什么用荡漾？

生24：前面是"轻轻的"，为什么后面用"悄悄的"？

生25：第四段为什么要用"揉碎"这个词？

师：我现在要调查一下，到现在为止还没有提出问题的请举手。

（学生举手）

师：有问题吗？

生26：有。二三四段，为什么分别讲"金柳""青荇""榆荫"，为什么讲这么多景物？

师：还有吗？

生27：题目是康桥，文章应该重点写康桥，可文章为什么重点写康桥边的景物？

师：同学们应该知道，学习没有局外人，没有旁观者，大家都应该是学习的主人公。还有谁没有提过问题呢？

生28：为什么在康河的波光里，我甘愿做一条水草？

生29：为什么在第六段中要用"沉默"？

师：记住，以后我们都是学习的主人，不要沉默，不要做旁观者。（指名读第二段）

生30："那河畔的金柳，是夕阳中的新娘，……"

师：你知道"金柳"是什么吗？

生30：我知道。

师：为什么柳树是金色，是因为什么照耀着？

生30：夕阳。

师：夕阳下，柳树一片金色。"那河畔的金柳"用了一个"那"，就是要往远处看。你看到了吗？

生30：没有。

师：那么，在什么地方？

生30：心里。

师：对。"新娘"知道吧？为什么看到金柳诗人就想到"新娘"，你们会想到新娘吗？

生30：（笑）不会。

师：诗人看到金柳，就想到了新娘，为什么？

生31：应该是寄托思乡的感情。

师：你为什么会想到思乡？

生31：因为我想家乡。

师：与你的情感有关吧，那诗人为什么想到新娘？与什么有关？

生32：情感。

师：对，肯定有一段感情在里面。诗歌与一般的文章不同，要你去猜。"艳影"是什么意思？

生33：美丽的影子。

师：谁美丽的影子？

生33：新娘的美丽的影子。

师："在我的心头荡漾"，"荡漾"是什么意思？

生34：水波动荡的意思。

师：在这里是什么意思？

生35：我在心里面来回想，徘徊。

生36：不停地在我心头出现。

师：就是在你心头萦绕。

生37：不可以忘记。

师：对，不可以忘记，很好。能不能读出水波荡漾的感觉来？

生：（学生读"在我的心头荡漾——"）

师：好，一边读的时候，一边感受水波荡漾，新娘在他心里跳。齐读这段。

（学生齐读）

师："在我的心头"应该停一停，（老师范读最后一句）"在我的心头——
荡——漾——"

（学生再读）

师：你们是不是觉得小诗写得很有趣。现在学习第三节，请你读一读。

（生38读）

师：从感情的发展来说，你觉得这一小节与前面相比是变得强烈了还是减
弱了？

生38：强烈。

师：你怎么说是强烈？

生38：因为后面说"我甘心做一条水草"。

师：你从哪个词看出？

生38：甘心。

师：你说诗歌一开始，诗人看到了什么？

生38：天空。

师：天空没有什么意思。然后看到什么？

生38：金柳。

师：金柳好像下垂了，在看什么？

生38：水草。

师：金柳与水草你看着我，我看着我，好像人在交流感情呀。我们来读一下。

（学生齐读）

师：如果是我，我也甘心做一条水草。

（学生笑）

师：你们愿意做水草吗？

生：不愿意。

师：你们还小。

（学生笑）

师：读第四段。

（学生读）

师："那榆荫下的一潭，不是清泉，是天上虹"，明明就是"清泉"，怎么就不是清泉了呢？原来是天上的虹。那虹揉碎了，为什么揉碎？请以小组为单位讨论。

（学生讨论）

师：好，下面交流。

生39：我们小组是这样理解的：天上虹是康桥在水中的倒影，因为水面反射出夕阳的光，柔波荡漾，那桥好像睡了一样，自己的梦想也像彩虹。

生40：揉碎的应该是内心的思想，要离别，很悲伤。彩虹是内心的追求。

生41：夕阳余光照射在湖面，湖面形成波光粼粼的样子。

师：理解这一小节很难吧。20世纪20年代，徐志摩在这里上学，有一些让他追求一生而无法实现的梦想。这康桥就是剑桥，剑桥大学，老师去过那地方，没有彩虹桥，只有一座很小的桥。剑桥大学是世界上著名的大学，希望你们将来能够去那儿读书。

那榆荫下的一潭，就是清泉，可作者偏偏说不是清泉，那意思是要提醒我们读者千万不要把它看成是——

（学生无人举手）

师：同学们，生活中有这种情况。比如，你到商店里看到一种非常喜欢的笔，但是这种笔很贵，你回家问爸爸妈妈要钱去买，可爸爸妈妈说你不是有很多笔吗，不买！但是，有一天，你爷爷给你买来了这支笔，你非常高兴。以后你每次看到这支笔，你就认为这不是一支笔，而是——

生：爷爷的爱。

师：本来是一支笔，在你心里那不是笔，成了爷爷的爱。那么，这里作者说不是清泉，那是什么呢？

生42：象征着梦。

师：什么梦？

生42：是……是……

师：象征着爱情，知道吗？

师：天上的虹，怎么揉碎了呢？刚才说了是风吹，就不完整了，但这是表面的。破碎的是什么呢？

生43：爱情。

生44：希望，梦。

师：是消失了吗？

生45：没有，埋在心里。

师：一起来读一下。

（学生齐读）

师：这种写作手法，不是徐志摩的独创。在宋代苏东坡写了一首《水龙吟·次韵章质夫杨花词》，"细看来，不是杨花，点点是离人泪。"杨花柳絮呀，同学们看过吧，我们看来，那就是杨花，可苏东坡却说不是杨花，是离人泪。这种写作手法叫"移情"，就是作者把自己的主观感情转移到了他所描写的客观景物上。直接写太直白，没有意思，这样写，让我们去猜，越猜越有意思。以后同学们也可以学习这种写作方法。

读到这个地方的时候，应该怎么读？

生46：快一点儿。

师：但不是轻快，而是什么感觉？

生47：忧伤。

师：为什么忧伤？

生47：因为美好的梦想破碎了。

师：而他又没有忘记，他埋在心里，心应该荡漾一下，对吗？

生：嗯。

师：荡漾多少下才合适？你们荡漾过吗？

（学生笑）

师：你们太小了。把前面的连起来读一下。

（学生齐读）

师：出现了梦，下面的小节应该写什么？

生：寻梦。

师：请你读下这一小节。

（生48读）

师：好，我问你，作者是什么样的梦？寻梦，作者用的什么标点符号？

生48：问号。

师：问谁？

生48：问自己。

师：寻梦，你解释解释什么意思。

生48：寻找彩虹般的梦。

师：那是什么样的梦？下面有没有描述？

生48：星辉斑斓的梦。

师：那个梦好像与什么行动有关？

生48：划船。

师：我问你，划船，一个人好，还是两个人好？

生49：两个人。

师：同性的好还是异性的好？说心里话。

生49：同性。

师：哇，我好失望呀！

（学生笑）

师：划着划着，划到哪儿去了？

生：青草更深处。

师：没人的地方吧。划着划着天怎么样啦？

生：天黑了。

师：应该怎么样了？

生：回家。

师：回家了吗？

生：不想回家。

师：不想回家怎么样？感情加深了吧？干什么？

生：放歌。

师：齐读这小节。

（学生齐读）

师：同学们能不能体会到这一节诗人的感情达到了高潮。能体会的举手。

（学生举手）

师：你说，你通过哪几个字体会的？

生50：放歌。

师：人在什么情况下会放歌？

生50：愉快，特别高兴。

师：那是因为他回忆起了过去美好的情景。那你说，读这个地方的时候应该怎么读？

生50：声音大一点，站在徐志摩的角度，就是感情太多了，要宣泄出来。

师：宣泄出来，那手可以怎么放？

（生50张开双手）

师：头应该怎么样？

生50：扬起来。

师：好，你这样读一读。

（生50读）

师：请你也来读一读。

（生51读，其余同学鼓掌）

师：大家自由地读一读。

（学生自由读）

师：（范读，很陶醉）

（学生鼓掌）

师：寻梦，诗人情不自禁地回忆这个情景，诗人想到这个场景，心都醉了。多好呀，这个场景。可是诗人放歌了吗？

生52：没有。

师：为什么没有放歌？读下面一小节。

（学生读）

师："但我不能放歌"，与上节相比，来了一个多大的转折呀。一个人想要放歌而不能放歌，内心是很压抑的，读到这个地方的时候，内心还轻快吗？不能轻快了。"悄悄是别离的笙箫"，"笙箫"是什么？

生53：乐器。

师：你会吗？笙箫是能够发出美妙声音的乐器，可"悄悄是别离的笙箫"，笙箫现在却沉默了。下面一句是什么？

生54："夏虫也为我沉默"。

师：夏天的虫子，蝉、蟋蟀呀，它们怎么叫？现在它们好像也理解徐志摩的心情，也沉默了。最后一句是什么？

生55：沉默是今晚的康桥。

师：整个康桥今晚都一片沉默，为谁沉默？

生：徐志摩。

师：刚才想放歌，现在都沉默了，还高兴得起来吗？请你读这小节。

（学生读）

师：还没有沉默。你来读。

（学生读）

师：好。这说明我们的同学深入诗歌的境界了。这样的意境不适合齐读，你们自己再读读。

（学生自由读）

师：（老师在黑板上板书2，3，4，5，6，并画上一条带箭头的直线）这是我们刚才研读的几个小节，这个箭头是表示感情，但是诗人的感情不是一条直线，想一想，应该怎么画。

（学生小组内讨论）

师：每一小组派代表板演。

（学生板演，老师逐个评判学生的板演）

师：最后诗人说，说什么呢？我留一个问题，诗的最后说："我挥一挥衣袖，不带走一片云彩。"诗人到底是带走还是不带走？这个问题我留作同学们的作业。下面我请一个同学朗读全诗。

（生56面对全体听课老师读，读完后全场鼓掌）

师：好。老师很高兴，这节课看出了大家的进步，从开始的时候对诗的不理解，到现在基本上理解了，这就是进步。当然，这个同学在读的时候还有个地方似乎处理得不是很好，就是"在星辉斑斓里放歌"高上去了，后面没有下得来。

（老师范读）

（学生练读）

师：好。这节课上到这里。下课。

第八章　熊芳芳语文课堂教学艺术

熊芳芳，广东特级教师，倡导"生命语文"。2003 年，熊芳芳首次公开提出
"生命语文"。她认为生活是生命的基础，个体的生命状态在生活中得以呈现，而
语文学习的外延与生活的外延相等，语文教育要回归生活。"生命语文"是以生命
为出发点，遵循生命的本质属性，与生活牵手，让生命发言，让语文进入生命，
唤醒生命。生命语文是为生命而为的教育，也是用生命而为的教育。熊芳芳著有
《语文：生命的，文学的，美学的》《生命语文》《语文不过如此》等著作。

第一节　熊芳芳语文教育理念

一、"生命语文"提出背景

语文教育长期以来一直存在生命缺失的现象。我国古代语文教育是以儒家思
想为主导精神的，而儒家更关注的是人在社会中的现实存在，他们往往过于重视
人在社会中的关系即人与人之间的等级定位与调适合作，而不太重视个体存在状
态的自由与真实。近半个世纪以来，纯"工具论"把语文视为与其他非人文学科
一样的应用性学科，过于强调语用功能，导致中学语文教学深受科学主义思潮的
影响，已经越来越偏离方向，滑向技术主义、工具理性的深渊，忽视人的生命性，
忽视教育的生命价值，忽视语文作为人的生命活动的意义及对人的精神世界的构
建价值。语文教育陷入要么顾此失彼、要么非此即彼的泥潭之中，日复一日的重
复与单调乏味消磨了师生的生命情趣。语文教学成了非生命载体知识的简单转移
或搬运过程，没能真正走进人的生命，与人的精神、心灵、生命和生活越来越
疏远。

语文在培养学生人文精神和完善生命人格上无力，生命在语文教学中缺失。

为了重构语文的"生命",2003 年熊芳芳在《中学语文教学参考》上发表论文《生命语文》时，首次公开提出"生命语文"，开启了语文教育的新境域。2009 年 4 月，她开始在《中学语文教学参考》上主持"生命语文"写作专栏，并写了《生命语文》一书，"生命语文"在全国影响越来越大。

二、"生命语文"内涵解读

熊芳芳在发表于《中学语文教学参考》的论文《生命语文》与专著《生命语文》以及《中学语文教学参考》的"生命语文"专栏中一再阐释了"生命语文"的概念："生命语文是以生命为出发点，遵循生命的本质属性，与生活牵手，让生命发言，让语文进入生命，唤醒生命，并内化为深厚的文化底蕴和丰富的人格内涵，是为帮助我们认识生命的美丽与宝贵，探索生命的方向与意义，提升生命的质量与品位，使生命变得更加美好、更有力量、更有意义而进行的语文教育。生命语文是为生命而为的教育，也是用生命而为的教育。"①

熊芳芳用相对诗化的语言阐述其"生命语文"的概念，指出"生命语文"的最终指向是生命，"让生命在场"的前提下调动语文活动中师生的共同参与。在"生命语文"的世界中存在着"三体"，教师的角色是"远主体"，学生的角色是"近主体"，而教育资源如语文教材文本、绘本、课外拓展文本等则是"源客体"。在教育过程中，教师与学生分别以远主体和近主体的角色进入源客体，形成诸我共同体，在丰富绚丽的语文世界中，获得人与世界的亲近，获得个体精神的丰富，并最终获得一种优化了的高品质的生命形式。

三、"生命语文"教学理念

（一）与生活牵手

生活是生命的基础，个体的生命状态在生活中得以呈现，而语文学习的外延与生活的外延相等。新课标强调："加强课程内容与学生生活以及现代社会和科技发展的联系，关注学生的学习兴趣和经验。"语文教育要回归生活，才能帮助学生更好地适应未来及社会发展。因此，熊芳芳在生命语文教学中引进生活，关注学生丰富多彩的充满想象力的生活，以此将语文真实、鲜活、深刻地植入学生的心灵深处。

在课堂上，她能带领学生跳出课本，跳出课堂，和自己的日常生活进行全息互通的交换。熊芳芳的课堂创设了一种"源于生活，高于生活"的"生活态"，教

---

① 熊芳芳.生命语文[M].延边：延边教育出版社，2009：2.

师的生活经历、学生的生活经历以及文本作者的生活经历，都在同一个空间里得到呈现。

（二）让生命发言

1.关怀教学主体的生命特性

有别于传统的语文课堂中师生主客体关系的二元对立，生命语文认为教师、学生都是教学中的主体，其中学生为近主体，教师为远主体。而学生和教师都是活生生的生命个体，具有各自的生命特性，生命语文尊重这样的特性。

首先是关怀学生的独特性。生命语文认为每个学生都是独一无二的，不同的成长环境和个性差异导致每个人对世界的认知和体验是不同的。熊芳芳说过："同样的原材料，不同的人会编制出不同的图案。核心的区别在于编制者不同的自我，不同的灵魂，也就是个体别样的存在。每一个别样的存在，都是一个独特的生命。"[①] 因此，生命语文尊重学生的主体发展及其在语文学习过程中的独特体验，注重激发其个体性、创造性，"让不断发展的语文素养成为学生生命的独特符号"[②]。

其次是相信生命的潜在性。熊芳芳认为，在语文教学过程中教师仅用知识与智慧、爱心与奉献去教育学生是不够的，还要用自己的内在体验和个体生命去影响教育学生。教师和学生都是全然打开自己的生命进入语文，又从中获得丰富的生命。在这样的教学中，教师与学生是平等的生命个体，将传统的师生关系中"我—他"的对立，变成了"我—你"的平等对话，在生命与生命的碰撞中激发生命的潜在性，师生在共同学习、创造的过程中超越自我、超越生命，获得自我的发展。

最后强调教师与学生的生命体验性。生命语文认为，在语文教学中当学生与教师全然进入文本当中，便没有了主客体之分，文本因教师、学生的生命体验而呈现出更为丰富的意蕴，反过来又使教师和学生的精神状态得到升华。

2.注重知识与学生生命的构建

生命语文反对教学功利化取向，更加注重通过语言感悟来实现知识教学的丰富价值，在教学过程中实现知识学习和学生的情感意志的培养、德性养成和意义

---

① 熊芳芳.语文不过如此[M].北京：中国轻工业出版社，2014：1.
② 徐筱茹，彭小明.略论生命语文[J].文教资料，2014（06）：30-32.

生成的有机统一。因此，生命语文不是单纯的语文知识的传递，强调的不只是字词句的获得以及对语法的简单操练，不是对课文的肢解与分析，而更强调具有生命性的感悟与表达。生命语文旨在丰富个体生命的内涵，为师生展现一种新的生存方式。

四、生命课堂的基本特征

（一）三位一体

语文的生命包括教师、学生和语文课堂的生命。富有生命性的语文不是静态的，而是教师、学生和课堂之间的一个动态过程，在教学过程中，教师、学生、课堂是密不可分的。生命语文是用生命而为的语文教育。教师不只是在用自己的知识与智慧，甚至不能仅仅用自己的爱心与奉献教育学生，而必须用整个生命教育与影响学生。老师与学生都是在用自己的生命全方位地学习语文，又从语文中得到丰富的生命。在语文学习中，师生都是以平等的生命体的身份出现，自由交流，相互理解，相互欣赏，共同推进教学。这样的教学，是生命和生命的碰撞，心灵与心灵的沟通，其过程充满不确定因素。在充满生命力的教育生活中，师生生命意识的唤醒、创造行为的展现都成为可能。

（二）文道合一

语文是对日常平淡的无意识的生活的一种抛弃，是对诗意生活的一种发现和创造，语文的存在就是要从纷繁平淡的生活中发现美、创造美、体验美，就是使学生在真实的生命体验中向往生命的辉煌。文采是语文的生命之一，富有生命力的生命语文课堂必定是极具感染力的。另外，生命语文是为生命而为的语文教育，不再仅仅指向字词句的获得、对语法的操练以及对课文的肢解与分析，更强调生命性的感悟与表达，是为了丰富个体生命的内涵，为师生展现一种新的生存方式。因此，生命语文课堂既体现着语文的诗意美，又体现了生命包含的规律。

（三）互动生成

语文教学的实践，是一种构建意义的行动，是一个动态展开的过程，在过程中生成对话，形成语脉，启动生命。生命语文课堂有预先的教学设计，但并不是按图索骥，教师在生命语文教学过程中，根据课堂变化，运用发问、追问、促问等方式，启迪学生深入文本、体悟生命，最终引导教学生态互动生成。

第二节　熊芳芳语文课堂教学艺术

一、导入的艺术

课堂的导入是起始的几分钟，导入虽小却至关重要。小处不可随便，它恰恰需要大智慧。选一个怎样的点导入，不仅是一节课起始环节的成败问题，还直接影响到后面环节的推进，并且能够显示一个语文教师教学构思水平和整体把握能力的高下。

（一）导入角度切实

导入时选择的导入点很重要，一个好的导入角度能够使导入更加精彩。每篇文章都有自己的特点，也有不同的重难点和疑点，若教师在课堂导入时就能抓住文本特点准确聚焦重难疑点，一针见血，不仅能够迅速抓住学生的心，激发兴趣，也能使课堂节奏更紧凑、不拖沓。熊芳芳在课堂导入时总能抓住精彩的导入角度。

例如，在《拿来主义》一文的教学中，熊芳芳是这样导入的。

师：鲁迅可谓铁齿铜牙，但也有百口莫辩的时候。他曾经陷入一桩公案，被指抄袭。北京大学的陈西滢称鲁迅的《中国小说史略》抄袭了日本人盐谷温的《支那文学概论讲话》。鲁迅一再辩白：我只是参考，我真的没偷！胡适也曾站出来替他说过公道话：他真的没偷！然而，鲁迅有一次主动坦白："我真的偷过！"（生齐笑）偷了什么呢？"一篇是'雷锭'的最初的介绍，一篇是斯巴达的尚武精神的描写，但我记得自己那时的化学和历史的程度并没有这样高，所以大概总是从什么地方偷来的，不过后来无论怎么记，也再也记不起它们的老家……"（鲁迅《集外集·序言》）

生（笑）：出处都忘了。

师：他所说的"偷"，可以用一个什么样的词来替换呢？

生：借鉴。

师：好。如果用鲁迅自己的话来替换呢？

生："拿来"。

师：很好。这里的"偷"，就是"拿来"。这就是鲁迅在今天这篇文章里面要说的话题。议论文是表达作者观点的文章，读一篇议论文，第一件事情就是要了解作者说的什么。（板书：说的什么？）在这篇文章里，鲁迅说的什么呢？

生：拿来主义。

《拿来主义》是鲁迅先生的一篇杂文，也是中学课本里学生比较难理解的一篇文章，让学生理解"拿来主义"是本篇课文的一个教学重点。熊芳芳先从鲁迅先生的一桩"公案"说起，由"偷"引出"借鉴"，再引出"拿来主义"，这样的导入方式让学生充满兴趣，也抓住了教学的重点，从内容上奠定了教学内容的基础。接着，以"在这篇文章里，鲁迅说的什么呢"转入第一个教学重点。这种导入角度能够抓住重点，提纲挈领，于是后面的学习便能势如破竹，水到渠成。

例如，在《一滴眼泪换一滴水》（《巴黎圣母院》节选）一文的教学中，熊芳芳用幻灯片呈现课文标题，问：到底是一滴眼泪换来一滴水，还是一滴水换来一滴眼泪？编者的标题拟得好吗？你理解吗？然后讨论明确：此处的"换"是回报的意思，是站在伽西莫多的角度以感恩的心情来表达的——这是一滴生命之水、恩慈之水，是以德报怨之水，我只好用我的真情之泪来交换和回报了。把眼泪放在前面，编者应该也有突出强调"眼泪"的用意，为了表现人性的美善只有用人性的美善才能唤醒。接下来又抛出一个问题："这是一滴什么样的眼泪？"学生回答后又进一步追问："是什么让他流泪？"

熊芳芳的导入直奔学生心中的疑点，不回避，不绕道，不拖延，不搪塞，不敷衍，通过问题直接将文本打开，大开大合，然后直捣黄龙，探入题旨。这样，既能激发学生的兴趣和思考，又能迅速高效地解决问题。

（二）给学生说话的机会

很多教师在课堂导入时总会精心设计一段导入语，把学生带入自己创造的情境中去，这固然也是一种很好的导入方式，但假如课堂导入都是以这种方式，不免在一定程度上压抑了学生的主动性、主体性，熊芳芳的导入则给予学生更多说话的机会。

例如，在教学《小狗包弟》一文时，熊芳芳提问"包弟是一只怎样的小狗"进行导入；在教学《春》一文时，熊芳芳通过让学生说春游的感受进行导入；在教学《最后的牛水车》一文时，熊芳芳直接让学生谈文中疑惑之处。这些导入大多以问题的形式呈现，或谈感受或谈不解或开放理解，给了学生很多思考的空间，鼓励学生积极发言，让学生有话可说，也是对课文内容的再理解。

（三）具有拓展性

熊芳芳的导入不拘泥于文本本身的内容，往往在导入时会有所拓展。例如，在教学《马说》一文时，她在导入中就讲解了"知己"一词的来源，让学生了解了"伯乐"与"千里马"的故事；在教学《紫藤萝瀑布》一文时，她摘录了宗璞《哭小弟》一文中的文字进行导入，使学生对作者及创作背景有所了解，有助于理解作者在面对紫藤萝时的感情；在教学《我很重要》一文时，她在导入时加入了作者——毕淑敏的相关知识以及自己对毕淑敏的看法；在教学《蓝石头》时播放了绘本版的《蓝石头》；在教学《桃花源记》一文时，她拓展了历史朝代顺序。通过这些课例我们可以看出，熊芳芳的课堂导入有很大的延展性，总能给学生拓展更多的知识，开拓学生的视野。

二、提问的艺术

学起于思，思起于疑，疑解于问。思维是从问题开始的，学生的学习过程实际上是一个不断地提出问题和解决问题的过程。明代学者陈献章说："疑者，觉悟之机也。"问题和认识紧密联系，如果没有问题，认识也就停止了。所以，一切有价值的发问都是创造的开端，是真理的序幕。一石击破水中天，好的问题设置能带领学生看见另一个世界。

（一）发问点多元

熊芳芳在课堂教学中的发问一般有以下几种类型。

1.疑处发问

教师在有疑之处发问，并引导学生循着问题探索答案，就是抓住了最好的时机。因为在这种状态下，学生的学习心理正处于最旺盛、最渴求、最有学习动力的时刻。譬如，熊芳芳教学《等待戈多》时，学生一开始不喜欢这篇课文，也读不懂在讲些什么。他们只看见两个人成天在那里为鸡毛蒜皮的小事争吵以及毫无指望地等待。他们不懂作者为什么要设计这样两个主人公，也不懂作者要表达什么。在学生一头雾水、满心疑团的时刻，熊芳芳发问了："爱斯特拉冈（戈戈）和弗拉季米尔（狄狄）通常是为一些什么事情而对对方生气？二者有怎样的性格差异？"在此基础上，老师继续发问："个性形成如此强烈反差的两个人，他们为什么能够朝夕相伴，日复一日地一起等下去？"最后得出结论："人与人，在冲突中依存。"在学生有疑问的地方及时发问，其实也是对学生思维的一种导向，让学生在混乱中找到方向，一个小小的问题就使学生很快被文本深深吸引，与这两个小人物同喜同悲。

2. 无疑处发问

有些时候，学生自以为已经将文本一眼望到底，以为已经读懂了。实际上，他们只是停留在表面，并未领悟个中深味，也没发现什么有价值的问题。这样的时刻，教师就应当于无疑处发问，掘出一眼泉水来。譬如，熊芳芳教《一个文官的死》时，学生读完课文并没有对那个喷嚏产生任何疑问，于是她于无疑处发问："这篇小说的主人公切尔维亚科夫从一个喷嚏走向死亡，从最直接的原因来看，都是什么惹的祸？"这样于无疑处生疑，提醒学生关注文本中的细节，揭开事物表象，直面矛盾本质，将文本理解向深处推进。

3. 求同处发问

所谓求同，就是教师在教学中引入了与文本相关的素材或讲到与文本类似的现象之后，需要通过发问来引导学生去发现和归纳它们的相同之处，从而揭示现象背后的本质，理解个案背后的共性。例如，熊芳芳教《一个文官的死》时，引入了鲁迅的文章《聪明人、傻子和奴才》，然后针对材料提出了问题：奴才的本质是什么？这里的发问，引导学生更鲜明地了解奴性生命的特征，进而再通过问题引导学生更深刻地认识其社会文化土壤。如此便将矛盾的核心清楚地揭露出来：并非像之前所说的"都是唾沫惹的祸"，其实从本质来看，都是"极权社会"惹的祸！

（二）善于追问

在实际教学中，经常可以看到诸如"还有吗""好不好""对不对"之类的简单追问，表面上营造了热闹的气氛，其实清汤寡水，言之无物，导致学生态度轻慢、思维懈怠；有些追问超出了适宜的范围，问题过偏过难，又抑制了学生的思维热情，偏离了教学主题；有的教师不了解学生的思维特点，不善于顺应学生的心理认识规律加以适当引导，学生思维水平难以提高，且易陷入千头万绪鸡零狗碎的混乱。追问是一项设疑、激趣、引思的综合性艺术，教师要重视课堂追问的艺术性，把握时机，充分发挥追问的效能。熊芳芳追问的艺术主要体现在以下几个方面。

1. 顺藤摸瓜

有些作品的主题和人物复杂而深刻，学生很难把握。这就需要教师的追问，步步为营，才能得出最终结果。譬如，熊芳芳在讲欧·亨利的《二十年以后》时，有这样一个片段。

师：说得太好了！关键看作品想要表现什么以及它的呈现方式，呈现方式非常重要，它甚至会决定内容。这就是我之前要给你们发来两个版本对比阅读的原因。一个删节版，一个原文版，它们的呈现方式不同，内容也就有了很大的不同。原文版对吉米的描写，语言啊，动作啊，神情啊，都让人感觉是一个神气活现、趾高气扬的警察，包括他离开鲍勃时的动作："警察甩了甩警棍，向前走了一两步"，"说着，就沿着线路继续巡逻去了，边走边挨家挨户地察看"。这时的他，有没有拿定主意要抓鲍勃？

生：拿定主意了。

师：怎样看出来的？

生：他问鲍勃："十点整你就走吗？"

师：这一问是什么用意？

……

通过老师不断的追问，学生自然而然地得出答案，这样的方式既能让学生不断地阅读文本，答案的得出也不会显得突兀，有一个循序渐进的过程。

2. 反向求证

反向求证的追问，能够帮助我们看到与我们的想象和推理并不一致的结果，从而发现我们的谬误，看见作品中的真理。譬如，熊芳芳在教学《像山那样思考》时的一个片段。

师：是，贬义。我们的文化一向对狼有一种偏见、成见。课文作者奥尔多·利奥波德虽然是美国人，但他曾经也同我们一样，对狼怀有偏见，他也曾亲手杀过狼。文中用大量笔墨详细地记录了他们杀狼的经过。他们为什么要杀狼呢？

（学生细读文字，教室里静默片刻）

生：因为狼的嗥叫"对鹿来说，它是死亡的警告；对松林来说，它是半夜里在雪地上混战和流血的预言；对郊狼来说，是即将分得一份残羹剩饭的允诺；对牧牛人来说，是银行账户透支的威胁；对猎人来说，是狼牙抵制弹丸的挑战"。

师：是恐惧，是坏兆头，总之，是不祥的。所以，要杀狼。

生：因为人类对狼的敌意和偏见，狼对人类的利益构成威胁，那么"顺我者昌，逆我者亡"。所以，要杀狼。

师：对，作者曾是一位资源保护主义者，把资源分为"有用"和"无用"，认为要保护有用的鹿，消灭无用并有害的狼。

生：因为"当时我很年轻，而且正是不动扳机就感到手痒的时期"。

师：哦，还因为年轻气盛，血气方刚。

生：还因为社会氛围，"在那些年代里，我们还从未听说过会放过打死一只狼的机会那种事"。

师：对，还有社会氛围。

生：因为想要保护鹿。认为狼越少，鹿就越多，"没有狼的地方就意味着是猎人的天堂"。

师：很好！没有狼的地方，就是"天堂"，这是谁的看法？

生（齐）："我们"这群人的看法。

师：对！这是"人的看法"！

熊芳芳让学生归纳"人的看法"，从而能够更加深刻地认识"山"的看法。在这样一种反向求证的追问中让学生去体味这篇散文中的哲理，感悟表达，感受作者的情怀。

3. 拓展迁移

学生思维遇到障碍，不能进行深层次的思考时，他们的认识就会显得粗浅，缺乏深度。这时，教师可以及时地进行拓展迁移，从历史、哲学、文学、美学等角度搭设思维跳板，帮助学生拓展思路，突破难点，活跃思维，并在更高层次上继续思考，进一步激起学生创新的火花。

譬如，熊芳芳在讲筱敏的《捕蝶者》时，课堂上突然"爆"出这样一个问题：学生对作者的意旨感到不解，蝴蝶固然是一个生命，但科学研究是不可能不牺牲生命的啊！要制作标本，就需要捕蝶，就好像要研究一种新药，就需要拿白鼠做试验，这是人类文明发展过程中不可避免的牺牲和代价啊！作者为什么要谴责这个捕蝶者呢？作者到底想要表达什么？熊芳芳利用拓展迁移的方式来引导学生对作品的主题进行追问。几次追问之后，才得出了大家都认为真正有价值的结论。如果没有通过这些拓展迁移来步步追问，显然难以抵达彼岸。

三、课堂讲授的艺术

（一）关注语文现代性

"核心素养"是基于 21 世纪国际社会的变幻，对学生所应具备的品格和能力而提出的教育概念，其本身便具有鲜明的时代感，与之相应的语文教学也应该凸显时代感，着眼于现代人的学习与社会发展需要。语文教学的现代性，体现在阅读的语料、认知价值、语言交流、主流价值观等很多方面。

　　熊芳芳在课堂讲授的过程中，非常注重语文的现代性，经常使用贴近时代和学生生活的语料，如以"张国荣"为话题让学生进行写作练习，启迪学生"真作文""爱作文"；又如选用台湾歌手刘若英的文章《易副官》进行教学，使学生感受文学素养与艺术的关系，引起学生对文学的重视与热爱；再如教学帕特里克·亨利的《不自由，毋宁死》一文时，给学生观看了韩国电影《华丽的休假》并引述了王家卫的电影《蓝莓之夜》，让学生理解自由最核心的意义是尊严；如讲解《云霓》的时候她引用了热播剧《青云志》中的一句话"世间风波，俱由一念相争而起，大家若是都过自己的日子，又何来战与不战之说"，这与《云霓》背后的对人祸战争的厌恶主题相契合，也拉近了与学生的距离。与此同时，注重挖掘文本材料与我国社会的联系和对学生的现代教育价值。例如，《我有一个梦想》这篇文章作为演讲词在语言表达上具有鲜明的特点，是演讲词这一文体的典范，大部分语文教师会通过大量的朗读来引导学生学习演讲词文体知识，体会其特点，但熊芳芳在这一课的教学中则是在知识性教学的基础上深挖文章背后的精神内涵和时代意义。

（二）见缝插针

　　在课堂中，有时候需要相机插入一些补充材料，用作深入思考的媒介或催化剂。譬如，熊芳芳在讲邓肯的《远行希腊》时的一个片段。

　　师：获得重生，是他们远行希腊的一个结果，还有其他结果吗？

　　生："参观帕提侬神庙时，我们也感觉到我们已经达到美的巅峰。我们自问：既然已经在雅典找到了能满足我们美感的一切东西，有什么理由值得让我们离开这里？"他们决定永远留在雅典。

　　师：很好。他们觉得"一家人彼此依靠就足够了，再加上别人恐怕只会让我们与理想越离越远"，如何理解？

　　生：不想受别人的影响和外界的干扰。

　　师：对，只想追求自己认为最纯粹的艺术、最美好的生命方式！还有什么结果呢？

　　生：想要在雅典建一座具有邓肯风格的神庙。

　　师：建一座具有邓肯风格的神庙，其实就是想要重建自己心目中的古希腊文化，复兴自己心目中的古希腊艺术，回到希腊文明的原初。（点击PPT：我们决定永远留在希腊，发誓不再婚嫁结娶，像哈姆雷特说的那样，尚未结婚的就不再结婚，已经结婚的就让他那样。我们制定了生活规则，当然只有邓肯一家需要遵守。

这与柏拉图《理想国》中的规则十分相似，日出即起，对着初升的太阳舞蹈，迎接一天的到来，然后每人喝一碗羊奶，使自己健壮；上午，教当地的居民唱歌跳舞，使他们对神产生敬畏，并祀奉诸神，用新鲜的蔬菜做午餐，拒绝吃肉；下午，坐下来静静地冥想；晚上，奏起优美的音乐，举行仪式）他们不仅获得了重生，而且真正动手去重建（买地，雇佣工人，奠基，组建唱诗班），并且要重活一次，回到 2000 年前。

熊芳芳在讲授的过程中相机插入的这些资料与素材，不仅使教授的内容更加丰富，同时能够帮助学生更加深入地理解邓肯的希腊情结。

再如熊芳芳在教授《〈论语〉十则》时，一边对文本做释义，一边不断扩充课堂的容量，用以经解经的方式插入大量的典故和古代经典带领学生进一步了解中国传统文化。仅仅在第一则的教学中她就插入了《述而》《子罕》《颜渊》《先进》《卫灵公》《里仁》等来进一步阐述"为人、为学、为政"所应具备的品质。

四、情境创设的艺术

教师在课堂上往往会运用各种各样的方法创设情境来提升教学效果，熊芳芳在教学中也常会运用各种方法来创设情境，以便使课堂拥有灵动的生命境界，让学生在创设的情境中快乐学习。

（一）利用朗读创设情境

语文教学离不开朗读，许多教师在课堂教学中都会利用朗读来创设情境，熊芳芳也不例外。比如，熊芳芳在教《云霓》的过程中，对于那种"大热的苦闷"当中人们随之而产生的"大旱的恐慌"所说的话，让七位同学进行朗读，去体味人们对于雨水的盼望以及内心的恐慌，还有看到云霓之后以为将要下雨的那种惊喜和欢快。再如，教学《春》《乡愁》等课文时也是利用朗读创设情境，这种直接参与的方式会使学生对于文本印象更加深刻，受到的影响也会更大。

（二）利用多媒体创设情境

熊芳芳也常借助现代媒体创设情境，并对文本深入解读，调动学生主动参与，体味文本的内涵以及所承载的生命的含义。例如，对于人教版必修一的一篇新闻稿《奥斯威辛没有什么新闻》，很多老师经常会忽略，轻描淡写地处理，学生们并没有对战争与和平有着深切的感触。熊芳芳在执教这篇文章时，立足文本解读了怒放的雏菊、微笑的姑娘，并且播放了《辛德勒名单》《美丽人生》的电影短片创设情境，让学生一方面从字里行间体味文本，又可以直观地感知战争的残酷以及和平的不易，最后思考奥斯威辛的幸存者真的幸运吗？见证了残酷、血腥的战争，那挥之不去的梦魇长久地缠绕着、折磨着他们，所以有的人出于责任选择暂时地存活，其实觉得自己好像只是代替那些死去的人而活下来，为了讲述历史的真相，为死难者作证，一旦完成使命，他们就觉得应该追随死难者，回到他们自以为早就该去的地方。通过影片，学生很直观地感受到战争的残酷，感受到幸存者的不幸，能在这样一种情境中更深刻地感受文本内容。

再如，教授《像山那样思考》时，熊芳芳同样利用多媒体播放了两张图片，然后让学生谈论看完图片后的感受。图片更直观形象，一下子就将学生拉进了教师想要的情境中。

五、学法指导的艺术

"授之以鱼不如授之以渔"，正如王荣生所说："当今的语文教学，应该从'把我对教材的理解教给学生'转移到'把我理解教材的方式教给学生'。"[①] 在教学过程中，教师要教会学生独立学习的方法，学生能够有个人的独立理解，就很容易体会到成功的意义，这样会触动学生生命的内驱力。

（一）自主合作探究

熊芳芳在对李清照的《醉花阴》与《声声慢》两首词进行教学的过程中，要求学生分组进行研究性学习，自主合作探究，以问题为导向，自主研究"李清照前后期作品风格的变化及其贯穿始终的精神内核""李清照愁词的独特的抒情艺术""李清照的词对生命的积极作用和消极影响"等课题，然后采取多种多样的形式交流研究成果。这让学生充分地参与到了课堂学习之中，在自主、合作、探究之中增加对李清照和她的作品的认识。在学习中，只为学生制订研究课题，并在学习过程中给予指导，至于内容方法等都由学生自由发挥，给学生很大的发挥空间，同时调动了学生的积极性，让学生爱上学习。此外，熊芳芳还经常会打破教材的局限性，在课堂上与学生一起品评绘本、童话故事，品读王小波、毕飞宇、木心、卡尔维诺、博尔赫斯……打开学生们闭塞的语文阅读空间，带领他们翱翔于语文广阔的天地中，品味语言文字的魅力。

（二）比较阅读

乌申斯基说过："比较是一切理解和思维的基础，我们正是通过比较了解一切

---

① 王荣生.听王荣生教授评课[M].上海：华东师范大学出版社，2007：31.

的。""比较阅读"不仅是引领学生深入文本的有效路径，还是学生探究文本"文学性"的有效"支架"。

熊芳芳《卖油翁》一课的教学，主要是引导学生发现原作和课文的不同，并从"不同"切入课文，随"文"学"言"，探究作者修改原作的意图，探究课文的叙事特点，分析人物的性格，进而实现"教师指引路径，学生自然生成思维活动，有效达成学习目标"的理想教学状态。再如，《二十年以后》这篇课文是欧·亨利的一个短篇小说，被编入语文教材后有删减和改动。正是由于这些改动，人物形象和作品主旨随之发生变化。全文版描写的是一个神气活现又有些傲慢的警察吉米和一个冒着被捕的危险赴旧友之约的通缉犯鲍勃。吉米逮捕鲍勃出于职责所在，也有对鲍勃的鄙夷和冷淡，而鲍勃赴约有炫耀也有对老友的怀念，人物形象饱满；而删减版则是将吉米塑造成了一个虽有不忍但为了正义宁愿牺牲友情的伟大警察形象，而鲍勃就是一个不值得一丝悲悯的小偷，人物形象褒贬立判。熊芳芳将两个版本进行对比，展开了文本细读，引导学生对好人与坏人的标准展开讨论，学生通过批判性的思考更加深刻地理解了作品的主旨。通过这一堂课的学习，学生不仅对好人与坏人的评判多了更多思考，了解到中国式思维与西方思维的差异，在今后的学习中也会用批判的眼光来审视课文，思维品质得到了质的提升。再如教学《紫藤萝瀑布》时，熊芳芳选择台湾女作家席慕蓉的谈花之作《白色山茶花》与课文《紫藤萝瀑布》形成对照，通过比较阅读，使学生更加深入地认识课文，凸现教学立意。

（三）资料助读

熊芳芳在教学中常教学生读主题相同的类文，以达到互相比较、互相印证又互相补充的目的，使学生在学习的过程中思维向更深处延展。例如，熊芳芳在教学《卖油翁》一文时，以原文中的"此与庄生所谓解牛、斫轮者何异"作为学生思想和精神成长的触发点，引入"庖丁解牛"和"轮扁斫轮"的故事，引导学生进行类文阅读，并明确这三个故事中隐含的人生道理——"一个在技术上真正达到很高境界的人是不会骄傲的"。不仅如此，熊芳芳还在学生发言的基础上这样点拨："这三个故事都含有一个从'术'到'道'的思考。"随后，熊芳芳又引入《大学》中的"大学之道，在明明德，在亲民，在止于至善"，引导学生明白"古人追求的人生终极目标就是'道'，即无论做什么最终都能'止于至善'，成为一个有很高境界的、有很多美好品行的人"。再如教学《乡愁》时，熊芳芳教给学生联读余光中的散文《思台北，念台北》，以深刻感悟《乡愁》中的情感表达。在教学毕淑敏的《我很重要》时，熊芳芳教学学生阅读王开岭的《打捞悲剧中的"个"》

和《人是什么东西》两篇文章。通过资料，为学生打开了阅读视野与解读视野。

第三节　熊芳芳经典课堂赏析

以下为熊芳芳教学《囚绿记》的课堂实录①

师：陆蠡是个寂寞的孩子，刘西渭说："寂寞的孩子有最好的想象。"在他的《囚绿记》里，我们可以看见很多有价值的东西。和前天发的《捕蝶者》一样，都来自选修教材《中国现代散文选读》第二单元，是我们近期正在学习的篇目。

今天，我们学习陆蠡的《囚绿记》。首先了解一下作者。

陆蠡，浙江天台人，现代散文作家、翻译家。1932年，他在吴朗西和巴金等在上海创办的文化生活出版社任编辑。1937年8月，吴朗西、巴金分别去重庆、广州筹建分社，上海文化生活出版社便由陆蠡负责。几年中，在敌机轰炸中上海文化生活出版社出版的书籍竟达数百种，还有十几种丛书。他不但是我国现代著名的散文家，而且是宁死不屈的抗日烈士。太平洋战争爆发后，日本进驻上海租界，陆蠡于1942年4月13日被捕，他发往西南的抗日书籍在金华被扣，日本宪兵队追踪到上海，查封了书店，没收了全部《文学丛刊》。陆蠡不顾胞妹的劝阻，亲自去巡捕房交涉，便遭关押，后被解到汪伪政府所在的南京审讯，敌宪问："你赞成南京政府吗？"陆蠡说："不赞成！"敌人又问："日本人能否征服中国？"他回答："绝不可能！"不久，他由巡捕房转到虹口日本宪兵拘留所，刑审数月，7月21日惨遭杀害，年仅34岁。

刘西渭说他"貌不出众，身体瘦小"，但在生死的考验面前他毫不畏惧，慨然赴死。陆蠡罹难以后很久，巴金仍然难以释怀，长念不已。直至中华人民共和国成立以后，巴金还念念不忘为亡友编纂遗著。1958年，巴金在百忙之中和被批判围攻的情况之下，从陆蠡众多的遗作中甄选出佳作，一页页亲手誊录，编成了《陆蠡散文选》。

同学们能从这篇课文的内容看出本文的写作背景吗？

生：卢沟桥事变发生了！

师：对，第13自然段第一句话告诉我们，本文的写作背景是日本发动了全面侵华战争，"住在北平的一家公寓"里的"我"必须离开了。离开北平，离开公寓，最重要的是，还离开什么？

生：常春藤！

师：非常好。当初，作者是因为什么才选择住在这间公寓？

生：常春藤的绿影！

师：这间公寓环境怎么样？

生：不好。

师：怎样不好呢？你是怎样发现它不好的呢？

生：狭小。作者说它"高广不过一丈"。

师：嗯，很好。还有什么不好呢？

生：潮湿。"砖铺的潮湿的地面"。

生：简陋。"纸糊的墙壁和天花板"，窗户左下角的玻璃还被打碎了，有一个大孔隙。

生：炎热。"北方的夏季天亮得快，早晨五点钟左右太阳便照进我的小屋，把可畏的光线射个满室，直到十一点半才退出，令人感到炎热。"

师：读书很细心，很好。狭小，潮湿，简陋，炎热，这样的居室真可谓什么？用一个名词来定义它。

生（齐）：陋室！

师：很好！作者本可以做另外的选择，"这公寓里还有几间空房子，我原有选择的自由的"，但因着常春藤的绿影，作者还是"毫不犹疑""了截爽直"地选择了这间陋室，并且怀着怎样的心情占据了它？

生：喜悦，满足。

师：好，让我们把课文的第1到第4自然段一起读一遍，体会一下作者与"绿"邂逅的喜悦和满足。（板书：与"绿"邂逅，喜悦、满足）

（生齐读）

师：接下来在有"绿"相伴的日子里（板书：有"绿"相伴），作者又是怎样的心情？找一找相关的词语。

生：留恋。

生：欢喜。

师（板书：留恋、欢喜）：作者怎样表现绿影带给他的留恋和欢喜？

生：作者发自内心地直接抒情赞美："绿色是多宝贵的啊！它是生命，它是希望，它是慰安，它是快乐。"

师：很好，继续。

生：用了类比的手法："我怀念着绿色，如同涸辙的鱼盼等着雨水！"

师：对涸辙的鱼来说，雨水意味着什么？

生：生命。

生：还有两处类比的手法："我开始了解度越沙漠者望见绿洲的欢喜，我开始了解航海的冒险家望见海面飘来花草的茎叶的欢喜。"

生：航海的冒险家望见海面飘来花草的茎叶为什么会欢喜？

师：谁能解答这个问题？

生：有了花草的茎叶就意味着附近有陆地了。

师：对，花草的茎叶对航海的冒险家而言，就像绿洲对度越沙漠者而言一样，是希望，是生命。

生：还有心理描写："我快活地坐在我的窗前。度过了一个月，两个月，我留恋于这片绿色。"这个宅男有点儿傻，什么也不干，就呆呆地坐在窗前看着绿色，就能快活地度过一个月，两个月。（生齐笑）

师（亦笑）：非常好。足以见出他对绿影的爱恋了。

生：还有夸张的手法，"我急不暇择的心情即使一枝之绿也视同至宝"。再平凡不过的一枝之绿在他眼里却如同至宝。

生：还有，我觉得他不仅把这绿当作至宝，还把它当作了婴孩和恋人。（师生均感诧异）大家看第7段的描写，前面一部分："我天天望着窗口常春藤的生长。看它怎样伸开柔软的卷须，攀住一根缘引它的绳索，或一茎枯枝；看它怎样舒开折叠着的嫩叶，渐渐变青，渐渐变老，我细细观赏它纤细的脉络，嫩芽，我以揠苗助长的心情，巴不得它长得快，长得茂绿"，就好像是用慈爱的眼光和甜蜜的心情在欣赏一个刚刚出生的婴儿，急切地盼望着他快快长大。而后面一部分："下雨的时候，我爱它淅沥的声音，小婆娑的摆舞"，又好像在欣赏一个恋人的轻歌曼舞。

师：太棒了！很好的感受力！请你根据你的体会把这一段有感情地朗读一遍！

（生读第7段）

师：很好！理解了作者的心理，还要了解其表现手法，这一段的前半部分是什么描写？

生：很细致的描写。

师：换一个专业一点儿的鉴赏术语？

生：细节描写。

师：很好！后半部分的描写有什么特点？

生：视觉和听觉相结合。

师：非常好，表现手法上富有变化。

生：作者还用拟人的手法表现了他对绿的留恋和欢喜："在这古城中我是孤独

而陌生的。但我并不感到孤独。我忘记了困倦的旅程和已往的许多不快的记忆。我望着这小圆洞，绿叶和我对语。我了解自然无声的语言，正如它了解我的语言一样。"作者把绿当作了自己的知己，二者心有灵犀，心照不宣。

师：很好！此时无声胜有声是最和谐美好的境界。"绿叶和我对语"，请问"对语"的前提和基础是什么？

生：平等。

生：自由。

师：很好。此时的"我"和绿叶之间是平等的，双方的生命都是自由的，所以才有了对话的可能，也才有了创造和谐美好境界的可能。可惜这种和谐美好的境界后来遭到了破坏——我做了什么？

生："我""把两枝浆液丰富的柔条牵进我的屋子里来，教它伸长到我的书案上，让绿色和我更接近，更亲密"。

师：用文中词句说，"我"把"绿"怎么样了？

生："幽囚"在了"我"的屋子里。

师：（板书：囚绿入室）对于这样的行为，作者自己有怎样的评价？

生："自私"。

师：（板书：自私）怎样看出这是一种"自私"？

生："我拿绿色来装饰我这简陋的房间，装饰我过于抑郁的心情。我要借绿色来比喻葱茏的爱和幸福，我要借绿色来比喻猗郁的年华。我囚住这绿色如同幽囚一只小鸟，要它为我作无声的歌唱。"反复说拿绿色"来装饰我"的房间和心情，又反复说借绿色来比喻这比喻那的，还让绿"为我"歌唱。

师：一般来说，什么样的人喜欢别人为他"歌唱"？

生：伟人。

师：呵呵，真正的伟人是辽阔而谦逊的。

生：恋人。（生齐笑）

师（亦笑）：不错，恋爱中的女孩是女王。凡是王，似乎都有资格享受别人为他歌唱。恋爱中的女孩、统治者，包括上帝。呵呵。

生：作者就像一个王一样，一切都是以自我为中心，"绿"成了"我"的工具、仆人，甚至囚徒。

师：对，平等被破坏，自由被剥夺，对话便不再成为可能。对比前面"无声的语言"和此处"无声的歌唱"，想想这两个"无声"，意思是否相同？

生：不同。前面"无声的语言"是一种彼此心照不宣的默契与和谐的交流，这里"无声的歌唱"，我觉得是一种沉默的反抗。

师：非常好！鲁迅说，不在沉默中爆发，就在沉默中灭亡。幽囚绿是一种自私，那么值得思考的是，作者为什么会由最初的爱恋渐渐变得自私？

生：爱得过度了，便失去了分寸。

生：距离太近了，便失去了呼吸的自由。

师：我本想"让绿色和我更接近，更亲密"，结果怎样？

生："它的尖端总朝着窗外的方向。甚至于一枚细叶，一茎卷须，都朝原来的方向。"

师：固执地朝着阳光与自由的方向。

生："它不了解我对它的爱抚，我对它的善意。"

师：回顾前文"我了解自然无声的语言，正如它了解我的语言一样"当中的"了解"，前后形成了什么？

生：强烈的对比和鲜明的反差。

师：心照不宣的默契被破坏了。为了更接近，反而变得更疏远；为了更亲密，反而变得更隔膜。除了默契与和谐被破坏以外，还产生了怎样的结果？

生："它渐渐失去了青苍的颜色，变成柔绿，变成嫩黄，枝条变成细瘦，变成娇弱，好像病了的孩子。"

师："我"呢？"我"自己有没有受到伤害？

生："我为了这永远向着阳光生长的植物不快，因为它损害了我的自尊心。"

师："我"制造了伤害，也承受了伤害。既然如此害人害己，为什么"我"还是会做出这样的选择，并且"仍旧让柔弱的枝叶垂在我的案前"，"仍旧不放走它"？

生：因为"我"喜欢绿。

师："绿"能带给他什么？是什么让他不惜为此而由一个寂寞温良的人变成了一个暴君？能不能从文中找出一个短语来回答？

生："生的欢喜"。

师：非常好！第 9 自然段中，"生的欢喜"，"超过了任何种类的喜悦"。本段还有一处插叙，写作者从前住在乡下一所草屋里不忍剪除床下嫩草的往事，请一位同学为我们朗读一下，大家思考作者这样写有什么作用。

（生朗读第 9 段）

师：读得非常好。作者这样写有什么作用？

生：为了强调他对这种"生的欢喜"的渴求。

师：为什么会如此渴求"生的欢喜"，甚至到达不惜为此而幽囚生命、伤害生命的程度呢？联系前后文想一想。

生：因为"我疲累于灰暗的都市的天空和黄漠的平原"。

生：因为"人是在自然中生长的，绿是自然的颜色"。

师：说得都很好！再联系后文想想，还有没有其他原因？

生：因为时局动乱，社会环境也很黑暗。

师：太棒了！很善于发现！自然环境和社会环境都如此压抑阴沉，"生的欢喜"是支撑人活下去的一种"存在感""生命感"。所以，"我"才会不惜以牺牲对方的自由甚至生命来给予自己生存的动力。而且算定了，"在我离开的时候"，才是"它恢复自由的时候"。这不只是一种自私，还是一种残忍。然而"我"无法自拔，所以，"我"把这种自私的念头称为什么？

生："魔念"。

师：对，魔念，（板书：魔念）也就是佛家所说的"妄执"，所谓心魔是魔，当事人往往当局者迷，很难放开。只有外因发生人力无法逆转的变化，才能迫使其内因随之转化。譬如，卢沟桥事变发生，"我"不得不离开北平，被幽囚的"绿"才能得以自由。这个时候，"我"对"绿"的态度发生了怎样的变化呢？

生："珍重地开释了这永不屈服于黑暗的囚人"。

生："我把瘦黄的枝叶放在原来的位置上，向它致诚意的祝福，愿它繁茂苍绿。"

师：很好。（板书：释"绿"回归）此时，"我"的"王者"姿态还在不在？

生：没有了。变回了真诚的朋友，甚至对"绿"油然而生一种敬意，赞美它向往光明、追求自由的精神和坚强不屈的性格，并由衷地祝福。

师：很好。（板书：敬意、祝福）后来呢？"我"与"绿"分别一年之后的现在呢？（板书：别"绿"一年）

生：仍旧深深怀念，盼望重逢。

师：谁能把这最后一段读一遍？读出这种深深的怀念和热切的期盼？（板书：怀念、期盼）

（生读）

师：非常好！至此，"绿"的形象已经几乎升格为人了，"我"以"绿"为友，正是因为"绿"永远向着阳光自由奔跑的秉性正是"我"的灵魂写照。作者用优美含蓄的语言咏物抒怀，托物言志。有人说，由于时局黑暗，所以作者用了曲笔来反映主题，大家认为呢？

生：我认为不是因为时局黑暗才含蓄地表达，因为他根本连死都不怕！

师：有道理。陆蠡曾在《〈囚绿记〉序》中这样说："有时我想把它记录下来，这心灵起伏的痕迹。我用文字的彩衣给它装扮起来，犹如人们用美丽的衣服装扮一个灵魂；而从衣服上面并不能窥见灵魂，……我永远是胆小的孩子，说出心事来总有几分羞怯。"他说的是什么意思？

生：他喜欢含蓄地表达，不喜欢直白。

师：陆蠡的朋友们说："和朋友们坐在一起，即使坐在显目的地方，陆蠡也不会怎么样引起旁人的注意，然而他永远不会自动地坐到一个众目睽睽的地方。他不大开口。""他给我的印象，是一个沉默寡言的人。"沉默的人往往容易沉入自己的内心世界，可以想见，他含蓄的文风与他的性情有关。再想想，除了时局和性情的关系，还会有什么因素？

（生沉默，茫然）

师：应该还与他的创作审美观有关。批评家刘西渭说过一句话："寂寞的孩子有最好的想象。"在陆蠡的散文中，"寂寞"可以说是一个关键词。这种寂寞感在陆蠡的许多散文中都可以找到，越到后期，寂寞的氛围越浓厚。寂寞源于时间或空间的隔离，然而当一个人从很远的时间和空间对往事投去一瞥时，这时空的距离便给它镀上了一层金黄色的光晕：回忆使一切往事变得温暖而美丽。所以，陆蠡说"回忆中的生活是愉快的"。他以含蓄为美，以孤独的想象和宁静的回忆为美，所以他的文字也就充满了这样的情调。

好，今天的课就到这里，最后发给大家两段文字，请大家课后阅读，联系我们今天学习的课文进行思考，写一篇以"自然·自由"为话题的文章。

阅读材料一：

病梅馆记

龚自珍

江宁之龙蟠，苏州之邓尉，杭州之西溪，皆产梅。或曰："梅以曲为美，直则无姿；以欹为美，正则无景；以疏为美，密则无态。"固也。此文人画士，心知其意，未可明诏大号以绳天下之梅也；又不可以使天下之民斫直，删密，锄正，以夭梅病梅为业以求钱也。梅之欹之疏之曲，又非蠢蠢求钱之民能以其智力为也。有以文人画士孤癖之隐明告鬻梅者，斫其正，养其旁条，删其密，夭其稚枝，锄其直，遏其生气，以求重价，而江浙之梅皆病。文人画士之祸之烈至此哉！

予购三百盆，皆病者，无一完者。既泣之三日，乃誓疗之：纵之顺之，毁其盆，悉埋于地，解其棕缚；以五年为期，必复之全之。予本非文人画士，甘受诟厉，辟病梅之馆以贮之。

呜呼！安得使予多暇日，又多闲田，以广贮江宁、杭州、苏州之病梅，穷予生之光阴以疗梅也哉！

阅读材料二：

平生最不喜笼中养鸟，我图娱悦，彼在囚牢，何情何理，而必屈物之性以适吾性乎！

所云不得笼中养鸟，而予又未尝不爱鸟，但养之有道耳。欲养鸟莫如多种树，使绕屋数百株，扶疏茂密，为鸟国鸟家。将旦时，睡梦初醒，尚展转在被，只一片啁啾，如《云门》《咸池》之奏；及披衣而起，洗面漱口啜茗，见其扬羽振彩，倏往倏来，目不暇给，固非一笼一羽之乐而已。大率平生乐处，欲以天地为囿，江汉为池，各适其天，斯为大快。比之盆鱼笼鸟，其钜细仁忍何如也！

——郑板桥

第九章　刘祥语文课堂教学艺术

　　刘祥，江苏省特级教师，"三度语文"首倡者和践行者。三度语文，即丈量语文的宽度、营造课堂的温度、拓展语文的深度。刘祥"三度语文"的理论和实践都形成了比较完整的体系，此外他努力探索高中语文科目的实用阅读模式，致力于在"走进文字，进入作者，进入生活，进入文化，进入心灵"中创造"五步"课堂结构，努力建设一个具有温度、宽度和深度的教室。刘祥著有《青年教师的心灵成长之旅》《追寻语文的"三度"》《中学语文经典文本解读——第三只眼看课文》《有滋有味教语文——语文教师应知的教学技巧》等著作，主编《与优秀教师同行》等作品十余部。

第一节　刘祥语文教育理念

一、"三度语文"提出背景

　　刘祥认为现实生活中的语文，尤其是近三十年来现实生活中的语文，早已被分数和名次切割得血肉模糊。现实生活中的语文就是一道道具体的、可以形成标准答案的选择题、填空题和简答题，就是排名表上决定姓名沉浮与心情好坏的那几个阿拉伯数字。这样的语文，了无情趣。倘若真要品一品它的滋味，除了血腥气，便是腐臭味。[①]

　　他认为这样的语文味道是非正常的滋味，这样的语文味道令人厌倦，但无法逃避。我们所需要的，是色香味俱全的语文，是含英咀华、齿颊留香的语文。为

---

① 刘祥.有滋有味教语文——语文教师应知的教学技巧[M].上海：华东师范大学出版社，2017：8.

此，刘祥以他的思考为菜肴，以他的课堂为厨具，努力加工有营养的、符合人的正常需要的语文课。他渴望将他的思考、他的实践，连同他的文字，合力制作成一桌拥有语文的应有滋味的家常菜，让乐意品尝此种菜肴的人们，透过应试的厚障壁，感受到来自教学一线的真实语文味道，于是便提出了"三度语文"。

二、"三度语文"内涵解读

"三度语文"，即丈量语文的宽度、营造课堂的温度、拓展语文的深度，分别从温度、深度、宽度等方面，探寻了语文教学和语文课堂的内在本质。

（一）丈量语文的宽度

刘祥认为，每一个文本都是一条奔腾不息的小河。当无数河流汇集到这条名叫"语文"的大江时，如何用足够的理性，打造出坚实有力的堤岸，用以呵护四处满溢的思想，守望住语文的本真，是每一个语文人都无法绕开的责任和使命。语文教学，说到底，永远是在教"语文"。这"语文"，既不会如海洋般无边无际，也不会如荒野浅流般无波无澜。只有丈量好语文的宽度，才能在这条大江中自在畅游。

（二）营造课堂的温度

在刘祥看来，课堂是有温度的。课堂的温度，由教师、学生、文本、作者等多种因素构成。好的语文课，决不能冷冰冰全无体温，也不能总是保持在同一刻度之上，语文课堂的温度，应该如自然界的四季交替，既有春的和暖、秋的宜人，又有夏的火热、冬的寒凉。营造课堂的温度，就是要营造出四季的景致和四季的温度，让不同的生命在课堂上用不同的方式绽放自身的美丽。

（三）拓展语文的深度

王安石说："世之奇伟瑰怪非常之观，常在于险远。"险远之处，人迹罕至，往往便有意想不到的景致，悄然蛰伏于此，静候有缘之人的惠顾。语文教学，很多时候亦如这探险览胜。倘若只跟随平庸的导游，在最平坦的大道上，坐着观光车跑一圈儿，能够获取的有价信息必然寥若晨星。只有静下心来，一条道一条道地走一遍，甚至在无路可走之时劈山开石而行，辅之以慢慢观赏，细细品味，则无限美好才能溢满心。从这点来看，语文教学中，拓展语文的深度，其实就是拓展思维的深度、心灵的深度。心的容积越大，拥有的未来也就越广阔。

语文"三度"是一种理念，是一种建立在努力挖掘文本内涵的基础上的合理建构。课堂的"温度""宽度"与"深度",是学生借助文本、借助课堂来读懂文本、读懂作者、读懂生活、读懂人生的台阶与基石。能够让文本学习成为促进学生终身发展的动力,也就是拥有了"宽度"与"深度"的方法。①

三、"三度语文"教学理念

宽度、温度与深度,构成语文教学的鼎立三足。三者中,"宽度"指向每一篇课文、每一节课的目标定位和内容取舍;"温度"指向课堂中的流程设计、情境营造以及有效问题的生成和预设;"深度"指向内容的拓展迁移和学生的思维活动。此语文教学"三足",并非站立于同一主题平台之上。"宽度"的立足点是目标与内容,"温度"的立足点是情境与活动,"深度"的立足点是思维与最近发展区。②

(一)在舍弃中构建完整

教材的每一篇课文都必然包含着若干知识信息,这些知识信息可以分为三种类型。一是在过去的学段中学习过的知识信息,一是当下作为教学目标应掌握的知识信息,一是未来某学段中将作为教学目标而学习的知识信息。此三类知识信息虽同时存在于课文中,却只有第二类信息才属于该篇课文在某个特定学段、特定单元、特定课时的核心学习任务。

比如朱自清先生的散文《背影》,倘若将其分别编入小学四年级、初中二年级和高中二年级的课文中,则对其教学必然存在极大的差异。用作小学四年级课文时,教学的重心当落在识记、诵读与简单的分析理解之上,以培养学生的整体感悟能力和口语表达能力。用作初中二年级的课文时,教师执教的重点则该在借助典型细节塑造人物形象、抒发内心情感之上,用以培养学生的细节鉴赏能力和记叙文写作能力。用作高中二年级的课文时,其教学重难点又该转移为鉴赏与探究,用以培养学生的文本研读能力和个性化解读能力。

任意一篇文章一旦成为课文,在教学过程中,教师就要有意识地舍弃其中若干知识信息,以便集中力量,在有限的教学时间内突破教学重难点,引导学生更好地理解和掌握"作为教学目标而应掌握的知识信息"。语文教师只有懂得在教学中淡化过去学段中学习的知识信息,舍弃未来某学段中将作为教学目标而学习的知识信息,才能保当下所学知识信息的重要地位。

---

① 刘祥.追寻语文的"三度"[M].北京:教育科学出版社,2012:23.

② 刘祥.有滋有味教语文——语文教师应知的教学技巧[M].上海:华东师范大学出版社,2017:32.

（二）用问题与活动激活思维

"温度"的着眼点，是课堂中的流程设计、情境营造以及有效问题的生成和预设。"温度"的目的在于激活、唤醒主动学习的意识，让学生真正成为学习过程中的自主思考者、主动发现者和积极践行者。有"温度"的语文教学，就是要通过教师的精心设计，让每一名愿意学习的学生都在课堂上积极地思考起来。"温度"的本质是学生思维的活跃性，但这种思维的活跃性，只能指向既定"宽度"内的知识信息，不能超越特定的学习目标。

刘祥认为在教学中营造课堂"温度"的方法很多，最主要的两种方法是"问题"和"活动"。语文教学中的"问题"，既需要关注教学中的疑难点，也需要关注课文中那些看似平淡无奇的内容，从学生以为没有阅读障碍的内容中发掘出不得不思考的"问题"，引领思维走向深入。语文教学中的"活动"无论是外显的还是内隐的，都需要思维的高度活跃，组织活动时，需要确立好该项活动的"宽度"，并据此预设好引领思维走向深入的梯度化活动流程。

（三）唤醒生命的潜在能量

语文教学中的"深度"，并不指向语文基础知识的复杂深奥，而是指向批判性思维能力的"最大化"。"深度"的本质是借助文本细读和必要的拓展延伸，读出课文中隐藏着的不为常人所知的更多的秘密，借此拓宽学生的思维路径，丰富学生的情感体验，使之养成独立思考、多元思考、大胆质疑、小心求证的学习品质。"深度"是思维的"深度"，是由思维的纵深发展而抵达文本内核的意义感知与觉解，在教学中要拓展学生的思维空间和生命空间。

四、"三度语文"课堂的基本特征

（一）具有丰富的人文精神

任何文学首先是人学，人学的根本则是人文精神。语文作为一门研究人学的学科，理应将人文精神作为探知的重点，唯有如此，才能从中找到温度。人文精神中蕴涵的热量可以给予学生更多的温度，让他们在接受精神洗礼的过程中产生灵感，获得一种顿悟和升华。"三度语文"是有温度的课堂，因此"三度语文"课堂中充满了人文精神，教师把握语文中的人文精神，从学生的生活实际中筛选有价值的信息，让他们在主动跟进和深入体味中洞察，同时围绕人文精神的不同，给学生自由遐想的空间，让他们在主动揣摩中有针对性地探知。

（二）协作体验的学习方式

"三度语文"强调学生的思维发展，提倡通过活动来促进学生的发展。学生在实践体验中的认知更有意义，协作体验的过程其实就是学生理解感知不断深化的过程，能有效拓宽学生的认知视野和思维。在三度课堂中，学生协作体验感知语文，使学生的展示舞台更加宽广，运用协作体验，使学生在不断深化理解感知的基础上获得更多深刻认识，在不断探知的过程中找到有价值的信息，让他们在跳出自我局限的视野中主动感悟。

（三）鼓励学生自由展示

跳出教材文本，让学生在主动探究中有新的发现，定能使他们在不断强化理解感知的基础上获得丰富感悟。"三度语文"追求语文课堂的"宽度""温度"与"深度"，课堂上的读与思，最终要用具体的行动表现出来。注重"三度"营造的语文课堂上，每一节课都应该有一定量的时间，供学生展示其阅读和思考的成果。通过自由展示的形式鼓励学生进行创意，让他们有更多展示自我的机会，获得更多认知。

（四）凸显学科特点

宽度、温度与深度，汇集到"课堂"之上，便形成了一种力量，推动着语文教学朝向丰厚、润泽、充满思维挑战的理性方向发展。这样的课堂中，"思考"是绝对的主角，"读"是学习的基本方式，"行"是语文教学"三度"营造的落脚点。当每一节语文课都遵守了"宽度"的制约，营造出了应有的"温度"，拓展出了适宜的"深度"之时，当读、思、行成为贯穿课堂全过程的核心教学行为之时，课堂便有了自主的、独立的生命感悟，有了灵魂的润泽与丰盈。

第二节　刘祥语文课堂教学艺术

刘祥认为，语文教学离不开行之有效的教学艺术。教学艺术运用得当，课堂活动便充满张力，学生思维便处于高度活跃状态；教学艺术失当，或者干脆就缺失了应有的教学艺术，课堂便思维缺位，静如死水。教学艺术的得当，既不取决于是否借助了信息技术，也不取决于是否开展了合作探究，而是决定于教学目标的有效落实，决定于学生在课堂上获取的事实、概念、原理、技能、策略、态度等课程资源的数量与质量。

一、导入的艺术

上课犹如写文章，起承转合处，每一个环节都强调紧凑连贯。写文章的败笔之一是入题过慢，导入新课同样如此。"导"与"入"之间，"紧凑连贯"属于最基本的要求。导入新课固然可以有各种各样的方法与技巧，其价值却只在于用最适宜的"导"实现最理想的"入"。其中，"最适宜的'导'"，没有恒定的方法与规则，"最理想的'入'"，却有相对明确的要求。

（一）巧设认知障碍

最初接触课文时，大多数学生对文本的阅读和理解只会停留在浅阅读的层面。如果能够在新课的导入阶段，便巧妙地设置一定量的认知障碍，将学生拉入对文本相关问题思考探究的思维困境中，迫使其急于从文本中寻找到相关的解答，也是一种十分高明的导入技法。认知障碍的价值在于从无疑处生疑，激发起学生的好奇心，激活其学习思维。这样的障碍从课程中来，向课程中去。

刘祥在异地执教杨绛的散文《老王》展示课时，问学生是否喜欢这篇课文，学生们异口同声地回答：不喜欢！如何让他们由不喜欢转变为喜欢呢？针对学生的情况，他设置了这样一个导入。

师：同学们不喜欢这篇课文，可能是因为对课文读得不够仔细。不信的话，我考大家一个问题，就能检测出书读得细不细：老王叫什么名字？

没有学生能够回答出这个问题。于是，所有的学生开始翻书。先从课文中找，再从课下注释中找，最后从课后练习和教辅资料中找。但都一无所获。

看着学生失望的神情，刘祥又追问：没找到名字吗？既然杨绛特意用一篇文章来写老王，怎么会不写出他的名字呢？你觉得是杨绛不知道老王叫什么名字，还是知道名字却故意不写出来？

刘祥针对学生的实际情况给学生设置了认知障碍，并通过追问拉开学生对《老王》这篇课文的思考，原先的不喜欢开始转换为一探究竟的好奇心，激发了学生的好奇心，激活了课堂思维。

再如，执教《将进酒》时，刘祥也采用了这种导入技法。

师：上课前，想和同学们共同探究一个问题：朗读和朗诵之间有些什么样的差别？哪位同学以前思考过这个问题，能不能给大家说说？

（可能是问题比较突然，学生们没有回答，个别学生开始翻字典）

师：我看见有同学开始查字典了，这是一种好习惯。学习语文，遇见不认识的字、不理解的词，我们需要做的就是通过查字典来掌握它。请那位查字典的女同学给大家说说，字典上是如何辨析这两个词的。

生：朗读的意思是清晰响亮地把文章念出来，朗诵的意思是大声诵读诗或散文，把作品的感情表达出来。

师：谢谢这位女同学。你刚才介绍这两个词时，是朗读还是朗诵？

生：至多算朗读吧。我只是大声地把解释读出来，并没有表达出什么感情。朗诵是必须要把感情表达出来的。

师："朗诵是必须要把感情表达出来的"，说得太好了。没有感情，最多只能算是朗读。下面，我们开始学习新课。就让我们在琅琅书声中开始我们的新课。大家说，我们是该朗读课文呢，还是朗诵课文？

这节课的核心教学目标是引导学生诵读文本，如果一开始就安排朗诵，便只是在完成既定的教学任务，很难激活学生的学习思维。所以，刘祥先安排学生辨析朗读和朗诵的差别，从司空见惯的词汇中提炼出陌生化的内容，如此也就激活了课堂思维，为下面的活动做了必要的铺垫。

（二）强化初读体验

强化初读体验也就是教师通过导入来检查学生课前预习的效果，以学生自主发言为主，谈对课文内容的理解与感悟。这种导入方式一方面可以检验学生的认知程度，另一方面给予学生发言的机会，强化初读体验，让学生再次整体感知文本。

这种导入在刘祥的教学中经常可见，如在《荷塘月色》一文的教学中，他是这样导入的。

（师生问好后开始上课）

师：大家预习课文了吧？看了几遍？

（生杂答，有的说两遍，有的说三遍，有的说很多遍）

师：读很多遍读出什么了？你给大家说说，你在这篇文章中读出了什么？

同样的导入方法也出现在《一滴眼泪换一滴水》《作为偶像》《师说》《装在套子里的人》等课文的教学中，在此就不一一列举。

（三）瞄准教学目标

导入二字中，导是先锋官，入是主帅。导的价值，在于开辟一条抵达前线的最佳路径，让"入"这一主帅迅捷而有力地占领教学的主阵地。刘祥的导入往往直接瞄准课时教学目标，具有清晰的目的性和明确的指向性。

例如，在教学《晚秋初冬》时，他是这样导入的。

师：一鼓作气，我们学习了17篇现代散文，分别研究了散文的选材与组材、散文的叙事与抒情、散文的漫思与体悟。今天，我们继续研究写景散文单元中的最后一篇短文——《晚秋初冬》（板书课题：晚秋初冬）。今天的课主要以《晚秋初冬》为例，研究散文语言的拓展放飞。先请大家自由诵读课文，至少要读两遍以上。

（学生自由阅读。用投影仪展示出三个教学目标：①分块描写；②锤炼语言；③拓展放飞。）

这样的导入虽简单，却既回顾了前面的学习要点，又明确了本课时的学习重点，同时提出了学习的主要目标，不但能够向学生传递出清晰的学习指令，而且可以打通过去所学与本课时所学之间的意义关联，为下一环节的教学确立明确的路径方向。

（四）创设学习氛围

相当多的老师在导入时往往会营造意境，刘祥也不例外。他在课堂导入时也会运用不同的手段来营造意境，将学生引入学习环境中去。

例如，在教学《登高》一文时，他是这样导入的。

师：今天，我们学习杜甫的诗歌《登高》。《登高》在杜甫的诗歌中占据相当重要的一个位置。明人胡应麟评价其为"古今七言律第一"。这首诗歌可以说是体现了杜甫诗歌沉郁顿挫创作风格的极高成就。

关于杜甫，我们并不陌生。他七岁学诗，少年成名，胸怀壮志，凭借"一览众山小"的胸襟气魄，一步步登上了诗歌的巅峰。然而，他又一生坎坷，空怀了"致君尧舜上，再使风俗淳"的崇高理想，四处奔走、终身失意，始终无法敲开核心权力阶层的大门。

他青年时往游天下，豪情万丈；壮年时困守长安，报国无门；中年时遭逢乱世，历经磨难。（音乐起，二胡曲《江河水》的旋律轻轻飘荡在教室里）现在，他老了，病了，居无定所，只能随着一叶扁舟飘零于凄风苦雨的江湖中了。他又会怎样呢？他的壮志还在吗？他的雄心犹存吗？国家的命运、人民的苦难，他还会一如既往地关注吗？在这个九月九的重阳之日，杜甫拖着病躯，一步一步地登上了山峦，登上了我们的心灵。

（师配乐范读全诗，营造意境，渲染氛围）

再如，在《春江花月夜》一文的教学中，他是这样导入的。

（课前插放乐曲《春江花月夜》，利用音乐的力量，营造授课所需要的氛围。）

师：今天，我们将共同走进一首不朽的唐诗。学习这首诗歌，需要有一种很特别的学习氛围。下面，请同学们跟我一起做，来，双手上举，想象着你的头顶上，此刻就是一轮硕大的明月。现在，你双手捧住它，对，用双手捧住，让这月儿慢慢地融化进你的手心里。然后，经过你的头顶，进入大脑，再一点点向下，经过你的心脏，融入你的血液。继续向下，慢慢地，慢慢地，再让这皎洁的、清亮的月，沉入你的丹田……

（此刻，教室一片寂静，师生与听课教师一同沉浸其中。片刻后，很多学生长舒了一口气。需要的效果差不多已经出来了，于是开始上课。《春江花月夜》音乐再起，很低的声音，如同天籁。在音乐陪伴下，用抒情的话语导入今天的教学内容。）

以上两个课例中，刘祥用语言、音乐等不同的方法来营造情境，以期为学生创设出良好的学习氛围。通过课例我们也能看出刘祥的导入是很成功的，顺利实现了用最适宜的"导"而实现最理想的"入"的预期目的。

二、提问的艺术

刘祥提问的艺术最大的特征就是提问形成层层铺垫的问题串。形成问题串的关键，在于围绕一个核心问题有梯度地设计问题。问题串中的问题不能游离主题，也不能停留在同一层面。只有紧扣一个核心而渐次深入，才能引领学习者走向思考的深度空间。

例如，刘祥执教示范课《管仲列传》时，预设了两个问题串。前一个问题串，用以整体感知文本；后一个问题串，用以引领学生走进文本的内核。

第一个问题串，由四个问题构成：

（1）通过预习，我了解了这样一些内容＿＿＿＿

（2）我还积累了这些古汉语知识＿＿＿＿

（3）这些内容，我还存在一定程度的困惑＿＿＿＿

（4）我觉得，这几方面的知识很重要＿＿＿＿

第二个问题串，由五个问题构成：

（1）教参认为，课文第一、二段为第一部分，介绍管仲与鲍叔牙的交往和深挚友情；第三、四段为第二部分，叙述管仲任政相齐的显著政绩；第五段为第三部分，是司马迁的赞词，直接评述管仲一生的成就。这样的结构分析，你怎么看？

（2）将第一段中有关管鲍之交的文字后移到第二段，或者将第二段的内容前移到第一段，是否可以？

（3）司马迁用这么多笔墨来叙述管鲍之交，详略是否恰当？他为什么要这样安排？

（4）从全文看，管仲是个什么样的人？

（5）《管仲列传》有何现实意义？

比较这两个问题串，可以发现，前一个问题串，围绕着"写了什么"这一核心，由已知走向未知，由感性走向理性。后一个问题串，紧扣着"怎样写""为什么写"，从文本意义的挖掘，走向结构安排的艺术，再进入学习价值的探究。两个问题串，关注的皆为语文学习的内容。

再如，刘祥在引导学生自修《阿Q正传》时，一个学生突然提出一个出乎意料的问题。他问："阿Q为什么说第一个该杀的是小D呢？按理说，赵老太爷和赵秀才之流时常欺负阿Q，还逼得阿Q倾家荡产，无法在未庄生存下去，阿Q应该是最痛恨赵家父子，最先想到杀赵家父子才是符合情理的。"

针对学生的问题刘祥设置了以下问题串。

（1）阿Q为何如此地痛恨小D？

（2）阿Q身上为什么会有如此的奴性，他不是很自尊很自大的吗？除了阿Q，未庄的其他人身上有没有这种奴性？

（3）鲁迅先生曾经在一篇文章中，很巧妙地揭批过整个封建社会中国民众的奴性，他把一部中国历史形象地划分为两个时期。大家还记得是什么文章吗？鲁迅先生的观点是什么？

（4）两千年的封建史，造就了无数具有奴性的人．应该说，奴性是一种堕落，是一种阳刚气的丧失。同学们能不能概括一下，看看"奴性"通常有些什么样的特征呢？

（5）奴性有没有随着封建王朝的覆灭而消失？在当下的中国，我们还能见到这种带有封建时代特色的奴性吗？

这五个问题，后一个必须建立在对前一个问题进行思考探究的基础上。前一个问题没有解决，或者形成的认知并非指向下一个问题，都没办法依此路径推进下去。

三、课堂引导的艺术

"引导"是因文、因人、因时、因地地进行相机诱导，"导"的课堂运作在于"引"，它不是单一地由教师提供信息传授知识，而是启发学生去主动探求，从学会到会学，课堂中教师的引导对教学有着重要作用。因为大多数的语文课堂缺乏长效性规范训练的学生，很难在自主学习中发现有价值的真问题，更难以在一两分钟的课堂问答中敏锐地捕捉他人发言中的闪光点，并以此为依托，迅速形成自己的分析判断。此种学情下的课堂活动，便需要借助教师的引导与点拨，以浅层面的问题为起点，一步步将学生的思维引入自主阅读中不曾关注的文字时空，让他们在看似熟悉的内容中苦苦寻觅，既承受山重水复的无路之困，又享受柳暗花明的妙悟之乐。

（一）问题引导

刘祥在教学中常设置问题串，对学生的引导，他也常采用提问的方式。比如，教学《金岳霖先生》时，通过对文本内容的梳理，学生们觉得已经读懂了文章，了解了金岳霖先生这个"怪人"。这样的认知，显然缺乏思考的深度，未能真正走进文本的内核。为了引导学生真正读懂文本，先后提出了这样三个问题：

（1）课文在写金岳霖先生之前，为什么要强调"西南联大有许多很有趣的教授"，教授们的"趣"体现在哪里？

（2）文章中为何要插入闻一多、朱自清的穿着？写闻一多的衣着时，又为什么要插入他大骂蒋介石的内容？这和金岳霖有什么关联？

（3）汪曾祺在时隔四十多年之后，为什么要写这样一篇文章？如果只是为了表达对金岳霖的尊敬与纪念，为什么不多挑选一些更具褒扬性的故事，而是只写一些看似鸡毛蒜皮的小事？

大多数学生在自主阅读时不会思考到这三个问题，这三个问题与课文的作者意义紧密相关，决定着学生对文本的阅读深度。有了这样的问题的引导，学生的思维便开始走出文字的表层意义，向文字的内核挺进。

再如，执教《沁园春·长沙》时，刘祥从学生提交的预习作业中，提炼出了八个共性化问题。

（1）整首词表达的是作者的雄心壮志，为什么要以"长沙"为题？题目和词的内容并不相符。

（2）词作开篇的"独"字，表达了诗人怎样的情感？

（3）诗人写秋景的用意是什么？秋天应该是草木凋零的季节，诗人笔下的景色，是否有悖于自然规律？

（4）既然万物都在秋日里竞相呈现自由的生命状态，为何作者还要惆怅感慨呢？

（5）作者为何面对宇宙而惆怅？是什么困扰着他？这个句子中，似乎有"主沉浮"的气势，但好像又缺乏一点信心。应该如何理解？

（6）结合词作创作的背景来理解，作者回忆"峥嵘岁月"，是要表达对革命胜利充满信心，还是要表达壮志难酬的惆怅？

（7）《沁园春·长沙》与《沁园春·雪》两篇所展示的作者的思想有什么相同或不同的地方？

通过这些问题的提炼，将学生的疑惑做了总结归纳，引导学生对疑惑问题进行排列重组，优化课堂结构。

（二）关键词引导

关键词引导是刘祥教学引导中的另一种方法，在很多课例中，遇到学生思维受阻或需要学生换角度思考等情况时，他都使用关键词引导学生来体察情感、把握文脉，激发学生的思维。例如，在《记念刘和珍君》一文教学中，利用关键词"真的猛士"；在《师说》一文教学中，利用关键词"不拘于时"和"行古道"；在《沁园春·长沙》一文教学中，利用关键词"怅"；在《荷塘月色》一文教学中，利用关键词"总该"；在《装在套子里的人》一文教学中，利用关键词"套子"和"人"。

通过这些关键词引导，对学生宏观把握文章的思想与情感，整体感知文章的艺术特色，都有很好的辅助作用。

四、生成的艺术

课程既然是生成的，相应的课堂也是生成的。所谓的课堂生成，也就是以学生为主体因势利导，能够突破教师教学的"预设"部分，课堂上获得更为意外的收获。刘祥的课堂中往往会预设教学目标，但是当学生发现新的问题时他能够及时应变，调整预设的教学目标，尊重学生，引导学生。

例如，刘祥在教学《逍遥游》时，课堂自结环节，学生生成了这样一个问题：逍遥游的本质既然并非绝对自由，那么是否可以这样认为，道家主张的"无为"，其实也并非真的什么也不做，而是像逍遥游一样，只是主张顺应天道，不做强求？

这个问题，已经直抵道家思想的核心。这个问题显然没在老师的预设范围之内，然而面对课堂上的这份临时性生成，刘祥组织学生们进行了热烈的探讨，通过探讨来找答案。有了这样的探讨，《逍遥游》便不再是一篇孤立的文本，而是成为承载道家思想体系的一个可见的载体。

再如，刘祥在一所农村中学执教《一滴眼泪换一滴水》时，预设的方案是降低问题的难度。然而，在课堂前部分的教学预习困惑时，一个学生却提出了这样的思考：为什么在伽西莫多生活的时代，人们对美的认识只局限于一个人的表面，就因为伽西莫多长得丑，人们便嘲笑他，无视他内心中可能存在的善良？

这个问题非常精彩。因为这位学生思考的，不是人们为什么嘲笑伽西莫多这件具体的事，而是特定时代的人们的审美准则。面对这样的生成，刘祥立刻抓住这个问题，形成了新的探究。他对学生说："这位同学的问题，是不是属于文章中的问题？她已经站在一个高度，思考文章中隐藏着的文化现象。是的，为什么这样的时代会产生这样的群体呢？这个问题值得深入探究。请同学们再次浏览课文，看看是否能够从文章中寻找到答案。"

在这个教学细节上，他将学生问题和教师问题结合起来，在尊重学生的基础上，巧妙地引领课堂走向深度。

在《阿Q正传》的教学中，面对学生突然提出的一个出乎意料的问题，刘祥同样立刻舍弃了预设的活动安排，以学生的问题为抓手，临时性设计了新的教学活动。

刘祥的这种课堂生成显然是具有很大意义的，不仅是对学生思维的鼓励，也是引领教学走向纵深的一个抓手。

五、学法指导的艺术

（一）指导预习

有些学生对文本内容理解不透彻往往是因为预习工作没有做好。预习，不管是对学生还是对教师而言，都是一个不可或缺的内容，学生要预习文本内容，拓展自己的思维；作为教师，不仅要预习文本，也要预习学生等各方面的内容，因此一定要做好预习工作。刘祥在教学中，经常会对学生的预习做出要求并教给学生预习的方法。

在教学《装在套子里的人》和《一滴眼泪换一滴水》这两篇课文时，刘祥都对学生的预习做出了指导。在《装在套子里的人》一文中，他指出：预习一篇课文，只读一遍可不行，至少要读三遍。第一遍读，侧重于了解内容，知晓作者想要告诉我们的是什么；第二遍读，带着一定的问题，要思考作者为什么要写这样的内容，又是用什么样的方法表达这样的内容；第三遍读，则要进一步思考，教材的编者为什么要将这篇文章选到这个单元中来，我们需要从这篇课文中学习什么么。在《一滴眼泪换一滴水》一文的教学中，他指出：读一遍肯定不是好的学习习惯，读两遍也不行。书读百遍，其义自见。我们读不了一百遍，至少也应该读三遍。第一遍了解情节，第二遍探究主题，第三遍就要带着一些问题去研读相关的细节。

对学生的预习做出指导，不仅是对学生的要求与鞭策，也为学生的预习提供了方向。

（二）朗读指导

语文学习离不开朗读。朗读如登楼，倘若没有预设的楼梯，便只能在同一层面徘徊，无法一步步攀向顶层。故而，教师要对学生的朗读进行指导，借助精心设计，搭建由低至高、由浅入深的梯度教学流程，引导学生拾级而上，在朗读中感悟意义、体察情感、品味意境、鉴赏表达技巧。

例如，刘祥在执教《酬乐天扬州初逢席上见赠》一课时，设计了如下有梯度的朗读流程，指导学生朗读。

（1）自由诵读，至少三遍。一读，读对字音和节奏；二读，读出诗歌的韵律和味道；三读，

读出作者的喜怒哀乐。

（2）随意抽读（至少两位学生），要求说出为什么这样读。

（3）学生推荐诵读。

（4）教师范读。分两遍，第一遍用播音语调读，第二遍诵读。然后，要求学生对比，说出其中的差别。

（5）学生再次自由诵读。

（6）交流诵读感受。

（7）提出阅读中的困惑与思考。

（8）带着问题再读，梳理诗歌大意。

（9）思考：诗人为什么要这样说？有没有什么言外之意？

（10）如何理解"沉舟侧畔千帆过，病树前头万木春"？

在执教《春江花月夜》一课时，他设计了如下有梯度的朗读流程来指导学生。

（1）组织多种形式的诵读，将学生一步步带进诗歌的独特意境中，在整体上形成初步感知。静读涵泳，初品诗歌的内容之美；浅吟低唱，二品诗歌的画面之美；含英咀华，三品诗歌的音韵之美；个性阐释，四品诗歌的意境之美。

（2）细节研磨。组织学生围绕最喜欢的诗句展开描述，将诗歌语言转换为散文语言，丰富学生的主观想象。

（3）缘景明情。在细节描述的基础上，转换思维视角，从鉴赏的角度探究诗歌的创作技法和表达的独特情感。

（4）归纳提炼，在合作中探究诗歌鉴赏的路径和方法。

（5）合作探究：《春江花月夜》到底美在何处？

（6）拓展阅读：①宫体诗；②玄思与人的意识；③盛唐气象；④月的文化意义。

第三节　刘祥经典课堂赏析

以朗诵为台阶攀向唐诗的峰巅——《将进酒》第一课时教学实录[①]

师：同学们好！

生：老师好！

师：谢谢，请坐！上课前，想和同学们共同探究一个问题：朗读和朗诵之间有些什么样的差别。哪位同学以前思考过这个问题，能不能给大家说说？

（可能是问题比较突然，学生们没有回答，个别学生开始翻字典）

师：我看见有同学开始查字典了，这是一种好习惯。学习语文，遇见了不认识的字、不理解的词，我们需要做的，就是通过查字典来掌握它。请那位查字典的女同学给大家说说，字典上是如何辨析这两个词的。

生：朗读的意思是清晰响亮地把文章念出来，朗诵的意思是大声诵读诗或散文，把作品的感情表达出来。

师：谢谢这位女同学。你刚才介绍这两个词时，是朗读还是朗诵？

生：至多算朗读吧。我只是大声地把解释读出来，并没有表达出什么感情。朗诵是必须要把感情表达出来的。

师："朗诵是必须要把感情表达出来的"，说得太好了。没有感情，最多只能算是朗读。下面，我们开始学习新课。就让我们在琅琅书声中开始我们的新课。大家说，我们是该朗读课文呢，还是朗诵课文？

（学生七嘴八舌地回答，有的说要朗诵，有的说要朗读。刘翔找了一个说应该朗读的学生）

师：请你说说，为什么应该是朗读，而不是朗诵呢？是不是不需要感情的投入？

生：我认为，在刚刚接触诗歌的时候，我们还没有真正读懂诗歌，对诗歌的真实的思想感情还没有理解到位。所以，这时的读，只能是朗读，还算不上朗诵。

师：说得太好了。看来，要做到真正的朗诵，还真是个不简单的事情。下面，咱们就先不问是朗读还是朗诵了，大家依照自己的理解，把诗歌先大声地读一遍。

---

① 《追寻语文的"三度"》，教育科学出版社，2012年12月，P189-195

读完后想想自己的处理，然后再大声读一遍，可以吗？

（学生开始自由朗读诗歌。刘翔在学生读完两遍后提问）

师：哪位同学能说说，两遍读下来，在语气语调处理上，有没有变化？有变化的，为什么要变呢？没变化的，为什么没变呢？

生：我的两遍是有变化的。第一遍速度很快，第二遍我在几个关键地方放慢了节奏。因为我感觉太快了表达不出李白所想表达的情感。

师：哦？你第二遍时在哪几个关键地方放慢了节奏啊？能不能给大家演示一下？

生：我的朗诵水平太臭，还是不读了吧，免得对不起大家的耳朵。

（学生哄堂大笑）

师：哈哈，谦逊是中华民族的传统美德。不过，有个歌词怎么说来着，该出手时就出手啊。

生：还是不行，我就保留美德算了。

师：好没面子哦（示意学生坐下）。这样吧，咱们请一位愿意暂时"牺牲"一下美德的同学来给大家读读这首诗歌。大家最愿意听谁来演绎这首诗歌呢？

（学生异口同声：王超）

师：好，王超同学，"牺牲"一回，如何？

生：试试吧。

（王超开始读《将进酒》。说实话，王超的读，一半以上还是停留在朗读的基础上，只有少数地方，体现出了朗诵的特征。但学生们还是在他读完后，自发地给他鼓掌）

师：大家的掌声代表了一种感谢。我想，你读一次课文，就换来这么多的掌声，你也太赚了。应该把你为什么要这样处理课文的朗诵给大家说说，如何？

生：我是这样想的，开头的几个句子，很是气势磅礴，所以我读得雄壮有力些；中间"天生我材必有用"等句，是一种自信，所以我想把这种自信表现出来，就读得稍微狂放些；"古来圣贤皆寂寞"几句，我感觉有些消沉，所以就读得压抑些；结尾处，我感觉李白是喝醉了，所以就处理得很是狂放。

师：说得太好了。意思不同，就需要用不同的方式方法来处理。有没有哪位同学对课文的理解和王超不一致的？

生：我认为诗歌开头的第一句，并不是为了表现什么雄壮，而是为了表现一种巨大的愁闷。所以，朗诵时，应该突出的是惆怅之情，而不是豪放之情。

师：何以言之啊？

生：这个开头，显然是采用了《诗经》中常用的比兴手法。诗人写"黄河之水天上来，奔流到海不复还"的目的，是为了引出下句的"高堂明镜悲白发，朝如青丝暮成雪"。这两个句子要表现的思想是时间流逝太快，且一去不复返。这显然是一种面对时光流逝而产生的无可奈何，是一种青春无法挽回的大悲。

师：说得太精彩了！岁月流逝，确实是像黄河水东流一样，一去就不复返。更何况这流逝又是如此的快，早晨还是满头青丝，暮时就白发苍苍了，这确实是件令人感伤的事。依照你的理解，给大家朗诵一下开头的这两个句子，好吗？

（学生朗诵，读出了一种无可奈何的感觉）

师：两位同学，由于对开头的内容理解不同，结果朗诵时采用的方法也就不同。对这两句，其他同学还有些什么样的认识？

生：我想起了孔子的一句话，"逝者如斯夫，不舍昼夜。"我想，李白面对着东流的黄河水时，肯定也想到了孔子的这句话。所以，我的感觉是李白既有一种来自心灵深处的苦闷，也有一种警觉。这从后面的"人生得意须尽欢"等四个句子可以看出来。李白是因为时光流逝太快，所以在苦闷中反而激发出了一种精神。

师：分析得很透彻啊，而且有文本作为证据。你能把你所领悟的内容朗诵给大家听吗？

（学生朗诵前几个句子，到"千金散尽还复来"处）

师：朗诵得很好，前两个大句子，你突出了一种挫折和苦闷的情感，读得很是低沉，后几个句子转而为高亢，是想表达李白的豪放不羁。我的理解对吗？

生：是，我认为，当李白说出"天生我材必有用"时，心中应该是充满了自信的，而且李白也确实有资本自信。

师：看来你对李白很欣赏啊。能说说你对"天生我材必有用"的理解吗？

生：我觉得这句"天生我材必有用"，表达的是李白的一种极端的自信。他从25岁时出川到长安，至最后被赐金放还，虽然仕途没能成功，但诗歌成就登峰造极。所以，这句话在我看来，就是在用一种潇洒的姿态告诉世人，我李白尽管做不成大官，但我可以做最优秀的诗人，我的才干是不会被埋没的。老天让我李白诞生到这个世界，就会为我提供一个展示才能的舞台！

（这个发言，激起了一阵掌声）

师：从你的发言中，我能够感受到你的优秀。能不能给大家说说，你为什么会回答得这么好？

（引起一阵善意的哄笑）

生：我对李白比较欣赏，看过一些专门研究李白的文章。如果我的发言能给大家一点启发的话，那功劳应该归于阅读。

师：阅读让你受益，阅读也会让所有人受益的。对这个句子，有没有不同的理解？

生：我对这个句子的理解，和刚才发言的同学不一样。我认为，这个句子实际上只是一种牢骚怪话而已。

师：此话怎讲？

生：想想看，李白出川的目的，其实就是为了走上仕途。所以，长安城中被提拔为供奉翰林后，李白是很高兴的。但因为性格的原因，最终被罢了官。我想，对于这次被赐金放还，李白的心灵深处是十分怨愤的。这从他的《梦游天姥吟留别》的主旨句可以看出来。"安能摧眉折腰事权贵，使我不得开心颜"，又何尝不可以理解为一种官场失意后的阿Q精神。同样，这句"天生我材必有用"，依旧不过是阿Q式的牢骚。要说不同，仅仅是因为李白有真才实学而已。

师：你这可以概括为"牢骚说"，而刚才那同学的是"自信说"，不知道还有没有其他的"说"？

生：我不同意刚才的"牢骚说"。从资料上看，这首诗的创作，比《梦游天姥吟留别》迟了七年。七年时光，李白在游历山水中不断充实着自我，实现着自我。我认为，李白说这句话时，心中应该是充满了自豪的。他是用这句话向皇帝、向权贵宣布，我李白不但没有被罢官打倒，反而是活出了精彩。

师：你这可以概括成什么"说"？

生：非要概括的话，我想应该是"宣言说"。用这句话宣告世人，有得必有失，有失才有得！

师：太好了，失去了官场，赢得了世界。咱们一起琢磨琢磨，李白要是就那么顺顺当当地在长安一直做官，直到老死官场，他会不会获取现有的巨大声誉？

生：肯定不会，李白根本不适合做官，好喝酒，书生气，做官最多也就不是个贪官。

生：我也认为他不适合做官。做官的人，讲究分寸的。李白办事情，只凭性情，不讲分寸。他肯定处理不好与别人的关系。

生：那也不一定。古代的官员基本上都是书生。苏轼也很豪放，不也做了很长时间的官吗，还做得很好的。如果真给李白一个实际职位，也许他能够成为大唐盛世中的一个名臣。要是让他做丞相，而不是杨国忠，也许大唐王朝就不会衰落。

师：这个问题还真难说清。不过，你刚才说的一个话题很值得思考，唐王朝的衰落，就因为杨国忠？

生：那倒不是，《中国历史》上将唐王朝的衰败归结为四点原因，最重要的是藩镇割据，其次是朋党之争，还有两个好像是宦官和……

（有学生在下面递话，刘翔把这个学生请了起来）

生：我记得是宦官专权和农民战争。不过，这两点都是说的中唐时期了，不是李白的时代。严格地说，李白时代还是唐朝最为强盛的开元盛世。

师：看来同学们的历史知识很丰富，不愧是实验班的同学，知识积累就是与众不同。好，我们还是回到前面的话题上，继续研究诗歌朗诵问题。我来指定一位同学朗诵第二个段落的内容。请后面那位大个子的男生给大家朗诵一下，可以吗？请注意，是朗诵，不是朗读。

（学生读课文，快而少情感）

师：请同学们思考一下刚才这位同学的"朗诵"，揣摩揣摩他对诗歌的处理。他朗诵得符合你的想法的地方，要注意借鉴；不符合你的想法的地方，就注意在自己的朗诵中体现出变化。一分钟时间。

（学生揣摩诗句，有的静默着，有的念念有词）

师：有没有哪位再给大家朗诵一次，让同学们一起来做做裁判，给自己的朗诵能力一次检测的机会。

生：我试试。

（学生读诗歌后半部分）

师：感谢这位同学，他的尝试给了我们又一次思考和领悟的机会。同学们再揣摩揣摩，还是刚才的要求，看看哪些是你可以吸收的，哪些是你不认可的。

（学生再次思考领悟）

师：还有同学愿意给大家提供借鉴的机会吗？

生：我也试试。

师：怎么都是试试啊，你已经很勇敢了，干脆再勇敢点儿，就说，我来！

生：好，我来。

（学生读课文后半部分，至此，基本上把味道读了出来）

师：有句古话，说读书要怎么样才能理解？

生（齐答）：书读百遍，其义自现。

师：我们读几遍了？

生：五六遍。

师：哦，也不少了，还有没有兴趣把整首诗歌连起来朗诵？

（学生没有回答，彼此观望。刘翔从学生的眼睛中看出了疑问：这个借班上课的老师，怎么还要我们读课文啊？）

师：刚才听了大家的朗诵，诵读得那么精彩，我也想有个表现的机会了。同学们愿意给我一个机会，也让我表现表现吗？

（学生兴奋起来，教室中荡起一阵掌声）

（刘翔开始朗诵。对于这首诗歌，刘翔潜心钻研过几位名家的朗诵录像，自认为是很能够表现出李白的真实心理特征的。在后半部分，刘翔用微带踉跄的步伐，结合有些含糊的语音，来表现醉眼蒙眬的李白的外在形象；用赞赏的口吻来诵读"陈王昔时宴平乐"等句，试图体现出李白以曹植自况的情感；及至"五花马"三个短句，则全力表现李白不顾一切的豪放；"与尔同销万古愁"句，则在"同销""万古"处拉出长音，"愁"字戛然而止，声震教室。一个短暂的静默，然后，是骤起的掌声，像大潮。）

师：谢谢大家的鼓励。回到刚才的问题上，现在，还有没有兴趣把整首诗连起来朗诵？

生：现在有了。

师：重复一下前面说过的话。刚才我的朗诵，大家觉得可以借鉴的地方，就参考着来朗诵；大家觉得处理得不好的地方，还可以依照自己的理解进行朗诵。下面，自由朗诵诗歌两遍。

（学生朗诵的声音比先前高了很多，乱纷纷中虽然听不出什么头绪，但能从学生的眼神和神态中，感受到他们此次朗诵的投入和忘我）

（两遍结束后，下课的时间也到了，刘翔进行了课堂总结）

师：这节课，我们通过反复朗诵，应该说，已经初步走进了李白的心灵世界中。诗歌就是这样，要想读懂它，就必须不断地朗诵。在朗诵中领悟，在领悟的基础上再诵读，如此循环，就可以逐步走进诗人的心灵世界，就可以真正品味到诗歌的思想和艺术的美。当然，仅仅一个朗诵还是不够的，要了解得更完整更理性，我们还需要了解诗歌的背景，了解诗人创作时的心理特征，了解同时代其他诗人的生活样式，这些都是构成文学鉴赏的基本性因素。针对这课《将进酒》而言，大家就需要深入思考下面一个问题，那就是"李白在这首诗歌中，到底是在劝谁喝酒，为什么要劝酒"，把这个问题理解透彻了，也就能够更好地读懂那时那地的李白了。希望大家课下能探究一下这个问题。

下课。同学们再见。

参考文献

一、著作类

[1] 王北生 . 教学艺术论 [M]. 郑州：河南大学出版社，1989.

[2] 许书明 . 当代名师智慧课堂教学艺术 [M]. 北京：中国社会科学出版社，2013.

[3] 李彦军 . 中国当代教学流派 [M]. 济南：山东教育出版社，2002.

[4] 雷玲 . 中学语文名师教学艺术 [M]. 上海：华东师范大学出版社，2008.

[5] 段昌平 . 语文课堂教学操作艺术 [M]. 北京：中央编译出版社，2012.

[6] 黄厚江 . 黄厚江讲语文 [M]. 北京：语文出版社，2008.

[7] 黄厚江 . 享受语文课堂：黄厚江本色语文教学典型案例 [M]. 北京：教育科学出版社，2012.

[8] 黄厚江 . 语文的原点——本色语文的主张和实践 [M]. 南京：江苏教育出版社，2011.

[9] 董一菲 . 紫陌红尘拂面来——语文教学点滴 [M]. 哈尔滨：黑龙江人民出版社，2004.

[10] 董一菲 . 董一菲讲语文 [M]. 北京：语文出版社，2009.

[11] 董一菲，张玉新 . 仰望语文的星空 [M]. 长春：长春出版社，2011.

[12] 王君 . 王君讲语文 [M]. 北京：语文出版社，2008.

[13] 王君 . 听王君讲经典名篇 [M]. 北京：人民出版社，2014.

[14] 王君 . 青春课堂——王君与语文教学情境创设技术 [M]. 北京：北京师范大学出版社，2014.

[15] 程少堂 . 程少堂讲语文 [M]. 北京：语文出版社，2008.

[16] 程少堂 . 面朝大海，春暖花开——"语文味儿"理论构想 [M]. 香港：文思出版社，2003.

[17]　程少堂. 程少堂教育理论与实践探索 [M]. 深圳：海天出版社，2006.

[18]　王开东. 深度语文 [M]. 桂林：漓江出版社，2009.

[19]　王开东. 我行我素教语文 [M]. 北京：教育科学出版社，2012.

[20]　李杏保，陈忠梁. 纵论语文教育观 [M]. 北京：社会科学文献出版社，2001.

[21]　王开东. 非常语文课堂 [M]. 桂林：漓江出版社，2016.

[22]　程翔. 一个语文教师的心路历程 [M]. 北京：清华大学出版社，2009.

[23]　程翔. 程翔与语文教学 [M]. 北京：中国人民大学出版社，2011.

[24]　程翔. 语文课堂教学的研究与实践 [M]. 北京：语文出版社，1999.

[25]　熊芳芳. 生命语文 [M]. 延吉：延边教育出版社，2009.

[26]　熊芳芳. 语文：生命的，文学的，美学的 [M]. 北京：教育科学出版社，2013.

[27]　熊芳芳. 语文不过如此 [M]. 北京：中国轻工业出版社，2014.

[28]　刘祥. 追寻语文的"三度" [M]. 北京：教育科学出版社，2012.

[29]　刘祥. 有滋有味教语文——语文教师应知的教学技巧 [M]. 上海：华东师范大学出版社，2017.

[30]　褚治明. 新生代中学语文教学流派研究 [M]. 北京：九州出版社，2018.

二、期刊类

[31]　许琳，许涛. 浅谈教学艺术的本质特征 [J]. 南都学坛（哲学社会科学版），1999（02）.

[32]　黄厚江. 守望在语文的原点——我的本色语文观 [J]. 教育研究与评论（中学教育教学），2010（11）.

[33]　黄厚江. 本色语文课堂的基本特征 [J]. 教育研究与评论（中学教育教学），2012（05）.

[34]　黄厚江. 我和本色语文 [J]. 语文教学通讯，2011（07）.

[35]　董一菲. 我的诗意语文教育观 [J]. 中华语文网，2010.（03）.

[36]　董一菲. 发现语文的诗意 [J]. 中国教师，2017（03）.

[37]　王君. 青春语文：你的教法就是你的活法 [J]. 中学语文教学参考（初中版），2017（35）.

[38]　杨和平. 王君赏析语言方法例举 [J]. 中学语文教学参考（初中版），2016（23）.

[39]　操玲. 王君的文学类文本解读特色浅析 [J]. 文学教育，2017（09）.

[40]　程少堂. "语文味"的成长史 [J]. 语文教学通讯（初中版），2008（05）.

[41] 程少堂.语文课要教出"语文味"[J].语文教学通讯,2001（17）.

[42] 许书明.程少堂教学艺术论[J].中学语文,2012（07）.

[43] 王开东.深度语文:重拾母语教育的尊严[J].人民教育,2015（06）.

[44] 程翔.语文课堂教学艺术谈[J].语文教学通讯,1993（05）.

[45] 程翔.语文课堂教学的提问艺术[J].中学语文,1997（01）.

[46] 熊芳芳.以生命为轴心的"三维"目标——生命语文课堂的价值追求[J].深圳信息职业技术学院学报,2017（02）.

[47] 熊芳芳.生命语文——新课程标准下的新概念教学[J].中学语文教学参考,2003（07）.

[48] 张绪凤.生命成长需要"支架"——熊芳芳《卖油翁》课例研习[J].语文教学通讯（初中版）,2018（03）.

[49] 刘祥.问题串,走向深度阅读的必由之路——文学类文本教学的五大抓手（四）[J].中学语文,2015（34）.

[50] 刘祥.关键词,打开真相之门的钥匙——文学类文本教学的五大抓手（三）[J].中学语文,2015（31）.

[51] 刘祥.诵读,永不过时的教学法——古诗词教学方法例谈之一[J].教育研究与评论·中学教育教学,2016（08）.

[52] 陈溪英.浅谈语文课堂教学的"三度"[J].语文论坛,2014（02）.

三、硕士论文类

[53] 吴蕊.坚守本色语文,追求和谐之境——黄厚江语文教学研究[D].福州:福建师范大学,2012.

[54] 毛洪彬.董一菲诗意语文探究[D].成都:四川师范大学,2015.

[55] 左琪.董一菲"诗意语文"教学探索研究[D].南充:西华师范大学,2016.

[56] 唐红江.董一菲课堂教学语言艺术研究[D].成都:四川师范大学,2015.

[57] 刘萃.王君青春语文阅读教学研究[D].长沙:湖南师范大学,2015.

[58] 甄换换.王君青春语文教学智慧研究[D].南充:西华师范大学,2017.

[59] 许晗童."语文味"教学理念与高中古典诗词教学[D].武汉:华中师范大学,2016.

[60] 杜雪梅.程少堂"语文味"教学思想研究[D].重庆:重庆师范大学,2012.

[61] 王艳玲.王开东语文教学观研究[D].昆明:云南师范大学,2014.

[62] 欧健：《深度语文教学思想研究 [D]. 湘潭：湖南科技大学，2012.

[63] 曹彬 . 程翔语文阅读教学研究 [D]. 长春：吉林大学，2017.

[64] 贺征珍 . 程翔语文阅读教学艺术研究 [D]. 成都：四川师范大学，2015.

[65] 祝金菊 . 程翔语文课堂教学艺术研究 [D]. 烟台：鲁东大学，2012.

[66] 万伟伟 . 熊芳芳 "生命语文" 教学理念与实践研究 [D]. 长沙：湖南师范大学，2017.

[67] 洪小珊 . "核心素养" 理念下熊芳芳 "生命语文" 教学观探析 [D]. 昆明：云南师范大学，2017.